药品管理法
疫苗管理法

读本

国家药品监督管理局　编
李利　焦红　主编

法律出版社
LAW PRESS·CHINA
北京

图书在版编目(CIP)数据

药品管理法疫苗管理法读本 / 国家药品监督管理局编. -- 北京 : 法律出版社, 2021
ISBN 978-7-5197-5881-3

Ⅰ. ①药… Ⅱ. ①国… Ⅲ. ①疫苗-药品管理法-中国-学习参考资料 Ⅳ. ①D922.164

中国版本图书馆 CIP 数据核字(2021)第 251375 号

药品管理法疫苗管理法读本
YAOPIN GUANLIFA
YIMIAO GUANLIFA DUBEN

国家药品监督管理局 编

策划编辑 沈小英
责任编辑 陈 妮 刘晓萌 黄 筝
毛镜澄 王 鸿
装帧设计 李 瞻

出版发行 法律出版社
编辑统筹 法治与经济出版分社
责任校对 杨锦华
责任印制 吕亚莉
经 销 新华书店

开本 710 毫米×1000 毫米 1/16
印张 20 **字数** 220 千
版本 2021 年 12 月第 1 版
印次 2021 年 12 月第 1 次印刷
印刷 固安华明印业有限公司

地址:北京市丰台区莲花池西里 7 号(100073)
网址:www.lawpress.com.cn
投稿邮箱:info@lawpress.com.cn
举报盗版邮箱:jbwq@lawpress.com.cn
销售电话:010-83938349
客服电话:010-83938350
咨询电话:010-63939796

书号:ISBN 978-7-5197-5881-3
定价:86.00 元

编委会

主　　编　李　利　焦　红

副主编　徐景和　陈时飞　颜江瑛　赵军宁　李　波

编　　委　黄　果　刘　沛　李国庆　吴利雅　邱　琼
杨　胜　王　平　李　芳　王海南　袁　林
李茂忠　高天兵　杨　霆　徐胜敏　秦晓岑
周乃元　王维东　王　超　邵　蓉　杨　悦
宋华琳　唐民皓

参　　编　刘继红　程小芳　余　欢　张建武　蓝恭涛
徐晓强　高　燕　方　瑜　郭威威　刘　春
周　乐　刘晓刚　常卫红　周　帅　李卫华
胡增峣　孙　阳　黄志明　蒋　蓉　谢金平
颜建周　魏俊璟　孙佳斐

序　为保障药品安全及促进医药产业高质量发展营造良好的法治环境

习近平总书记指出，“坚持全面依法治国，是中国特色社会主义国家制度和国家治理体系的显著优势。中国特色社会主义实践向前推进一步，法治建设就要跟进一步”。法治是保障药品安全最有力的武器，也是医药产业最好的营商环境。2019年6月29日、8月26日，第十三届全国人民代表大会常务委员会第十一次会议、第十二次会议分别审议通过《中华人民共和国疫苗管理法》（以下简称《疫苗管理法》）和修订后的《中华人民共和国药品管理法》（以下简称《药品管理法》），两部法律（以下简称“两法”）于2019年12月1日起同步施行。这是药品管理法治建设新的里程碑，为坚决守住药品安全底线、促进医药产业高质量发展提供了有力的法治保障。

一、深刻认识“两法”的立法背景

药品管理法律法规是药品生产经营者的基本遵循，也是药品监管工作的准绳。党中央、国务院高度重视药品管理立法工作，自1980年启动《药品管理法》制定工作以来，先后经历了1984年的制定出台、2001年的修订、2013年和2015年的两次修正。但是，随着经济社会的快速发展、医药产业和医药科技的蓬勃兴起，原《药品管理法》已逐渐不能适应医药市场发展和药品监管工作的需要，亟待修订完善。近年来，疫苗安全事件时有发生，制定专门的《疫苗管理法》有现实需要。

（一）制修订“两法”是保障药品安全形势稳定的现实需要

药品安全关系公共卫生安全和国家安全，容不得丝毫马虎。经过多年努力，我国药品安全形势总体稳定，但是药品安全面临的问题和挑战仍然较多，部分药品企业的质量意识和安全管理能力仍然不足，企业主动报告药品不良反应的积极性不高，违法成本低造成一些不法企业主知法犯法、逐利枉法。一些疫苗安全事件也反映出疫苗生产流通使用等方面存在的制度缺陷，亟须完善相关法律法规，解决疫苗管理制度不完善、违法处罚力度弱等突出问题。新修订的《药品管理法》以实施药品上市许可持有人制度为主线，明确上市许可持有人对药品研制生产、经营使用全过程中的安全性、有效性、质量可控性都要负责，并从药物警戒、监督检查、信用管理、应急处置等方面强化了药品全生命周期管理理念的落实，细化完善药品监管部门的监管措施，提升监管效能。《疫苗管理法》的出台，则把原先分散在有关法律和行政法规中的疫苗管理规定整合成一部法律，系统规定了疫苗研制、生产、流通、预防接种管理制度，强化全过程、全链条监管，有利于发挥制度顶层设计的科学性，彰显法律的权威性，同时也有利于各有关主体遵守并执行法律。“两法”全面加大了对违法行为的财产罚、资格罚力度，增加了自由罚手段，对违法违规行为形成了有力的法律震慑。

（二）制修订“两法”是深化药品审评审批制度改革的重要举措

2015年8月，国务院印发《关于改革药品医疗器械审评审批制度的意见》（国发〔2015〕44号）；2017年10月，中共中央办公厅、国务院办公厅印发《关于深化审评审批制度改革鼓励药品医疗器械创新的意见》；2019年7月，国务院办公厅印发《关于建立职业化专业化药品检查员队伍的意见》（国办发〔2019〕36号）；2021年4月，国务院办公厅印发《关于全面加强药品监管能力建设的实施意见》（国办发〔2021〕16号）。这一系列重大政策文件围绕“创新、质量、效率、体系、能力”五大主题，提出鼓励药物研发创新、开展药品上市许可持有人制度试点、改革临床试验管理、加快上市审评审批、建立职业化专业化药品检查员队伍等一系列具有历史性、创新性意义的重大改革措施。几年来，我国药品审评审批体系日臻科学规范，医药创新活力得到有效激发，企业逐步由“营销驱动”向“研发驱动”转型，药品监管改革取得显著成效。制修订“两法”，将行之有效的改革经验措施固化为法律成果，为深入推进药品领域改革奠定了更为坚实的法律基础。

（三）制修订“两法”是助力制药大国向制药强国跨越的迫切要求

加快从制药大国到制药强国的跨越，是全面落实《“健康中国2030”规划纲要》发展目标的重要任务。近年来，我国医药产业保持快速发展，“十三五”期间规模以上医药工业企业营业收入年均增长9.9%，高于全国工业整体增速4.2个百分点。医药创新活力不断增强，我国在研新药数量跃居全球第二位。“十四五”期间，随着医药科技创新步伐加快、公众健康意识不断增强、国家医疗卫生投入持续增长，我国医药产业进入新旧动能转化的关键时期，制药强国建设驶入快车道。医药产业发展需要公平正义的法治环境保驾护航，以有效降低制度性交易成本，维护信用关系，保障经济活动顺利进行。制修订“两法”，为产业发展建立了更加公正透明的市场规则，营造了稳定可预期的经营环境，也进一步增强了企业的安全感和信心，将更好地助力我国从制药大国向制药强国跨越。

二、全面落实“四个最严”要求

习近平总书记强调，药品安全责任重于泰山。要切实加强食品药品安全监管，用最严谨的标准、最严格的监管、最严厉的处罚、最严肃的问责，加快建立科学完善的食品药品安全治理体系，努力全方位、全周期保障人民健康。“两法”坚持把“四个最严”要求贯穿于疫苗药品管理全过程，坚持“严”字当头，筑牢安全防线，确保人民群众用药安全有效。

《药品管理法》在最严谨的标准方面，规定药品必须符合国家药品标准。经国务院药品监督管理部门核准的药品质量标准高于国家药品标准的，按照经核准的药品质量标准执行；没有国家药品标准的，应当符合经核准的药品质量标准。规定执行标准应当遵循相对高标准原则，明确强制执行标准和放行要求，明确假劣药判定依据。

在最严格的监管方面，通过各种监管要素与监管方式相结合，建立了贯穿药品研制和注册、生产、经营、使用、储备与供应等药品全生命周期以及药品价格和广告等方面的监管制度。引入联合惩戒这一新的监管方式方法，进一步提高了对违法行为的打击力度。对假劣药品的界定更为科学严格，体现了管行为与管产品相结合、管过程与管结果相结合的立法思路调整。

在最严厉的处罚方面，增加了行政处罚种类，引入了行政拘留人身自由罚，并实施“双罚制”，在对违法企业进行处罚的基础上，进一步强化对企业法定代表人、主要负责人、直接负责的主管人员和其他责任人员的处罚。提高了行政处罚幅度，设定了货值金额最低计算标准，并且大幅提高以货值金额为基数计算的罚款幅度，将禁止从业处罚从原来一定期限内的禁止从业扩展到终身禁止从业。坚持行政、刑事、民事处罚相结合，对行刑衔接、先行赔付、惩罚性赔偿等作出了具体规定。

在最严肃的问责方面，将药品安全监管责任体系中“地方政府负总责”的原则性立场首次写入《药品管理法》，明确对地方政府和药品监管部门问责的具体情形，压实监管责任。

《疫苗管理法》明确地提出了疫苗应当实行最严格的监管，对疫苗的研制、生产、流通、预防接种全过程提出了特别的制度和规定。

最严格的研制管理。强调研制过程中的生物安全控制和菌毒株、细胞株管理要求，对疫苗临床试验作出了特别的管理规定，要求审慎地选择受试者，疫苗临床试验应当由三级以上医疗机构或者省级以上疾控机构实施或者组织实施。

最严格的生产准入管理。从事疫苗的生产活动，除了要符合《药品管理法》的一般要求，还应当符合行业的发展规划和产业政策，要具备适度规模和足够的产能储备，也要具有保证生物安全的制度和设施设备，符合疾病预防、控制需要。生产企业的法定代表人、主要负责人应当具有良好的信用记录，其他关键岗位的人员也应当具备相应的专业背景、从业经历。

最严格的过程控制。要求疫苗生产过程持续符合核定的工艺和质量控制标准。按照规定对疫苗生产的全过程和疫苗质量进行审核和检验。产品上市后，也要制定并且实施风险管理计划，主动开展上市后研究，持续优化生产工艺和质量控制标准。对可能影响疫苗安全性、有效性的变更，应当进行充分的验证。

最严格的流通和配送管控。疫苗由疫苗上市许可持有人按照采购合同约定，直接向疾控机构供应，疾控机构按照规定向接种单位供应；配送疫苗也应当遵循疫苗储存、运输的管理规范，全过程要符合规定的温度，冷链储存要符合相关要求，而且能够做到实时监测、记录温度，以保证疫苗的质量。

最严厉的处罚。对生产销售假劣疫苗、申请疫苗注册提供虚假数据，以及违反相关质量管理规范等违法行为，设置了远高于一般药品的处罚，并且明确要严格处罚到人，对违法单位的法定代表人、主要负责人、直接负责的主管人员和关键岗位人员以及其他责任人员，要给予严厉的资格罚、财产罚和自由罚。

三、“两法”具有鲜明的立法特色和创新亮点

《药品管理法》的修订和《疫苗管理法》的出台具有非常鲜明的立法特色和创新亮点，是我国药品管理民主立法、科学立法、依法立法的成功典范。主要体现在：

坚持人民至上。习近平总书记指出，“人民至上、生命至上，保护人民生命安全和身体健康可以不惜一切代价”。习近平总书记还强调，“健康是幸福生活最重要的指标，健康是1，其他是后面的0，没有1，再多的0也没有意义”。“两法”进一步落实大卫生、大健康、大安全理念和预防为主方针，推动“以治病为中心”向

“以人民健康为中心”转变。《药品管理法》第一条在立法中首次明确药品管理以“保护和促进公众健康”为庄严使命，第三条明确规定药品管理应当以人民健康为中心。《疫苗管理法》从起草开始，就始终坚持以人民健康为中心，着力解决危害公众健康权益的突出问题。在具体条文中明确规定了国家实行疫苗批签发制度、预防接种异常反应补偿制度、疫苗责任强制保险制度、疫苗安全信息统一公布制度等，切实维护人民身体健康和生命安全。

坚持问题导向。问题是时代的声音，是变革的动力。“两法”在制修订过程中始终坚持以法治思维和法治方式破解药品安全领域的“瓶颈”，对公众关注和反映强烈的问题作出了实质性的回应。例如，针对未经批准进口少量境外合法上市药品的问题，明确情节较轻的予以减轻或者免予处罚；针对药品网络销售问题，明确网络售药线上线下采用相同标准、一体化监管；针对创新药物研发上市问题，增加和完善了10多个条款，从制度设计上鼓励创新、加快新药上市；针对急需药品短缺问题，专章规定药品储备和供应，从六个方面作出了系统、配套的制度设计；针对违法成本低的问题，全面加大了对违法行为的处罚力度，旗帜鲜明地保持对疫苗药品安全犯罪行为的高压态势，切实做到了民有所呼，法有所应。

坚持风险管理。药品安全风险，包括天然风险和人为风险，是造成药品安全问题的重要因素。药品领域风险来源多样，没有绝对安全的药品。只有不断地防控各种风险，才能实现保护和促进公众健康的目的。在“两法”制修订过程中，系统引入风险管理理念，努力在安全、发展和创新之间达成平衡。对药品研制和注册、生产、经营、上市后管理中的风险管理都作出了具体规定，建立了药品风险管理的制度框架，规定了药品风险管理中多元主体的权利、义务与责任，通过多方协作，着力把药品安全风险化解在萌芽状态。

坚持全程管控。习近平总书记指出，“要坚持产管并重，加快建立健全覆盖生产加工到流通消费的全程监管制度，加快检验检测技术装备和信息化建设，严把从农田到餐桌、从实验室到医院的每一道防线”。为了严把药品从实验室到医院的每一道防线，“两法”在制度层面规定了一系列全程管控制度。如通过建立健全药品追溯制度确保全程可追溯，以“一物一码、物码同追”为方向，逐步实现全品种、全过程来源可查、去向可追。建立药物警戒制度关注全程安全性，将对不良反应的关注扩展至药品质量问题、药物相互作用、误用、滥用、错用等多种情形，将风险信息的搜集、评估与管控贯穿药品研制至使用全过程。完善药品检查制度监管全程活动，建立职业化专业化药品检查员制度，完善注册核查和上市后药品检查制度，对检查人员资质、检查对象、检查范围等进行了明确，通过日常检查、有因检查、跟踪检查等对可能产生的安全性风险进行全周期、常态化管控。

坚持科学监管。药品管理专业性、技术性强。政府对药品的监管，既是行政管理，也是专业化的技术管理。需要监管者运用专业知识，对被监管者行为的合法性、合规性、伦理性等进行准确判断，并作出及时、迅速的处置。“两法”坚持把保障人民群众用药安全有效作为一切工作的出发点和落脚点，将监管的科学性作为整个监管制度的重要支撑，充分发挥药品技术创新引领作用，综合运用监管新工具、新技术、新方法，不断提高监管技术支撑能力。坚持把治理的原则性和灵活性、普遍性和特殊性有机结合起来，在充分尊重规律的基础上体现监管的温度和弹性，实现保安全和促发展的有机统一。

坚持社会共治。习近平总书记指出，“确保药品安全是各级党委和政府义不容辞之责”；“每家制药企业都必须认真履行社会责任，使每一种药、每一粒药都安全、可靠、放心”。“两法”着眼于落实各方法律责任，用较大篇幅规定了药品上市许可持有人和药品生产经营使用单位的主体责任，明确地方政府的属地管理责任和相关部门的监管责任，并规定了医疗机构、临床试验机构、伦理委员会、新闻媒体、行业协会，企业法定代表人、主要负责人、直接负责的主管人员和其他责任人员等的法律责任，织密了药品安全社会共治的防控网。

四、扎实做好“两法”宣贯工作

习近平总书记指出，“天下之事，不难于立法，而难于法之必行”。法律的生命力在于实施，法律的权威也在于实施。各级药品监督管理部门要深刻认识、正确理解、全面贯彻实施“两法”，抓紧抓好“两法”宣传贯彻工作，使之深入人心、落到实处、取得实效。

加快完善配套法规制度体系。“两法”和《医疗器械监督管理条例》《化妆品监督管理条例》颁布实施后，我国“两品一械”监管法规体系的“四梁八柱”基本确立，但内部“精装修”的任务仍然十分繁重，大量配套规章制度急需加快制修订。要按照急用先行、分步推进的原则，加快形成与监管实际相适应的法规制度体系。各地既要积极参与国家层面的法规规章制修订工作，也要加快推进地方立法，完善配套制度，形成“依法治药”合力。

认真做好“两法”普法宣传。“两法”规定了药品上市许可持有人制度、药品追溯制度等10多项重大创新制度，丰富了企业主体责任、药品全过程管理内涵，对转变监管理念、完善监管制度、提高监管效能提出了新要求。打铁还需自身硬。各级药品监督管理部门要高度重视普法工作，让监管人员理解法律条文、领会法律精神、增强法治观念，为行政相对人和人民群众作出表率。要面向广大药品生产经营企业和人民群众开展形式多样的学习宣传活动，努力营造学习宣传"两法"的良好氛围。

坚持严格规范公正文明执法。法无授权不可为，法定职责必须为。如果监管部门执法不严，执法变形变松，或者选择性执法，使企业的守法成本高于违法成本，必将造成"劣币驱逐良币"。药品监督管理部门要把严格规范公正文明执法作为重要责任，强化检查稽查联动，强化行政执法与刑事司法衔接，切实加大对违法行为的惩治力度，依法向社会公开处罚信息，以此倒逼企业提高责任意识、质量意识，用诚信经营的"半斗米"，换来健康发展的"万年粮"。

李利　焦红

2021年11月

目　录

第一章
确立药品安全治理现代化的法治纲领

第二章
构筑科学高效的药品注册管理体系

第三章
夯实药品上市许可持有人主体责任

第四章
建立更加严格的药品生产管理制度

第五章
加强药品经营管理

第六章
完善以患者为中心的药品使用管理制度

第七章
强化药品上市后管理

第八章 健全多部门协同的药品供应保障机制

第九章 创新新时代药品监管方式方法

第十章 构建系统完备的法律责任制度

附　录

第一章

确立药品安全治理现代化的法治纲领

总则是整部法律的纲领性规定，体现了法律的基本精神和基本原则，指导后续章节具体管理规定的内容，同时也指引着法律的贯彻实施。当法律在具体实施中出现理解或者认识上的分歧，需要解释或者明确具体条款如何适用时，应当依据总则规定的法律精神和基本原则来解释和适用。《中华人民共和国药品管理法》（以下简称《药品管理法》）及《中华人民共和国疫苗管理法》（以下简称《疫苗管理法》）两部法律（以下简称“两法”）的总则旗帜鲜明地提出药品管理应当以人民健康为中心，强调保护和促进公众健康，明确了立法目的、适用范围、基本原则、管理职责、鼓励方向、基本制度等。

一、明确以人民健康为中心的立法目的和基本原则

（一）立法目的

立法目的是一部法律的根本出发点和立足点，是法律所要达到的任务目标，统领着一部法律的价值取向。在法律适用和解释过程中，可以基于立法目的，去寻找最为适合的法律适用和解释方案。“两法”第一条开宗明义，详细规定了立法目的，主要包括：保护和促进公众健康，加强药品管理，保障公众用药安全和合法权益。由于疫苗的战略性和公益性，在《疫苗管理法》中还将促进疫苗行业发展作为立法目的。

1. 保护和促进公众健康

习近平总书记指出，“没有全民健康，就没有全面小康”，要“努力全方位、全周期保障人民健康”。药品是用于疾病预防、治疗、诊断的产品，以人民健康为中心是药品管理的核心要义，也是药品管理立法的根本目标。《药品管理法》将保护和促进公众健康

作为立法目的之一，特别是将保护公众健康和促进公众健康统筹安排，充分体现了大卫生、大健康、大安全的理念，彰显着立法思想的与时俱进。预防接种是应对公共卫生事件威胁的有力武器，《疫苗管理法》还明确将维护公共卫生安全作为立法宗旨。

保护和促进公众健康，除在总则部分明确提出药品管理应当以人民健康为中心，建立科学、严格的监督管理制度外，还贯穿于药品管理制度设计的全过程。例如，规范药品研制、生产、经营、使用全过程管理；在药物临床试验中强调保护受试者合法权益；支持以临床价值为导向的药物创新；要求申请药品注册时提供真实、充分、可靠的数据、资料和样品，证明药品的安全性、有效性和质量可控性；严惩重处违法行为；等等。

2. 全面加强药品管理

药品是治病救人的特殊商品，不合格的药品不仅无法有效治疗疾病，还可能延误治疗、危害公众健康，影响政府公信力和人民群众获得感。药品专业性、技术性强，涉及研发者、生产者、经营者、使用者等多方主体，存在信息不对称，单靠市场的自生自发秩序，无法规制市场主体的道德风险和逐利行为，存在“市场失灵”风险，必须将国家的力量与社会的力量有机结合，进行有效管理。《药品管理法》修订认真落实“四个最严”要求，着力构建和完善覆盖药品研制、生产、经营、使用等各环节全过程、全链条的监管制度，全面加强药品管理。

疫苗是特殊药品。与一般药品相比，具有特殊性：疫苗主要供健康人使用，且以儿童为主；直接关系公共安全，社会关注度更高、敏感性更强；作为生物制品，成分复杂，生产工艺复杂，难以依赖最终检验控制质量，必须以过程控制为主；生产企业相对较少，使用单位以疾控机构、接种单位为主，公众选择权更小，且在平时与突发新冠肺炎疫情等公共卫生事件的紧急情况下，疫苗接种需求差距巨大。因此，《疫苗管理法》对疫苗规定了更严格的监管制度，对相关责任人员科以更严厉的法律责任，以加强疫苗管理，保证疫苗质量。

3. 保障公众用药安全和合法权益

“有药用”“用好药”“用得起药”是人民对美好生活向往的重要内容。加强药品管理，保证药品质量，目的是保障公众用药安全和合法权益。公众用药的合法权益，既包括生命健康权、知情权等具体权益，也包括有效获得药品的权利，即药品的可及和可负担。《药品管理法》明确规定，“保障药品的安全、有效、可及”。

药品安全有广义和狭义之分。广义的药品安全，包括各方主体行为规范，药品临床有效、质量可控、供应可及，监管科学等诸多内容。而“保障药品的安全、有效、可及”中所说的药品安全，是狭义的药品安全，主要是指不存在不合理的危险或者不可接受的风险。受科技发展的阶段性、认知能力的局限性等因素影响，药品的安全性是相对的，即相对于获益，其风险是合理和可接受的。

药品有效，主要是指能够实现有效预防、治疗、诊断疾病的预期目的。药品的有效性是可以被相对证明的。在现代药品监管制度下，普遍采取的证明方式是通过药物临床试验。由于临床试验病例数有限、入组患者条件严格、试验时间有限等，还需要在上市后进一步开展研究和评价，取得真实世界用药数据，进一步确证药品的有效性。

药品可及，是指人们能够以可以承担的价格，安全地、实际地获得适当、可接受的药品，并方便地获得合理使用药品的相关信息。药品可及，主要针对“药品有无”而言，影响因素有药品充足度，药品价格以及药品研制、生产、供应系统，医疗卫生服务水平和医保支付能力等。推进质量疗效一致、临床可替代的仿制药发展，是保障药品可及的重要途径。《药品管理法》专门增设“药品储备和供应”一章，从制度上保障药品可及。

保障用药合法权益，还必须高度关注药品可负担性问题。需要在国家药物政策指导下，协调多方利益，对不同药品采取不同措施，建立规范的药品价格体系。通过“三医联动”，更好地解决公众用药需求。

除此之外，保障公众用药安全和合法权益，还体现在坚持安全有效、合理经济的用药管理要求，健全的药品损害民事责任制度等诸多方面。《疫苗管理法》除实施更严格的全过程管理外，还明确要求保障疫苗供应，实行免疫规划制度，并设专章规定保障措施，对经费管理、供应保障、战略储备等作出具体规定。

4. 促进疫苗行业发展

行业发展和药品安全是相辅相成的。行业技术的不断提升、产品质量的不断提高、市场秩序的不断规范，能有效提升药品质量安全，保障公众用药权益。《药品管理法》在立法目的中并未强调促进行业发展，这是由《药品管理法》“保障公众用药安全”的立法宗旨确定的，行业发展的问题可以靠市场去解决，药品监督管理部门应集中力量抓好安全。

与一般药品不同，疫苗是战略性、公益性产品，涉及公共卫生安全和国家安全，单靠市场难以很好地解决行业发展问题，需要在严格监管的基础上，促进疫苗行业的健康发展，不断提升疾病预防和控制能力与水平。《疫苗管理法》明确把“促进疫苗行业发展”作为立法目的之一，加大对疫苗行业、免疫规划事业的保障力度，支持疫苗基础研究和应用研究，支持产业发展和结构优化，加强疫苗行业规划和政策保障，全方位促进疫苗行业高质量发展。

（二）基本原则

法律原则是法律规则的基础或者在法律中较为稳定的原理和准则，具有语言的凝练性、调整的广泛性、排列的优先性和存续的稳定性等特点。“两法”规定的基本原则，体现了药品管理的共同法律精神，是药品管理具体制度的来源和依据，主要包括风险管理原则、全程管控原则、科学监管原则和社会共治原则。

1. 风险管理原则

风险通常指危害发生的可能性及其严重性的组合，是与安全对立统一的概念，存在一个可接受、可容忍的“阈值”。各个领域均存在一定风险，且各具特殊性。药品由于其自身特点，存在固有的风险，没有绝对安全的药品，只能不断地防控各种风险。

风险管理包括风险暴露、风险识别、风险警示、风险控制、风险沟通等具体内容。风险管理原则贯穿于药品全生命周期。例如，在药物临床试验管理中，申办者应当向受试者如实说明和解释临床试验的目的和风险等详细情况，取得知情同意，并采取有效措施防控风险；在药物警戒工作中，对药品不良反应及其他与用药有关的有害反应进行监测、识别、评估和控制；药品上市许可持有人应当制定药品上市后风险管理计划，加强对已上市药品的持续管理；对已识别的药品安全风险，应当采取适宜的风险控制措施，当评估认为药品风险大于获益时，必要时应当主动申请注销药品注册证书；

对于药品上市后的变更，按照对药品安全性、有效性和质量可控性产生影响的风险程度，实行分类管理。

2. 全程管控原则

全程管控原则是风险管理原则在空间方面的应用。药品固有的风险和属性，决定其不能像普通商品一样完全依靠检验来控制和评价产品质量，必须实行全过程的严格管理。“两法”围绕药品研制和注册、药品生产、药品经营、医疗机构药事管理、疫苗预防接种、药品上市后管理等构建框架结构，对药品从实验室到医院实行严格的全程管控。

全程管控首先体现在对药品每个过程的严格管理。如实行药品上市许可持有人制度，药品上市许可持有人依法对药品研制、生产、经营、使用全过程中的安全性、有效性和质量可控性负责；药品研制、生产、经营、使用活动，应当遵守法律、法规、规章、标准和规范，保证全过程信息真实、准确、完整和可追溯；药品上市许可持有人应当主动开展上市后研究，加强对已上市药品的持续管理；适应全程管控要求，必要时可以对为药品研制、生产、经营、使用提供产品或者服务的单位和个人进行延伸检查。

全程管控还体现在对上述药品全过程的每个具体环节的严格管理。例如，在研制过程中，应当严格遵守药物非临床研究质量管理规范、药物临床试验质量管理规范；生产经营应当遵守质量管理规范，建立健全的质量管理体系，实行严格的供应商审核，按批准工艺生产，按规定开展质量检验、出厂放行、审核调配处方等，确保持续符合法定要求；使用单位应当采取质量管理措施，保证药品质量；每一个环节都要形成真实、准确、完整和可追溯的记录，并形成上述全过程的完整数据链；等等。

3. 科学监管原则

科学监管强调药品监管工作要尊重科学规律、坚守科学精神、树立科学态度、讲究科学方法。药品的研制、生产、经营、使用是技术性、专业性很强的领域，这就要求运用科学监管理论武装，适应药品管理的内在规律，建立科学的管理制度，采取科学的措施和方法，实施有效监管。要提高监管人员的科学水平和专业水平，建立职业化药品审评、检查、检验、监测评价技术支持机构，配备专业人员，加强技术审评检查和检验体系、监测评价能力和体系建设。

随着科学技术的快速发展和药品产业的创新进步，药品监管必须在方法论上进行创新性、突破性，甚至革命性变革。这就要求积极开展药品监管科学研究，开发药品监管新制度、新工具、新标准、新方法，为加强药品监管提供强有力的科学技术支撑。

4. 社会共治原则

社会共治强调多元主体的合作参与。“两法”都明确规定药品管理应当秉承社会共治原则。目前，药品领域基本构建了企业主责、政府监管、行业自律、社会协同、公众参与、媒体监督、法治保障的药品安全社会共治格局。

在社会共治过程中，行政机关仍处于药品管理的核心地位。《药品管理法》要求县级以上地方人民政府对本行政区域内的药品监管工作负责，详细规定了药品监督管理部门职责，并对卫生健康、市场监督管理等部门职责作出相应规定。

药品上市许可持有人、药品生产企业、药品经营企业等作为市场主体，将产品推向市场，或者开展生产经营活动，应当对产品和自己的行为承担主体责任。法律明确规定了药品上市许可持有人的主体责任，对药品生产经营企业遵守药品管理法律法规、配合监督检查等义务作出详细规定。

在行业自律方面，法律要求药品行业协会加强行业自律，建立健全行业规范，推动行业诚信体系建设。在媒体监督方面，新闻媒体应当开展药品安全法律法规等知识的公益宣传，对药品违法行为进行舆论监督，全面、科学、客观、公正地宣传报道。公众参与对保障药品安全具有重要推动作用。例如，在药品监管法规、政策、标准及相关规范性文件制定过程中，应当保障公众通过多种途径和形式参与；保障公众的知情权和投诉举报权，对举报人合法权益予以保护；等等。

“两法”明确风险管理、全程管控、科学监管、社会共治原则，充分体现了药品管理伦理、科学与法治的统一。

伦理、科学和法治是全世界共同遵守的药品监管基本原则。医学伦理是评价人类的医疗行为和医学研究是否符合道德的标准，以《希波克拉底誓言》和《世界医学大会赫尔辛基宣言》为依据，这两个文献一直适时修订以保证与时俱进，这也体现了伦理原则的科学性。伦理原则包括人的健康利益第一和最大化，尊重病人权益、隐私，公平和非歧视，弱势群体保护，风险和获益评估，知情同意，权益保障，科学性和法规要求，独立的伦理委员会，等等。在伦理、科学、法治三者中，伦理是第一原则。伦理决定是否允许做的问题，科学解决如何做的问题，法治解决做时应当遵守何种规则的问题。伦理不允许做的事情，即使科学上能够实现或者可行，也决不可做，法律上也应当禁止。例如，“基因编辑婴儿”一案，技术上可行，但伦理不允许，最终被认定为犯罪，立法机关也立即着手完善相关法律规定。伦理原则不仅直接体现在临床试验过程中受试者保护、药品使用环节的患者权益、疫苗受种者权利保障等具体管理要求中，而且对药品立法、执法以及药品研制、生产、经营、使用全过程管理都具有指导性和规定性。

药品管理是一项专业性很强的活动，需要坚持科学原则，从实际出发，运用科学技术和方法，尊重客观规律。与伦理原则一样，科学原则不仅要求科学监管，也对立法、执法以及药品研制、生产、经营、使用全过程管理具有指导性和规定性。只有符合伦理和科学原则的法律，才能实现良法善治。要坚持科学立法。在法律制定过程中，坚持深入调查研究、广泛征求意见、充分研究讨论、慎重论证决策，从人民健康需求和产业实际出发，同时借鉴国际成熟经验，适应药品监管规律，科学设计“两法”的具体框架和制度架构。要重视科学数据。《药品管理法》所说的药品安全、有效，不是仅靠理论和概念，而是必须有数据支撑的科学结论。药品研制、生产、经营、使用过程中的数据应当真实、准确、完整和可追溯，全面记载、反映活动情况，对药品上市许可的审查应当基于对数据的科学审评，在监管中也应当将科学数据作为重要依据。要强调企业技术责任。企业技术责任是企业其他责任的基础。临床试验申办者、药品上市许可持有人作为责任主体，应当保障药品安全、有效和质量可控，负责提出临床试验方案，按规定开展药物临床试验，研究确定药品生产工艺、质量标准、标签和说明书，按照要求严格全过程管理，实施药品标准提高等。企业技术责任履行不到位会衍生其他法律责任。

坚持科学原则，也要求科学地认识科学，承认科学的局限性，随着技术的发展不断提高科学认知水平。如药品上市前通过临床试验初步证明了其安全性、有效性，但临床试验是在限定入组患者年龄、性别、疾病和用药情况等前提下开展的，这样就使安全有效的结论具有一定的局限性。药品上市后，是在符合用药规定的情况下大范围、无限制使用。因此，需要持续开展上市后研究，利用“真实世界数据”，对药品的安全性、有效性进行探索和确证，或者证实，或者证伪，得出进一步的科学结论。

二、完善药品定义与分类

（一）药品的定义与分类

药品的定义是药品管理的前提和基础。原《药品管理法》从功能角度规定药品是“用于预防、治疗、诊断人的疾病，有目的地调节人的生理机能并规定有适应症或者功能主治、用法和用量的物质”，并详细列举药品包括“中药材、中药饮片、中成药、化学原料药及其制剂、抗生素、生化药品、放射性药品、血清、疫苗、血液制品和诊断药品等”。采用这一详细列举的方式，难以穷尽所有具体药品，并且具体列举也存在交叉，缺乏科学性和准确性。新《药品管理法》维持原药品功能性界定，但对药品种类不再一一罗列，而是按照各方面都认可的药品分类进行概括式列举，规定药品包括中药、化学药和生物制品等。这既保持了法律的相对稳定性，也使药品定义更具开放性和包容性；既有利于针对不同情况采取差异化的管理制度，也有利于满足未来新兴学科和技术对药品发展带来的进一步需求。

法的适用范围

法的适用范围，又称法的效力范围，包括空间效力范围、时间效力范围和对人的效力范围，是指法律在什么地域、什么时间、对什么人发生效力。药品管理法律规范的空间效力范围是中华人民共和国境内。就人的效力范围而言，体现于对调整事项的规定，包括药品研制、生产、经营、使用和监督管理活动等。

需要注意的是，药品管理法律的空间效力范围实际上是以产品为核心确定的，凡是在我国境内上市的药品，其全生命周期管理、全过程控制均应当符合《药品管理法》的要求。境内上市或者拟在境内上市的药品，其研制和生产活动发生在境外的，其境外研制、生产及其他相关过程，应当符合我国药品管理法律、法规、规章、标准和规范的要求；境外的药品上市许可持有人应当严格履行我国法律规定的义务，承担药品全生命周期管理的主体责任。为确认这些境外研制、生产活动的真实性、可靠性和合规性，监管部门可以实施药品境外检查；对可能存在安全隐患的，可以采取暂停进口等风险控制措施；涉嫌违法违规的，对境外的药品上市许可持有人应当依法查处。这也是药品全生命周期管理的本质要求。

（二）疫苗的定义与分类

《疫苗管理法》规定的疫苗，是指为预防、控制疾病的发生、流行，用于人体免疫接种的预防性生物制品。

《疫苗管理法》将疫苗分为免疫规划疫苗和非免疫规划疫苗。免疫规划疫苗，是指居民应当按照政府的规定接种的疫苗，包括国家免疫规划确定的疫苗，省、自治区、直辖市人民政府在执行国家免疫规划时增加的疫苗，以及县级以上人民政府或者其卫生健康主管部门组织的应急接种或者群体性预防接种所使用的疫苗。非免疫规划疫苗，是指居民自愿接种的其他疫苗。法律作出这一分类，是根据预防接种的需要和国家的现实财力，对这两类疫苗实行不同的管理制度，包括费用承担、采购方式、异常反应补偿等。这一分类是动态的，现今的非免疫规划疫苗未来可以调整为免疫规划疫苗。从药品的属性看，两类疫苗的研制、生产、经营、预防接种及其监督管理没有任何差别。

需要注意的是，学术界将疫苗分为预防性疫苗和治疗性疫苗。《疫苗管理法》只适用于预防性疫苗。这一规定既不是从科学上否定治疗性疫苗的存在，也不是从法律上排斥治疗性疫苗的发展，而是从公共卫生的角度确定《疫苗管理法》仅调整预防性疫苗。治疗性疫苗则属于治疗性药品，适用《药品管理法》。

特别法与一般法的关系

法律适用需考虑特别法与一般法的关系。《立法法》规定，同一机关制定的法律、行政法规、地方性法规、自治条例和单行条例、规章，特别规定与一般规定不一致的，适用特别规定。即特别法优于一般法。就疫苗管理而言，《疫苗管理法》是特别法，《药品管理法》是一般法；就疫苗预防接种等事务而言，《疫苗管理法》是特别法，《传染病防治法》是一般法。特别法没有规定的，适用一般法的规定。《疫苗管理法》明确，“本法未作规定的”，适用《药品管理法》《传染病防治法》等法律、行政法规的规定。

三、明晰地方政府和各部门管理职责

（一）县级以上人民政府的职责

药品安全事关人民群众切身利益和公共安全，保障药品安全是各级党委政府义不容辞的责任。落实地方党委政府药品监管属地责任，是党中央的明确部署和要求。保障药品安全坚持党政同责、权责一致、齐抓共管，失职追责、尽职免责，综合运用考核、奖励、惩戒等措施，督促地方党政领导机关和领导干部履行药品安全工作职责，确保党中央、国务院关于药品安全工作的决策部署和药品管理法律法规有效贯彻落实。主要包括以下内容：

领导责任。地方政府统一领导、组织、协调本行政区域内的药品监督管理工作以及药品安全突发事件应对工作，建立健全药品监督管理工作机制和信息共享机制。

保障责任。各级政府应当将药品安全工作纳入本级国民经济和社会发展规划，将药品安全工作经费列入本级政府预算，加强药品监督管理能力建设，为药品安全工作提供保障。

普法责任。各级政府应当组织加强药品安全宣传教育，开展药品安全法律法规等知识的普及工作。

激励责任。对在药品研制、生产、经营、使用和监督管理工作中作出突出贡献的单位和个人，按照国家有关规定给予表彰、奖励。

应急处置责任。各级政府应当制定药品安全事件应急预案，发生药品安全事件时，按照应急预案组织开展应对处置。

督查责任。所属部门或者下级政府未依法履行监管职责或者药品安全责任的，上级人民政府或者上级人民政府药品监督管理部门应当对其主要负责人进行约谈，推动监管责任的有效落实。

维护市场公平责任。地方人民政府及其药品监督管理部门不得以要求实施药品检验、审批等手段，限制或者排斥外地企业生产的药品进入本地区。

惩戒失职失责责任。对存在瞒报、谎报、缓报、漏报药品安全事件或者其他失职渎职违法行为的下级政府或者所属部门的责任人员，依法予以处分。

（二）有关部门的职责

《药品管理法》厘清了各有关部门与药品监督管理相关的职责，强化部门间合作，共同推进药品监管工作。《药品管理法》规定，药品监管部门以外的其他有关部门，在各自职责范围内负责与药品有关的监督管理工作。

卫生健康主管部门与药品管理工作密切相关，承担药品使用管理等重要职责，包括配合国务院药品监督管理部门共同组织药典委员会，共同制定药物临床试验机构备案、处方药与非处方药分类、网络药品销售、药品不良反应报告等具体管理制度，负责对药品使用单位的药品使用行为进行管理，监督落实合理用药要求，牵头制定基本药物制度、短缺药品清单等。根据《疫苗管理法》的规定，卫生健康主管部门负责疫苗预防接种的监督管理。为加强疾病预防控制工作，2021 年组建了国家疾病预防控制局，为国家卫生健康委员会（以下简称国家卫健委）管理的国家局，负责制订传染病防控和公共卫生监督的政策并指导实施。国家疾病预防控制局将在疫苗安全管理中发挥重要作用。

中医药主管部门负责中医药管理工作，主要是配合国务院药品监督管理部门制定实施审批管理的中药材和中药饮片品种目录、地区性民间习用药材管理办法，按职责加强中药材资源管理，等等。

医疗保障行政部门在药品价格管理和支付保障方面发挥重要作用，主要负责药品成本价格调查、医药价格和招标采购信用评价、公立医疗机构药品集中采购等工作。

市场监督管理部门负责市场监督综合管理。《药品管理法》规定，市场监督管理部门加强药品价格监督检查，依法查处价格垄断、哄抬价格等药品价格违法行为和广告违法行为。

工业和信息化主管部门是医药行业管理部门，在促进药品产业高质量发展以及药品供应保障中承担重要职责，包括制定药品和疫苗的行业发展规划和产业政策并组织实施，支持医药产业发展和结构优化，承担药品储备管理工作，等等。

科学技术主管部门负责贯彻落实中央关于科技创新工作的方针政策和决策部署，通过拟订和组织实施国家基础研究规划、政策和标准，组织协调国家重大基础研究和应用基础研究，编制国家重大科技项目规划并监督实施等工作，促进药品创新。

海关是国家的进出口监督管理机关，在药品监管中承担进口口岸和通关管理等工作。

专利行政部门负责药品专利管理工作。2020 年新修订的《专利法》建立了药品专利权期限补偿制度和药品专利纠纷早期解决机制，专利行政部门与药品监督管理部门按职责共同落实法律规定，加强药品领域知识产权保护。

公安机关是刑事侦查机关和治安管理机关。违反“两法”，涉嫌构成犯罪的，由公安机关进行侦查，并按程序移送检察院提起公诉。对严重违法的企业责任人员，以及编造、散布虚假药品安全信息构成违反治安管理行为的人员，依法予以拘留或者给予其他治安管理处罚。

（三）药品监督管理部门的职责

《药品管理法》是药品监管的“基本法”，法律贯彻实施的主要政府部门是药品监督管理部门。2018 年 3 月，第十三届全国人民代表大会第一次会议审议通过《国务院机构改革方案》，在国家和省级组建药品监督管理局。设区的市、县不再设立药品监督管理局，而是由市场监督管理部门承担药品监督管理职责。《药品管理法》明确规定，设区的市级、县级人民政府承担药品监督管理职责的部门，是法律所称的药品监督管理部门。

《药品管理法》规定，国务院药品监督管理部门主管全国药品监督管理工作；地方人民政府药品监督管理部门负责本行政区域内的药品监督管理工作。

根据《国家药品监督管理局职能配置、内设机构和人员编制规定》，国家药品监督管理局（以下简称国家药监局）贯彻落实党中央关于药品监督管理工作的方针政策和决策部署。主要职责是：负责制定药品安全监管制度；负责药品标准管理、药品注册管理和执业药师资格准入管理；组织指导药品监督检查；负责药品监督管理领域对外交流与合作，参与相关国际监管规则和标准的制定；指导省、自治区、直辖市药品监督管理部门工作；等等。

在不同层级药品监督管理部门的职责分工上，国家药监局主要负责药品研制环节的许可、检查和处罚；省、自治区、直辖市药品监督管理部门负责药品生产环节的许可、检查和处罚，以及药品批发许可、药品零售连锁总部许可、药品互联网销售第三方平台备案及检查和处罚，负责医疗机构配制制剂许可；市、县级药品监督管理部门负责药品零售的许可、检查和处罚，以及药品使用环节质量的检查和处罚。上级药品监管部门负责对下级药品监管部门监管工作进行监督和指导。

四、建立覆盖药品全生命周期的管理制度体系

法律是由若干制度构成的科学完备体系。“两法”进行了系统的制度创新，建立健全药品全生命周期管理制度，构建完备的药品监管制度体系，反映了药品产业发展和药品监管进步的时代足音，也折射出立法对药品监管规律的认知程度和驾驭水平。这些制度中有些是基本制度，管全局、管长远，至关重要，如药品上市许可制度、药品上市许可持有人制度、药品生产许可制度；有些属于具体制度，如附条件审批制度、疫苗紧急授权使用制度。二者共同构成了覆盖药品全生命周期和全过程管理的药品监管制度体系。

药品全生命周期管理和全过程管理制度，是落实药品管理科学原则、风险管理原则、全程管控原则的重要体现，是对药品上市许可持有人药品全生命周期管理责任的具体规定。全生命周期管理的

内涵十分丰富，既包括研制注册和生产经营活动严格依法实施，也包括持续开展上市后研究与评价、持续进行风险控制和风险最小化、不断提高上市后药品质量、依法加强药物警戒和药物不良反应监测等。药品注册上市后，在市场上有一个成长、成熟、被替代，直至退市的过程。按照全生命周期管理的要求，药品获得注册并不是管理的终点，反而是新的起点。药品上市后，药品上市许可持有人要持续加强管理，不断地开展研究、评价等工作。

药品全过程管理和药品全生命周期管理是两个独立的概念。药品全生命周期管理针对的是药品品种整体，相对抽象。药品全过程管理针对的是药品的具体批次，从生产、流通到使用的全过程。对这个过程的每一个环节都要加强管理，保证每一个环节都合法合规，药品安全有效。为落实全程管控要求，药品监督管理部门针对药品全过程制定了一系列质量管理规范，主要有药物非临床研究质量管理规范（Good Laboratory Practice，GLP）、药物临床试验质量管理规范（Good Clinical Practice，GCP）、药品生产质量管理规范（Good Manufacturing Practice，GMP）、药品经营质量管理规范（Good Supply Practice，GSP）、药物警戒质量管理规范（Good Pharmacovigilance Practices，GVP）等。这些规范对相关活动主体予以全面规范和指导，也是药品监督管理部门开展监管工作的重要依据。实行质量管理规范的核心是通过建立质量体系，通过系统化的过程控制的规范，对相应的药品活动的结果给予保障。如药物临床试验过程不符合 GCP 的要求，则该试验药物的安全性、有效性结论就是不可接受的，该药品就不能获得上市许可。

（一）药品上市许可制度

药品上市需要经过药品监督管理部门许可，这是为保障上市药品安全、有效和质量可控而作出的重要制度安排，是药品监管的基础和起点。对药品实行上市许可制度，是药品管理相较普通产品管理最显著的特征之一。药品上市许可通过药品注册制度予以落实，由国家药监局履行相应职能。该制度体现了对药品品种严格的科学监管，对于保障药品安全、有效和质量可控具有重要的基础性作用。

按照药品上市许可制度的要求，所有在我国境内上市的药品，包括中药、化学药和生物制品等，都应当获得国务院药品监督管理部门的批准，取得药品注册证书。中药材和中药饮片由于其产品特殊性，只有实施审批管理的中药材、中药饮片，才需要取得药品注册证书。

每一个申请注册的药品，申请人通常要先开展临床前研究和临床试验，提供真实、充分、可靠的数据、资料和样品，证明药品的安全性、有效性和质量可控性。国务院药品监督管理部门组织药学、医学和其他技术人员，对药品的安全性、有效性和质量可控性以及申请人的质量管理、风险防控和责任赔偿等能力进行审查，符合要求的方能批准上市。为了提高审评审批效率，对治疗严重危及生命且尚无有效治疗手段的疾病以及公共卫生方面急需的药品等，设定了突破性治疗药物程序、附条件批准程序、优先审评审批程序、特别审批程序等特殊程序，加速相关药品审批上市，更好地满足群众用药需求。

（二）药品上市许可持有人制度

药品上市许可持有人制度是指拥有药品技术的药品研发机构、

药品生产企业等主体，通过提出药品上市许可申请并获得药品注册证书，以自己的名义将产品投放市场，对药品全生命周期承担主体责任的一种现代药品管理制度。药品上市许可持有人制度是药品管理的基本制度、核心制度，贯穿于药品研制、生产、经营、使用全过程。该制度的核心是落实药品全生命周期管理责任。全生命周期，是指药品从实验室研发到上市，再到退出市场的过程。我国于2015年11月在10个省（直辖市）开展药品上市许可持有人制度试点，经过4年实践，在法律中对其予以确定。

（三）药品生产许可制度

药品生产许可制度，是指依据一定条件和规范对药品生产企业及其生产活动给予许可的制度。它是药品风险管理、全程管控基本原则的具体体现，其核心是使药品生产从原辅料包装材料等物料的采购到药品放行出厂的每个环节，都符合规范和质量标准。因此，它往往是与GMP等制度结合在一起来执行的。药品检验合格对于药品安全、有效、质量可控至关重要，但是在药品生产许可制度下，仅检验合格还远远不够，只有在所有生产条件都符合规范、体系有效运行的基础上，产品检验合格才是可以接受的。

（四）药品上市后研究和评价制度

药品上市后研究和评价制度是药品上市许可持有人落实药品全生命周期管理责任的重要制度设计，两项制度彼此独立又互相联系。

药品上市后研究，是药品上市前研究的局限性决定的，主要是药品上市后在大范围、无限制使用情况下，对药品安全性、有效性和质量可控性进行的进一步确证和风险暴露，是一项具体的科学研究活动。大范围，是指不再局限于临床试验机构，所有医疗机构都可以使用；无限制，是指不再限制患者的年龄、有无并发症、是否联合用药、身体状况等因素，只要符合适应症要求且没有禁忌症就可以使用。这其实就是学界所说的“真实世界”。药品上市后研究就是对药品在真实世界的安全性、有效性和质量可控性进行研究，主要研究方法包括药物警戒法、流行病学法、临床药理学方法、社会医学方法等。

药品上市后评价，是依据药品上市后研究、不良反应监测等获得的数据，综合运用药物治疗学、药物经济学等知识，对药品的风险获益开展的综合性评价。上市后评价是一个得出具体结论、提出管理措施的过程。药品上市后评价首先是药品上市许可持有人的义务，药品上市许可持有人应当对已上市药品的安全性、有效性和质量可控性定期开展上市后评价。一定条件下药品上市后评价也是药品监督管理部门的义务，必要时，国务院药品监督管理部门可以责令药品上市许可持有人开展上市后评价，也可以直接组织开展。根据评价结果，采取相应的监管措施，使存在的风险得到有效控制。经评价，认为疗效不确切、不良反应大或者因其他原因危害人体健康的药品，应当注销药品注册证书，对该药品采取退市措施。

（五）药品分类管理制度

《药品管理法》规定，国家对药品实行处方药与非处方药分类管理制度。其目的是在保证药品安全的基础上，方便患者选购非处方药，开展自我药疗。药品分类管理制度是国际普遍采用的管理模式。处方药必须凭执业医师处方才可调配、购买和使用；非处方药不需要凭处方即可自行判断、购买和使用。处方药和非处方药的药品基本属性相同，均需要保证安全、有效、质量可控。但与处方药相比，非处方药一般是经过长期临床使用证明安全性比较好，相对应的适应症简单明确，病人可以自我诊断，按照说明书能够正确合理地使用的药品。在此基础上和原则下，对处方药与非处方药注册、转换、经营、使用、广告、标识等方面管理有所不同。

（六）药物警戒制度

药物警戒，是指发现、评估、认知和预防药品本身固有缺陷、药品质量问题、与其他药物的相互作用等药品使用风险的活动。药物警戒的目标是及时识别风险信号，评估风险获益以便采取针对性的预防和控制措施，如修订药品说明书、发布用药安全信息或实施产品退市等，并及时向监管部门、患者、医护人员及公众传递与药品有关的安全性信息，保护患者健康和公众健康。药物警戒贯穿药品全生命周期，关注药品在人体的使用风险。这些风险可能来自药品本身固有缺陷（如不良反应）、质量问题、药物相互作用，也可能来自药物误用、滥用、错用。药物警戒手段包括被动监测、主动监测、观察性研究等。药物警戒是药品全生命周期管理的重要内容，是保障药品安全有效的重要制度。

（七）药品召回制度

药品召回，是指药品上市许可持有人按照规定程序收回已上市销售的存在安全隐患的药品。安全隐患，是指由于研发、生产等原因使药品具有的可能危及人体健康和生命安全的不合理危险。药品召回包括药品上市许可持有人主动召回和药品监督管理部门责令召回。主动召回，是指药品上市许可持有人通过调查评估，认为药品存在安全隐患而主动实施的召回。责令召回，是指药品上市许可持有人未主动召回时，药品监督管理部门责令其开展的召回。根据存在的危险大小和召回的紧急程度，采取分级召回方式。召回过程中应当评估召回政策，必要时调整召回措施，保证召回效果。

（八）药品退市制度

药品全生命周期的终点是退市，也就是注销药品注册证书，药品退出市场。药品退市，从启动主体看，包括药品上市许可持有人主动退市和监管部门强制退市；从涉及范围看，包括某一药品上市许可持有人的具体品种退市和某一药品品种的全面退市。主要包括以下几种具体情形：一是因产品不再符合安全有效要求，药品上市许可持有人主动退市，如药品风险获益比发生变化导致不再符合上市要求，包括疗效不确切、不良反应大或者其他原因危害人体健康等，药品上市许可持有人按法律要求主动注销药品注册证书；疫苗经上市后评价，预防接种异常反应严重。二是因违反法律法规规定被监管部门强制退市，如因药品上市许可持有人严重违法被吊销或者撤销药品注册证书；未按照药品批准证明文件要求或者药品监督管理部门要求在规定时限内完成相应研究工作且无合理理由；药品上市许可持有人应当注销但不及时注销。三是因品种淘汰被监管部门强制退市，如某类品种经监管部门组织再评价，认定疗效不确切、不良反应大或者危害人体健康；因环保等原因被国家明令淘汰；疫苗品种的产品设计、生产工艺、安全性、有效性或者质量可控性明显劣于预防、控制同种疾病的其他疫苗品种；等等。当然也包括药品上市许可持有人从自身商业角度考虑主动退市，即药品本身不存在安全问题，药品上市许可持有人出于经营等商业考虑，不再生产，主动申请注销药品注册证书。药品退市，只是意味着该药品不再生产、销售和使用，但并不免除药品上市许可持有人对此前已上市药品应当承担的法律责任。

（九）药品追溯制度

药品追溯，是通过记录和标识等信息化手段，正向追踪和逆向溯源药品的生产、流通和使用情况，获取药品流通全过程追溯信息的活动。药品追溯制度以企业主体责任为基础，实现“一物一码、物码同追”为方向，通过信息化体系建设和信息互通共享，实现全品种、全过程追溯，强化全过程质量管理与风险控制，提升药品质量安全保障水平。《疫苗管理法》进一步规定疫苗全程电子追溯制度，通过电子手段采集记录疫苗生产、流通和预防接种全过程信息，实现来源可查、去向可追、责任可究。药品追溯制度是在信息化条件下，加强药品流通管理的一项重要措施。

除上述制度外，“两法”还规定了一系列具体工作制度。如研制和注册环节的药物临床试验机构备案管理制度、药物临床试验默示许可制度、生物等效性试验备案制度、临床试验伦理审查制度、原辅料包材关联审评审批制度；经营环节的药品零售连锁经营制度、网络销售药品第三方平台备案制度；供应保障中的药品储备制度、基本药物制度、短缺药品清单管理制度；监督管理中的药品质量抽查检验制度、职业化专业化药品检查员制度、检查及延伸检查制度、药品安全信息统一公布制度、药品信用管理制度；法律责任中的违法行为处罚到人制度、首负责任制度、惩罚性赔偿制度；等等。这些具体工作制度和基本制度一道，共同构成药品监管制度体系，有效保障药品安全。

五、汇聚社会合力构建共治格局

按照社会共治原则，药品安全要在党委政府领导下，努力构建企业主责、政府主导、部门协同、行业自律、公众参与、媒体监督、法治保障的社会共治格局，齐心协力共同保障药品安全。

（一）企业主责

企业是市场活动的主体，在药品研制、生产、经营、使用活动中承担主体责任。“两法”对从事药品研制、生产、经营、使用活动的主体规定了详细的法律义务和明确的行政责任、刑事责任、民事责任。除此之外，企业还应当依法承担技术责任和积极履行社会责任。技术责任，是指企业应当对自己的产品负责，加强技术管理和技术研究，保证上市药品安全、有效、质量可控，强化上市后管理，持续改进和提升药品质量，积极投入药物研发创新。社会责任，是指企业在追求经济效益的同时，应当对利益相关者、社会和环境负责，积极回应社会关切，实现企业发展与社会、环境的协调统一。

（二）政府主导

地方各级党委政府在药品管理工作中发挥主导作用。《药品管理法》进一步压实政府的药品监督管理工作责任，要求各级政府对本行政区域内的药品监督管理工作负责，确保法律有效贯彻实施，明确了地方党委政府八个方面的具体责任。

（三）部门协同

“两法”规定了药品监督管理部门、卫生健康主管部门、工业和信息化主管部门、市场监督管理部门、科学技术主管部门、中医药主管部门、海关、公安机关等各部门职责。各有关部门应当加强沟通，协同配合，建立健全协调机制，共同推进药品监管工作。同时，要上下联动，落实药品监管事权划分，加强跨区域、跨层级协同指导，强化国家、省、市、县四级药品监督管理部门药品全生命周期和全过程的协同监管，形成药品监管工作全国一盘棋的大格局。

（四）行业自律

“两法”要求药品相关企业和机构要遵守法律，认真履行义务；药品行业协会加强行业自律，建立健全行业规范。药品行业协会应当强化诚信体系建设，通过加强会员技术交流、信息共享、职业培训等，引导和督促会员依法开展药品生产经营活动，推动行业健康有序发展。

（五）公众参与

公众是药品的使用者，也是药品监管活动的受益者和参与者。重视、鼓励、支持公众参与，可以发挥各方力量，有效加强药品管理。药品监管政策的制定要畅通公众参与渠道和方式，充分听取和考虑各方面观点与意见，使政策更具有可接受性和可操作性。药品监管法律和政策的实施要发挥公众力量，建立便捷的咨询、投诉、举报途径，积极促进法律和政策目标的有效实现。“两法”规定了举报奖励和内部“吹哨人”重奖制度，这也为公众参与提供了法律支持。

（六）媒体监督

新闻媒体对药品管理工作具有重要的支持和监督作用。一方面，新闻媒体应当开展药品安全法律、法规以及预防接种、合理用药知识等公益宣传，营造药品监管的良好环境；另一方面，新闻媒体应当对药品生产经营行为和监督管理工作进行舆论监督，依法勇于曝光违法行为，保障公众的知情权和监督权，促进规范经营和依法监管。鉴于药品特别是疫苗相关信息的高度专业性和社会敏感性，新闻媒体有关药品的宣传报道应当全面、科学、客观、公正，避免误导。“两法”对不得发布可能误导公众和社会舆论的药品安全信息，以及不得编造、散布虚假药品安全信息，都作出了明确的规定。

（七）法治保障

推进药品安全社会共治，构建药品安全治理大格局，需要从理念、制度、机制上进行不断探索和实践。推进药品安全社会共治，涉及多方主体的权利、义务和责任，各方都应当坚持法治思维，遵守法律规定，尊重法治精神，保障各项活动在法治轨道上运行。这要求科学立法，完善药品监管法规制度体系；严格执法，公正司法，全面落实法律要求；全面普法，培育良好法治环境，推进全民守法。

第二章

构筑科学高效的药品注册管理体系

药品注册，是指药品注册申请人依照法定程序和相关要求提出药物临床试验、药品上市许可、再注册等申请以及补充申请，药品监督管理部门基于法律法规和现有科学认知进行安全性、有效性和质量可控性等审查，决定是否同意其申请的活动。药品注册管理是药品市场准入的前置性管理措施，是国际上普遍认可与采用的管理模式。

鼓励创新与严格审批并重，是《药品管理法》对药品研制和注册工作的明确要求。随着“两法”等一系列法律法规文件出台，以及我国药品监督管理部门加入国际人用药品注册技术协调会（International Council for Harmonisation of Technical Requirements for Pharmaceuticals for Human Use，ICH），我国药品注册管理体系不断完善，药品注册管理已经步入科学化、法治化、国际化、现代化轨道。

一、适应产业发展不断完善药品注册管理制度

我国药品注册管理制度随着我国制药工业的发展逐步建立，并不断改革完善，大致经历了以下几个过程：

（一）探索并逐步建立统一管理的药品注册管理制度

1978 年，国务院颁布《药政管理条例（试行）》，确立了中央和省级两级审批制度。

1984 年，首部《药品管理法》颁布，以法律形式确认了中央和省级两级审批制度，标志着我国药品注册管理法制化阶段的开端。

1998 年，国家药品监督管理局成立，开启了药品统一管理的新篇章，药品注册管理也发生了深刻的变革。国家药品监督管理局

主管全国药品审评审批工作，药品审评审批由分级审评审批改为中央一级统一审评审批，解决了长期以来地方审评标准和尺度不一、管理混乱的问题。

2001 年《药品管理法》首次修订，规定生产新药或者已有国家标准的药品的，须经国务院药品监督管理部门批准，并发给药品批准文号。这一时期，药品注册管理制度日益完善，药品质量和标准不断提高。

（二）开启药品审评审批制度改革新篇章

随着医药产业快速发展，新业态不断出现，原有的药品审评审批制度和资源配置已跟不上时代和产业的日益发展。仿制药重复申报，部分仿制药质量与国际先进水平存在一定差距，临床急需新药的上市审批时间过长等问题较突出。

2015 年 3 月，中共中央、国务院印发的《关于深化体制机制改革加快实施创新驱动发展战略的若干意见》指出，创新是推动一个国家和民族向前发展的重要力量，并提出对药品等创新产品要建立便捷高效的监管模式，深化审评审批制度改革，多种渠道增加审评资源，优化流程，缩短周期，支持委托生产等新的组织模式发展。

2015 年 8 月，国务院印发《关于改革药品医疗器械审评审批制度的意见》，启动我国新一轮药品审评审批制度改革，提出建立更加科学、高效的药品审评审批体系，通过妥善解决历史遗留问题，释放行业创新潜力，使批准上市药品的有效性、安全性和质量可控性达到或接近国际先进水平。

为进一步深化改革、鼓励创新，2017 年 10 月，中共中央办公厅、国务院办公厅印发《关于深化审评审批制度改革鼓励药品医疗器械创新的意见》，抓住前期改革中的限速环节，进一步改革药物临床试验管理，加快新药好药上市速度，促进药品创新和仿制药发展，深入推进药品审评审批制度改革。

药品审评审批制度改革以鼓励创新、促进药品高质量发展为主题展开，实施药品上市许可持有人制度试点、改革临床试验管理、加快新药好药上市审评审批、开展仿制药一致性评价、建立职业化专业化药品检查员队伍等一系列具有历史性、创新性意义的重大改革措施，使药品创新活力得到有效激发，企业逐步由"营销驱动"向"研发驱动"转型，药品审评审批制度改革取得显著成效。

我国药品上市批准数量逐年增加

近年来，我国药品审评审批制度改革取得突破性进展，新批准药品数量逐年增加。近3年我国药品上市批准情况如图2-1所示。

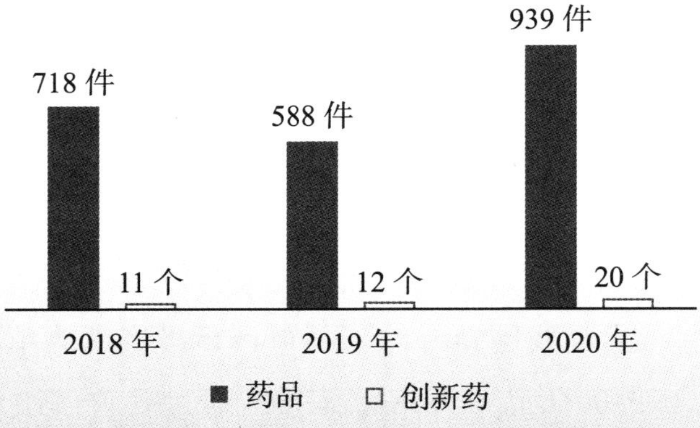

图2-1　2018~2020年我国药品上市批准数量

2017年，我国药品监督管理部门正式成为全球第八个ICH成员，并于第二年当选为ICH管理委员会成员。加入ICH后，我国药品监督管理部门采取了一系列举措，加速 ICH 指导原则在我国的转化、落地和实施，不断推进国际监管数据的共享和互认，加强我国药品监督管理部门与国际监管机构和工业界成员之间的交流和合作。2021 年 6 月国家药监局连任 ICH 管理委员会成员，进一步增强了我国在国际药品研发技术标准制定领域的参与度和话语权，促进了我国医药产业走向国际。

（三）药品注册管理步入法治化新时代

新《药品管理法》将行之有效的改革措施固化为法律成果，为深入推进药品审评审批制度改革奠定了更为坚实的法律基础。如全面实施药品上市许可持有人制度，实行药物临床试验默示许可、附条件批准、优先审评审批及上市后变更分类管理等一系列管理制度，并通过完善药品审评审批工作制度，优化审评审批流程，提高审评审批效率。《药品管理法》充实了鼓励药品研制与创新的内容，完善了药品研制规范，体现了药品审评审批制度改革的成果。

在鼓励药品研制和创新方面，增加国家鼓励创新的导向和药品范围。明确支持以临床价值为导向、对人的疾病具有明确或者特殊疗效的药物创新，鼓励儿童用药品的研制和创新，鼓励中药传承创新。

在完善药品研制规范方面，要求临床试验应当符合伦理原则，要有效保护受试者合法权益，并强化临床试验过程的风险管理，增加临床试验药物同情使用的规定。

在完善审评审批制度方面，将药物临床试验机构管理由资格许可管理调整为备案管理，生物等效性试验实行备案管理；对药物临床试验审批引入默示许可，建立关联审评审批、附条件批准制度，并要求加强能力建设，健全工作机制。

在完善药品技术标准体系方面，建立集中权威公开的审评标准体系，加速 ICH 指导原则在我国的转化、落地和实施，推进国际先进技术要求在我国的同步研究，不断带动我国指导原则体系与国际通行规则接轨，促进我国药物研发创新。

我国已建立以“两法”为主体，《药品注册管理办法》等部门规章及其配套文件、指导原则及 ICH 指导原则为支撑的药品审评审批制度体系，药品注册管理的法规体系日臻完善。

我国药品技术指导原则数量逐年递增

为有效解决审评标准公开数量少、公开力度小、公开范围窄、公开效率低等问题，目前已发布技术指导原则 380 余个，并以每年发布近 100 个的速度快速增长，内容涉及药学、药理毒理、临床试验、临床药理及统计和综合学科，覆盖新冠肺炎药物研发相关技术指导原则、儿童用药指导原则、中药民族药技术标准体系、抗肿瘤药物研发及生物类似药研发等热点难点。在鼓励创新的同时，推动高质量仿制药的研发。

国家药监局自加入 ICH 以来，全面引入全球通行的药品研发和注册技术要求，及时吸纳监管的新理念、新方法、新工具和新标准，促进国内药品技术指导原则体系的建设，推动药品审评审批制度与国际接轨。目前 ICH 共有指导原则 63 个，我国已实施 53 个。

二、创新药品注册管理理念

“两法”明确了以临床价值为导向，鼓励创新、持续提升药品质量、强化药品风险防控以及全生命周期管理等理念。

（一）以临床价值为导向鼓励创新

以临床价值为导向，是指面向患者尚未满足的治疗需求，确定优先鼓励研发的治疗领域和治疗产品，通过优化药品审评审批程序，加速具有临床价值的药物研发和上市。《药品管理法》确立了以临床价值为导向鼓励创新的基本原则，明确国家支持以临床价值为导向、对人的疾病具有明确或者特殊疗效的药物创新。

《药品管理法》规定，鼓励具有新的治疗机理、治疗严重危及生命的疾病或者罕见病、对人体具有多靶向系统性调节干预功能等的新药研制。鼓励儿童用药品的研制和创新，支持开发符合儿童生理特征的儿童用药品新品种、剂型和规格，对儿童用药品予以优先审评审批。鼓励短缺药品的研制和生产，对临床急需的短缺药品、防治重大传染病和罕见病等疾病的新药予以优先审评审批。突出中医药优势，传承中医药文化，充分考虑中药特点，明确国家鼓励运用现代科学技术和传统中药研究方法开展中药科学技术研究和药物开发，建立和完善符合中药特点的技术评价体系，促进中药传承创新。《疫苗管理法》规定，国家支持多联多价等新型疫苗和疾病预防控制急需疫苗的研制；出现特别重大突发公共卫生事件或者其他严重威胁公众健康的紧急事件，国务院卫生健康主管部门根据传染病预防、控制需要提出紧急使用疫苗的建议，经国务院药品监督管理部门组织论证同意后可以在一定范围和期限内紧急使用。

（二）持续提升药品质量

党的十九大报告指出："我国经济已由高速增长阶段转向高质量发展阶段，正处在转变发展方式、优化经济结构、转换增长动力的攻关期，建设现代化经济体系是跨越关口的迫切要求和我国发展的战略目标。"药品注册管理工作紧紧把握时代要求，全面促进药品的高质量发展：

全面提升药品标准。药品应当符合国家药品标准。经国务院药品监督管理部门核准的药品质量标准高于国家药品标准的，按照经核准的药品质量标准执行；没有国家药品标准的，应当符合经核准的药品质量标准。

严格要求药品注册申报资料。申请人应当提供真实、充分、可靠的研究数据、资料和样品，证明药品的安全性、有效性和质量可控性。

推进仿制药质量与疗效一致性评价。口服固体制剂和注射剂仿制药质量与疗效一致性评价工作稳步开展，常用基本药物已基本实现国产仿制药替代原研药。

促进产品更新换代。采取多种措施，推动药品技术进步。鼓励疫苗上市许可持有人优化生产工艺，提升质量控制水平，推动疫苗技术进步。国家组织疫苗上市许可持有人、科研单位、医疗卫生机构联合攻关，研制疾病预防、控制所急需的疫苗。多联多价疫苗有利于减少接种次数，提高疫苗接种的依从性，从而扩大疫苗保护效果。根据疾病流行情况、人群免疫状况等因素，国家在研发计划和资金方面支持多联多价等新型疫苗的研制。对产品设计、生产工艺、安全性、有效性或者质量可控性明显劣于预防、控制同种疾病的其他疫苗品种的疫苗依法予以淘汰，注销该品种所有疫苗的药品注册证书并废止相关的国家药品标准。

严厉惩处药品注册违法行为。全面加大对提供虚假的证明、数据、资料、样品或者采取其他手段骗取临床试验、医疗机构制剂或者药品注册上市等许可的处罚力度。

（三）全面落实风险管理

风险管理作为“两法”明确提出的基本原则之一，贯穿于药物临床试验管理、上市注册和上市后管理全过程。

强化临床试验风险管理，确保受试者用药安全。建立临床试验随时叫停的“踩刹车”风险防控机制，加强药物临床试验期间风险防控。

以风险为基础优化审评流程，提升审评效率。改变过去“逢审必查”的做法，药品注册上市过程中根据药物创新程度、药物研究机构既往合规情况等，基于风险决定是否开展药品注册研制现场核查。根据申报注册品种、工艺、设施、既往合规情况等因素，基于风险决定是否启动药品注册生产现场核查。通过风险分级对审评与核查资源进行合理配置，缩短低风险药品审评周期，对高风险药品予以重点关注，以提升审评效率与质量。

强化药品上市后风险管理，践行科学监管理念。药品上市后的变更，按照其对药品安全性、有效性和质量可控性的风险和产生影响的程度，实行分类管理，分为审批类变更、备案类变更和报告类变更。国际上对药品上市后变更管理大多是基于对药品全生命周期的深度认知以及科学方法的合理应用来实现，基于对风险评估的上市后变更分类管理体系，既是与国际监管理念的衔接，也践行了药品科学监管的理念。

（四）贯彻全生命周期管理理念

我国药品质量管理理念经历了从质量源于检验、质量源于生产、质量源于设计到药品全生命周期管理的变化历程。“两法”引入药品全生命周期管理理念，加强从药品研制、上市到上市后管理各环节全过程、全链条的监管制度：一是规定从事药品研制活动，应当遵守药物非临床研究质量管理规范、药物临床试验质量管理规范，保证药品研制全过程持续符合法定要求。二是明确附条件批准的药品，药品上市许可持有人应当采取相应风险管理措施，并在规定期限内按照要求完成相关研究。三是强化药品上市后研究和变更管理，要求药品上市许可持有人主动开展药品上市后研究，加强对已上市药品的持续管理，并明确药品上市后变更分类及申报、备案和报告途径。

三、建立科学合理的药品注册分类体系

药品包括中药、化学药和生物制品等。随着药物研发和注册管理不断国际化，境内外生产的药品在中国实行统一的上市许可制度和注册程序，审评标准和原则保持一致。《关于改革药品医疗器械审评审批制度的意见》将新药由“未曾在中国境内上市销售的药品”调整为“未在中国境内外上市销售的药品”，由“中国新”过渡到“全球新”。新的分类体系在物质基础原创性和新颖性的基础上，强调以临床价值为导向，其中对改良型新药要求比改良前具有

明显的临床优势。

（一）中药注册分类

中药注册按照中药创新药、中药改良型新药、古代经典名方中药复方制剂、同名同方药等进行分类。中药创新药，是指处方未在国家标准、药品注册标准及国家中医药主管部门发布的古代经典名方目录中收载，具有临床价值，且未在境内外上市的中药新处方制剂。中药改良型新药，是指改变已上市中药的给药途径、剂型，且具有临床应用优势和特点，或增加功能主治等的制剂。古代经典名方中药复方制剂，是指源于古代经典名方的中药复方制剂，包含按古代经典名方目录管理的中药复方制剂以及其他源于古代经典名方的中药复方制剂。同名同方药，是指通用名称、处方、剂型、功能主治、用法及日用饮片量与已上市中药相同，且在安全性、有效性、质量可控性方面不低于该已上市中药的制剂。

从研发和注册管理来看，中药创新药应进一步重视人用经验对中药安全性、有效性的支持作用，按照中药特点、研发规律和实际，构建中医药理论、人用经验与临床试验相结合的“三结合”审评证据体系。改良型新药应当证明与原制剂相比具有临床应用优势和特点。同名同方药则应当证明在安全性、有效性、质量可控性方面不低于已上市中药。按古代经典名方目录管理的中药复方制剂所用饮片的药材基原、药用部位、炮制方法等，应当与国家发布的古代经典名方的关键信息一致。

（二）化学药品注册分类

化学药品注册按照创新药、改良型新药、仿制药、境外已上市境内未上市化学药品等进行分类。

根据物质基础的原创性和新颖性，将新药分为创新药和改良型新药。创新药，是指境内外均未上市，含有新的结构明确的、具有药理作用的化合物，且具有临床价值的药品。改良型新药，是指境内外均未上市的，在已知活性成分的基础上，对其结构、剂型、处方工艺、给药途径、适应症等进行优化，且具有明显临床优势的药品。

从研发和注册管理来看，创新药通过系统的探索性研究获得完整的非临床和临床试验证据来证明其安全性、有效性。改良型新药需要确证与已上市药品相比具有明显临床优势。仿制药是通过与已上市参照药品的对比性研究，证明其物质基础的一致性和质量特征的等同性，来间接证明与已上市参照药品的安全有效的等同性。用于仿制药研发参比的已上市参照药品通常称为参比制剂，参比制剂通常为原研药。

（三）生物制品注册分类

生物制品按照用途分为预防用生物制品、治疗用生物制品和按生物制品管理的体外诊断试剂三大类。生物制品注册按照生物制品创新药、生物制品改良型新药、已上市生物制品（含生物类似药）等进行分类。

预防用生物制品，是指为预防、控制疾病的发生、流行，用于人体免疫接种的疫苗类生物制品。预防用生物制品分为：境内外均未上市的创新型疫苗；对境内或境外已上市疫苗产品进行改良，使新产品的安全性、有效性、质量可控性有改进，且具有明显优势的改良型疫苗；境内或境外已上市的疫苗。

治疗用生物制品，是指用于人类疾病治疗的生物制品，如采用不同表达系统的工程细胞（如细菌、酵母、昆虫、植物和哺乳动物细胞）所制备的蛋白质、多肽及其衍生物；细胞治疗和基因治疗产品；变态反应原制品；微生态制品；人、动物组织或者体液提取，或者通过发酵制备的具有生物活性的制品等。治疗用生物制品分为：境内外均未上市的创新型治疗用生物制品；对境内或境外已上市制品进行改良，使新产品的安全性、有效性、质量可控性有改进，且具有明显优势的改良型治疗用生物制品；境内或境外已上市生物制品，包括生物类似药和其他生物制品。

生物制品类体外诊断试剂按照治疗用生物制品管理。按照生物制品管理的体外诊断试剂包括用于血源筛查的体外诊断试剂、采用放射性核素标记的体外诊断试剂等。

四、规范药物研制过程管理

新药研究开发是一项投入大、周期长、风险高的系统工程。在药品上市前，申请人应当完成药学、药理毒理学研究和药物临床试验等相关工作。申请药品注册，应当提供真实、充分、可靠的数据、资料和样品，证明药品的安全性、有效性和质量可控性。《药品管理法》规定，从事药品研制活动，应当遵守药物非临床研究质量管理规范、药物临床试验质量管理规范，保证药品研制全过程持续符合法定要求。

（一）药学研究符合相关指导原则要求

药学研究包括从实验室阶段药学和工艺研究到中试、放大，再到大规模生产的完整过程。药学研究应当按照相关技术指导原则和技术要求开展充分的研究，证明药品质量持续可控。研究数据根据相关规定保存，并确保研究数据真实可溯源。在完成相关研究后，按照相关要求整理形成符合申报注册要求的申请资料。在获得批准上市时，药品注册申请人应当具备商业化规模生产合格药品的质量管理能力。

（二）药物非临床研究遵守 GLP

GLP 是国际上药物安全性评价实验室共同遵守的准则，也是药物研究数据国际互认的基础。遵循 GLP 开展药物非临床安全性评价研究，通过给予实验动物受试药物，观察实验动物出现的症状和毒性反应的严重程度，预见性地为临床用药提供毒副反应的靶器官、损害程度及无毒反应剂量等研究数据，减少临床研究的风险性，保护受试者安全，提高临床试验的成功率，是试验药物进入人体试验前的重要安全防线。

规范药物非临床研究的主要手段是落实 GLP 要求，确保研究结果的真实性和可靠性。GLP 严格规定了药品安全性评价实验各个环节的行为规范。GLP 对药物安全性评价机构的软件及硬件要求、标准操作规程（Standard Operating Procedures，SOPs）、实验方案制定、实验操作、数据记录、动物饲养、总结报告撰写都作出明确规定，以最大限度降低各种误差的产生。《药品管理法》规定，开展药物非临床研究，应当符合国家有关规定，有与研究项目相适应的人员、场地、设备、仪器和管理制度，保证有关数据、资料和样品的真实性。通过及时、准确的记录，最大限度保证非临床研究过程的可追溯性，提高药物非临床研究的质量与可信性。

（三）药物临床试验遵守 GCP

药物临床试验，是指以药品上市注册为目的，旨在发现或证实试验用药物临床、药理和其他药效学方面的作用，确定药物的安全性与有效性，而在人体开展的药物研究。临床试验是药物研发中最重要的环节，GCP 是规范药物临床试验全过程的规定，包括方案设计、组织实施、监查、稽查、记录、分析总结和报告。药物临床试验应当符合《世界医学大会赫尔辛基宣言》原则及相关伦理要求，受试者的权益和安全应当是考虑的首要因素，优先于对科学和社会的获益。伦理审查与知情同意是保障受试者权益的重要措施。GCP 把保护患者和数据的可靠性作为各参与方共同的目标。

五、改革临床试验管理

《药品管理法》规定，开展药物临床试验，应当按照国务院药品监督管理部门的规定如实报送研制方法、质量指标、药理及毒理试验结果等有关数据、资料和样品，经国务院药品监督管理部门批准；开展生物等效性试验的，报国务院药品监督管理部门备案。任何以上市为目的，在人体（患者或健康受试者）进行的药物的系统性研究，必须经过批准或备案后方可进行。

（一）临床试验机构实行备案管理

原《药品管理法》规定，药物临床试验机构实行资格认定管理。从 1983 年第一个“临床药理基地”起，我国临床试验机构已经过近 40 年的发展，承接药物临床试验的能力和水平不断提高。

药品审评审批制度改革极大地调动了药物研发创新热情，加之仿制药一致性评价的推进，我国药物临床试验机构资源短缺一度成为制约临床试验开展的突出问题。随着我国医药创新能力的进步和政府管理方式的转变，《关于深化审评审批制度改革鼓励药品医疗器械创新的意见》提出，临床试验机构由资格认定调整为备案管理。新《药品管理法》规定，开展药物临床试验，应当在具备相应条件的临床试验机构进行；药物临床试验机构实行备案管理。将临床试验机构由资格认定调整为备案管理，简化了流程，有利于释放临床试验资源，更好地满足药物临床试验需求，对鼓励药物创新、促进药品产业健康发展具有重要意义。

由于疫苗的特殊性，《疫苗管理法》规定，疫苗临床试验应当由符合国务院药品监督管理部门和国务院卫生健康主管部门规定条件的三级医疗机构或者省级以上疾病预防控制机构实施或者组织实施。

（二）临床试验审批实行默示许可

临床试验是新药研究过程中耗时最长、投入最高的阶段。在药品审评审批制度改革之前，新药临床试验审评时间较长，影响创新药上市进程。《关于深化审评审批制度改革鼓励药品医疗器械创新的意见》要求优化临床试验审批程序，建立完善注册申请人与审评机构的沟通交流机制。

《药品管理法》在法律层面明确了临床试验默示许可。按照传统的行政许可理念，对申请人的行政许可申请，监管部门应当作出明确的批准或者不予批准的决定，即所谓的“明示许可”。“默示许可”则是法律法规明确规定一定的期限，监管部门在这一期限内如果没有明确的通知或者意见，则视为该申请获得批准。“默示许可”缩短了临床试验审评时间，大大加快了临床试验启动和后续进程。国家药监局应当自受理临床试验申请之日起 60 个工作日内决定是否同意并通知临床试验申办者；逾期未通知的，视为同意。受理药物临床试验申请前，审评机构应当与注册申请人进行会议沟通，提出意见建议。

对新药的临床试验申请，审评时重点审查临床试验方案的科学性和对安全性风险的控制，保障受试者的安全。在Ⅰ期、Ⅱ期临床试验完成后，申办者应当及时提交试验结果及下一期临床试验方案。未发现安全性问题的，可在与审评机构沟通后转入下一期临床试验。申办者应当如实报告临床试验中发生的严重不良事件，按时提交研究年度报告；对不能控制临床试验安全性风险的，应当立即停止临床试验。

（三）生物等效性试验实行备案管理

生物等效性试验（简称 BE 试验）是药物临床试验的一种形式，是以健康受试者为对象的人体试验，旨在比较同一种药物的相同或者不同剂型的制剂，在相同的试验条件下，其活性成分吸收程度和速度有无统计学差异，通常用于评价仿制药与参比制剂的生物等效性。

生物等效性试验以往按照与新药临床试验相同的审批程序管理。生物等效性试验的评价目标是证明试验药物与参比制剂的一致性。由于开展生物等效性试验的药物，所选的参比制剂往往已经上市，其安全性、有效性已经过评价，相对来说试验本身的风险降低。《药品管理法》规定生物等效性试验实行备案管理。申请人应当按照药品注册的相关法律法规和技术要求开展生物等效性试验研究，遵循研究的伦理和科学原则，保证研究资料的真实、准确和研究过程可追溯。在试验过程中，发现不符合相关规定的，可随时要求申请人暂停试验。

（四）严格伦理审查和知情同意

药物临床试验应当遵循两大基本原则——伦理的合理性和研究的科学性。伦理委员会审查是保护受试者的安全与权益、保证药物临床试验伦理合理性的重要措施之一，在药物临床试验中发挥重要作用。

《药品管理法》规定，开展药物临床试验，应当符合伦理原则，临床试验方案须经伦理委员会审查同意。伦理委员会通常由医学专业人员、法律专家及非医务人员共同组成，是相对独立的组织。伦理审查是从医学伦理的角度对发起临床试验的合理性、科学性和受试者风险获益进行评估，确保临床试验的设计和实施合乎伦理和法律，同时保护受试者的安全、健康等权益。

以人体为对象的临床试验本身存在一定风险，关系受试者的身体健康和生命安全。所以，临床试验申办者必须向受试者详细告知试验的目的、获益和可能产生的损害等情况。若受试者为无民事行为能力人或限制民事行为能力人，法律要求必须经受试者监护人的书面同意。

（五）强化临床试验动态风险控制

药物临床试验存在一定的不确定性。在临床试验过程中，受试者承担使用试验药物后发生不良反应、可能治疗无效或者因参与对照组而延误治疗等风险。《药品管理法》在加快临床试验审批的同时，建立了动态风险控制机制。药物临床试验期间实行安全性报告制度，申办者向监管部门报告临床试验情况，发现存在安全性问题或者其他风险的，临床试验申办者应当主动调整临床试验方案、暂停或者终止临床试验。

根据动态的风险评估结果，审评机构认为临床试验存在一定安全性风险的，可要求申办者修改临床试验方案、修改研究者手册、修改知情同意书或调整研发期间安全性更新报告周期等；在临床试验过程中，经评估认为存在较大安全性风险的，应当责令申办者暂停临床试验。药物临床试验暂停后，经过调查确认风险可控或者采取风险控制措施后，申办者拟继续开展药物临床试验的，应当在完成整改后提出恢复药物临床试验的补充申请，经审查同意后方可继续开展药物临床试验。

（六）科学接受药品境外临床试验数据

随着我国药物研发的国际化，在境内外同步开展或者在境外开展临床试验的情况越来越普遍。境外临床试验数据包括但不限于申请人通过创新药的境内外同步研发在境外获得的临床试验数据，在境外开展仿制药研发、具备完整可评价的生物等效性数据。

境外临床试验用于中国药品注册申请的，应当提供境外所有临床试验数据，其来源、研究机构或者实验室条件、质量体系要求及其他管理条件等应当符合 ICH 通行原则，并符合我国药品注册管理的相关要求。对于在境外多中心取得的临床试验数据，符合中国药品注册相关要求的，可用于在中国申报注册申请。对在中国首次申请上市的药品，注册申请人应当提供是否存在人种差异的临床试验数据。申请人应当确保境外临床试验数据的真实性、完整性、准确性和可溯源性。依据临床试验数据的质量，对境外临床试验数据接受分为完全接受、部分接受与不接受。

六、优化药品上市注册程序

为鼓励创新、加快新药好药上市，“两法”及配套规章明确鼓励以临床价值为导向的研发创新，明确了创新药上市的四条加快上市通道；鼓励药品上市许可持有人依法运用新生产技术、新方法、新设备、新科技成果，不断改进和优化生产工艺，持续提高药品质量，提升药品安全性、有效性和质量可控性；优化药品核查检验流程，药品审评与现场核查可并行开展，检验可在注册申请提出前开展，进一步提高药品审评的效率，缩短审评时限。

（一）建立加快上市注册通道

“两法”强调鼓励药品创新，以临床价值为导向，增设了药品加快上市注册程序。对临床急需的短缺药品、儿童用药品、罕见病用药、重大传染病用药、疾病防控急需疫苗和创新疫苗等均纳入加快上市注册范围。

1. 突破性治疗药物程序

突破性治疗药物程序旨在鼓励研制具有明显临床优势的药物。用于防治严重危及生命或者严重影响生存质量的疾病，且尚无有效防治手段或者与现有治疗手段相比有足够证据表明具有明显临床优势的创新药或者改良型新药等，可在药物临床试验期间向药品审评中心提出申请。

突破性治疗药物程序的加速起点是临床试验阶段，纳入突破性治疗药物程序的药物可优先配置资源进行沟通交流，在药品上市许可申请时可申请适用优先审评审批程序，从而降低研究盲目性、缩短临床试验进程、加快研发和审评进程。

2. 附条件批准程序

附条件批准程序旨在加快具有突出临床价值的临床急需药品上市。《药品管理法》规定，对治疗严重危及生命且尚无有效治疗手段的疾病以及公共卫生方面急需的药品，药物临床试验已有数据显示疗效并能预测其临床价值的，可以附条件批准，并在药品注册证书中载明相关事项。《疫苗管理法》规定，应对重大突发公共卫生事件急需的疫苗或者国务院卫生健康主管部门认定急需的其他疫苗，经评估获益大于风险的，国务院药品监督管理部门可以附条件批准疫苗注册申请。

符合附条件批准情形的药品，可基于替代终点、中间临床终点或早期临床试验数据批准上市，申请人应当充分评估说明所选择的替代终点、中间临床终点或选择早期临床试验数据与预期的临床获益之间的相关性、合理性，并提供相应的证据。

对附条件批准的药品，药品上市许可持有人逾期未按照要求完成研究，或者不能证明其获益大于风险的，国家药监局应当依法处理，直至注销药品注册证书。

3. 优先审评审批程序

《药品管理法》规定，国家鼓励短缺药品的研制和生产，对临床急需的短缺药品、防治重大传染病和罕见病等疾病的新药予以优先审评审批。临床急需的短缺药品、防治重大传染病和罕见病等疾病的创新药和改良型新药，符合儿童生理特征的儿童用药品新品种、剂型和规格，疾病预防、控制急需的疫苗和创新疫苗，纳入突破性治疗药物程序的药品，符合附条件批准的药品，以及国家药监局规定其他优先审评审批的情形的药品等，可向药品审评中心提出优先审评审批申请。

优先审评审批程序适用于上市申请阶段，纳入优先审评审批程序的药品审评时限缩短，优先配置资源进行沟通交流、审评、核查、检验和核准通用名，经沟通交流确认可补充提交技术资料。将抗癌药等临床急需药品纳入优先审评审批程序，审评时限为 130 日，对临床急需已在境外上市的罕见病治疗药物优先审评时限进一步压缩为 70 日。

4. 特别审批程序

药品特别审批程序，是指存在发生突发公共卫生事件的威胁时以及突发公共卫生事件发生后，为使突发公共卫生事件应急所需防治药品尽快获得批准，按照统一指挥、早期介入、快速高效、科学审批的原则，对突发公共卫生事件应急所需药品进行特别审批的程序和要求。2003 年“非典”疫情暴发后，国家食品药品监督管理局于 2005 年发布《国家食品药品监督管理局药品特别审批程序》。2020 年新冠肺炎疫情暴发以来，面对前所未有的复杂形势，国家药监局通过提前介入、主动对接、充分沟通、深入参与等措施，实现审评审批环节零等待。坚持研审联动，实行滚动提交研究资料、滚动审评，同步开展检验检查，统筹考虑、提前部署临床试验数据核查事宜，努力实现各环节无缝衔接，形成高效的应急审批工作机制。对药物临床试验已有数据显示疗效并能预测其临床价值的药物加快附条件批准上市，及时将符合标准要求的药物申请纳入应急审批通道，依法依规开展应急审批，加快临床急需药品上市，对我国新冠肺炎疫情防控起到至关重要的作用。

（二）建立原辅包关联审评审批制度

《药品管理法》规定，国务院药品监督管理部门在审批药品时，对化学原料药一并审评审批，对相关辅料、直接接触药品的包装材料和容器一并审评，对药品的质量标准、生产工艺、标签和说明书一并核准。

化学原料药是药品的活性成分，而辅料以及直接接触药品的包装材料和容器虽然本身一般无生物活性，但可能对药物发挥作用产生重要影响。辅料和包装材料的质量会直接影响制剂的质量、安全和疗效。

关联审评审批制度将过去孤立、分散的原辅包审评审批改为与药品制剂注册申请关联审评审批，在保证药品制剂质量的基础上，优化药品审评审批程序。该制度更加突出药品上市许可持有人对原辅包及其供应商的管理责任和主体地位。原辅包关联审评审批制度节约审评资源，使制剂申请人更灵活地选择供应商。更为重要的是，建立原辅包企业与制剂企业的紧密联系，强化制剂企业对供应商质量体系的延伸管理，与国际通行的规则保持一致。

《关于改革药品医疗器械审评审批制度的意见》首次提出实行药品与药用原辅料和包装材料关联审批，原辅包在审批药品注册申请时一并审评审批。

（三）建立沟通交流与专家咨询制度

《药品管理法》规定，国务院药品监督管理部门应当完善药品审评审批工作制度，加强能力建设，建立健全沟通交流、专家咨询等机制，优化审评审批流程，提高审评审批效率。

新药研发是一项分阶段推进、多学科联动、高风险投入的系统工程，通过专业高效的沟通，可早期发现潜在风险和问题，指导企业少走弯路，加快研发。药品审评是复杂的科学评价过程，在遇到疑难问题和分歧时引入专家咨询，建立公开、公平的争议解决程序，有利于提升审评审批决策的质量和效率。

《关于改革药品医疗器械审评审批制度的意见》和《关于深化审评审批制度改革鼓励药品医疗器械创新的意见》等明确要求完善沟通交流制度和专家咨询制度。沟通交流，是指在药物研发与注册申请技术审评过程中，申请人与药品审评中心审评团队就现行药物研发的关键技术等问题所进行的沟通交流。申请人与审评团队在沟通交流过程中可就讨论的问题充分阐述各自观点，达成的共识可作为研发和评价的重要参考。

专家咨询制度是为解决申请人和监管机构之间的意见分歧，或者疑难科学问题，引入外部专家参与审评决策的机制。药品审评机构根据工作需要建立专家咨询制度，成立专家咨询委员会，在审评、核查、检验、通用名称核准等过程中就重大问题听取专家意见，充分发挥专家的技术支撑作用。对综合评估结果仍有异议的，药品审评机构应当组织专家咨询委员会论证，并综合专家论证结果形成最终的审评结论。

（四）加强信息公开与保密管理

对于审评审批工作，《药品管理法》既强调信息公开透明，又注重对申请人商业秘密的保护，规定批准上市药品的审评结论和依据应当依法公开，接受社会监督；对审评审批中知悉的商业秘密应当保密。

药品注册相关信息是产业界关注的焦点信息。为提高药品审评审批工作透明度，接受社会对药品审评审批工作的监督，服务药品注册申请人和公众，引导行业有序研发与理性申报，药品审评机构应当依法公开审评信息。药品审评审批信息公开应当遵循公正、公平、合法、准确、便民的原则。

《疫苗管理法》还规定，国务院药品监督管理部门应当在其网站上及时公布疫苗说明书、标签内容。

审评审批信息的保密要求是维护药品注册申请人的合法权益，规范和加强审评审批信息保密管理，确保药品审评审批工作合法高效运行的保障。未经申请人同意，药品监督管理部门、专业技术机构及其工作人员、参与专家评审等的人员不得披露申请人提交的商业秘密、未披露的信息或者保密的商务信息，法律另有规定或者涉及国家安全、重大社会公共利益的除外。

七、加强疫苗研制与注册管理

我国对疫苗实行最严格的监管，疫苗研制注册不仅要遵循药品研制注册的一般要求，在鼓励研发创新、严格临床试验管理、加快审批上市等方面也提出了更高要求。

（一）鼓励疫苗研发创新

《疫苗管理法》兼顾安全、发展和创新目标，坚持疫苗产品的战略性和公益性，鼓励疫苗产业的创新和发展，支持疫苗产业发展和结构优化，鼓励疫苗生产规模化、集约化，不断提升疫苗生产工艺和质量水平。

支持基础研究和应用研究。疫苗作为一种特殊药品，与公共卫生安全和国家安全密切相关，对保障人民群众身体健康和生命安全具有十分重要的意义。国家支持疫苗基础研究和应用研究，促进疫苗研制和创新，将预防、控制重大疾病的疫苗研制、生产和储备都纳入国家战略。

支持产业高质量发展。国家制定疫苗行业发展规划和产业政策，支持疫苗产业发展和结构优化，鼓励疫苗生产规模化、集约化，不断提升疫苗生产工艺和质量水平。疫苗上市许可持有人应当建立健全疫苗全生命周期质量管理体系，对疫苗进行质量跟踪分析，持续提升质量控制标准，改进生产工艺，提高生产工艺稳定性。

鼓励加大研发投入。鼓励疫苗上市许可持有人加大研制和创新资金的投入，优化生产工艺，提升质量控制水平，推动疫苗的技术进步。国家根据疾病流行情况、人群免疫状况等因素，制定相关的研制规划，安排必要的资金，支持多联多价疫苗等新型疫苗的研制，组织疫苗上市许可持有人、科研单位、医疗卫生机构联合攻关，研制疾病预防控制急需的疫苗。

（二）严格疫苗临床试验管理

疫苗临床试验的对象是健康受试者，疫苗获批上市后的接种对象也是健康人。相对于其他药品，疫苗风险获益的评判标准有所不同。《疫苗管理法》确立了“安全第一”的监管原则，对疫苗临床试验要求也更严格，标准更高。《疫苗管理法》规定，疫苗临床试验应当由符合国务院药品监督管理部门和国务院卫生健康主管部门规定条件的三级医疗机构或者省级以上疾病预防控制机构实施或者组织实施。国家鼓励符合条件的医疗机构、疾病预防控制机构等依法开展疫苗临床试验。

严格疫苗伦理审查和受试者保护。由于疫苗接种目标人群为健康人群且包括儿童，故必须严格遵循伦理和科学原则。受试者为限制民事行为能力人的，应当取得本人及其监护人的书面知情同意。疫苗临床试验申办者应当制定临床试验方案，建立临床试验安全监测与评价制度，审慎选择受试者，合理设置受试者群体和年龄组，并根据风险程度采取有效措施，保护受试者合法权益。

（三）疫苗加快批准与紧急使用制度

《疫苗管理法》规定，对疾病预防、控制急需的疫苗和创新疫苗，国务院药品监督管理部门应当予以优先审评审批。应对重大突发公共卫生事件急需的疫苗或者国务院卫生健康主管部门认定急需的其他疫苗，经评估获益大于风险的，国务院药品监督管理部门可以附条件批准疫苗注册申请。

《疫苗管理法》还建立了疫苗紧急使用制度，出现特别重大突发公共卫生事件或者其他严重威胁公众健康的紧急事件时，国务院卫生健康主管部门根据传染病预防、控制需要提出紧急使用疫苗的建议，经国务院药品监督管理部门组织论证同意后可以在一定范围和期限内紧急使用。这是全新的制度安排。在新冠肺炎疫情防控中，该制度发挥了重要作用，充分体现了制度的前瞻性和科学性。

疫苗紧急使用需要按照法定程序和条件实施。紧急事件应对结束或者疫苗获得正式上市许可，紧急使用应当停止。

八、促进中药传承创新发展

中医药是中华民族的瑰宝，为中华民族繁衍生息作出了巨大贡献，对世界文明进步产生了积极影响。党中央、国务院高度重视中医药工作，作出一系列重大部署。《药品管理法》也旗帜鲜明地指出，促进中药传承创新。药品监督管理部门贯彻落实法律规定，健全符合中药材特点的审评审批体系，鼓励中药传承创新发展。新冠肺炎疫情暴发以来，中医药在新冠肺炎疫情初期干预治疗、重症协助治疗和治愈后康复阶段都发挥了积极作用。

（一）建立符合中药特点的评价体系

《关于深化审评审批制度改革鼓励药品医疗器械创新的意见》明确提出，支持中药传承和创新。建立完善符合中药特点的注册管理制度和技术评价体系，处理好保持中药传统优势与现代药品研发要求的关系。遵循中医药特点及研制规律，注重临床试验基础，重视临床价值评估，激发中药企业创新活力，促进中药新药研发。

2019 年，中共中央、国务院印发《关于促进中医药传承创新发展的意见》，提出改革完善中药注册管理；建立健全符合中医药特点的中药安全、疗效评价方法和技术标准；及时完善中药注册分类，制定中药审评审批管理规定，实施基于临床价值的优先审评审批制度；加快构建中医药理论、人用经验和临床试验相结合的中药注册审评证据体系，优化基于古代经典名方、名老中医方、医疗机构制剂等具有人用经验的中药新药审评技术要求，加快中药新药审批。

《药品管理法》规定，国家鼓励运用现代科学技术和传统中药研究方法开展中药科学技术研究和药物开发，建立和完善符合中药特点的技术评价体系，促进中药传承创新。

2020 年 12 月，国家药监局印发《关于促进中药传承创新发展的实施意见》（国药监药注〔2020〕27 号），提出促进中药守正创新、健全符合中药特点的审评审批体系、强化中药质量安全监管、注重多方协调联动、推进中药监管体系和监管能力现代化等主要措施。改革中药注册分类，构建中医药理论、人用经验和临床试验“三结合”的审评证据体系，完善中药审评审批制度。

（二）建立符合中药特点的标准体系

国家药监局积极推进以《中国药典》为核心的中药标准体系建设，完善中药标准形成机制。通过制定最严谨的标准，进一步夯实和发挥中药标准在中药监管工作中的重要作用。颁布实施的 2020 年版《中国药典》一部（中药部分），收载中药标准 2711 个，占药典收载品种的 45.9%，新增中药材（饮片）标准 1 个，修订中药材（饮片）标准 360 个。《中国药典》编制过程中，坚持以中医临床为导向，以科学研究为基础，坚持创新思维和整体观，丰富整体评价中药质量的技术手段，提高中药整体质量和安全性控制水平，充分发挥中药标准促进中药高质量发展的作用。

中药质量标准以国家药品标准为核心，以中药饮片炮制规范及地方药材标准为补充。对于已被国家药品标准收载的中药饮片，应当按照国家药品标准的规定炮制。对于其他尚未建立国家药品标准的中药饮片品种，则应当按照省级药品监督管理部门制定的中药饮片炮制规范炮制。同时，为全面掌握全国中药饮片炮制及其规范的实际情况，加强中药饮片标准管理，各省级药品监督管理部门制定的炮制规范应当报国家药监局备案。《药品管理法》强调中药饮片国家药品标准和中药饮片炮制规范等标准的法律地位和强制属性，国家药品标准和中药饮片炮制规范是实施中药饮片生产质量管理和药品监督管理的法定依据。

当前，我国中药饮片的标准管理仍处于国家药品标准和地方中药饮片炮制规范并存的局面。考虑到中药饮片的地域特色，应当尊重地方的用药习惯和炮制方法。在全国范围内国家标准与地方标准并存的情况将在一段时间内存在。下一步，国家药监局将健全中药饮片标准体系，尽快出台全国中药饮片炮制规范，建立和完善以临床为导向的中药质量标准和技术规范，推进中药质量稳步提升。

九、加强药品标准管理

《药品管理法》明确了国家药品标准和药品注册标准的法律地位，并对经国家药监局核准的药品质量标准（药品注册标准）的执行要求进行具体规定。强化药品标准管理，有利于提升药品质量控制要求，进一步保障公众用药安全。

（一）明确国家药品标准和药品注册标准的法律地位

药品标准是国家为保证药品质量，对药品的质量指标、检验方法和生产工艺等所作的技术规定，是药品生产、经营、使用及监督管理等各环节必须共同遵守的强制性技术准则和法定依据，是保障人体健康和生命安全的标准，属于强制性标准，必须强制执行。

《药品管理法》首次在法律层面明确药品注册标准的法律地

位，从源头上厘清国家药品标准与药品注册标准之间的关系，以强化企业主体责任和政府监管责任。《药品管理法》明确规定药品应当符合国家药品标准，国务院药品监督管理部门在审批药品时核准的药品质量标准（药品注册标准）原则上不得低于国家药品标准的规定。在药品监督管理过程中，对于经核准的药品注册标准高于国家药品标准的，应当按照核准的药品注册标准执行；对于国家药品标准没有收载的药品，应当符合经核准的药品注册标准的规定。所有药品只有符合国家药品标准以及《中国药典》通用技术要求的规定才是合格药品，方可上市、销售和使用。

（二）明确国家药品标准的范畴和制修订机构

《药品管理法》明确了国家药品标准范畴。国家药品标准包括《中国药典》和国务院药品监督管理部门颁布的药品标准。《中国药典》是国家为保证药品质量而制定的药品法典，一般每 5 年颁布一版。历版《中国药典》客观反映了我国不同历史时期医药产业质量保障和临床用药的水平，同时也客观体现了我国药品标准持续提高的发展历程。除《中国药典》外，国务院药品监督管理部门在不同历史时期还颁布了一系列国家药品标准并汇编成册，主要包括原卫生部药品标准、原国家药品监督管理局药品标准、原国家食品药品监督管理总局药品标准等，及若干以散页形式存在的国家药品标准。上述这些国家药品标准共同构成了我国以《中国药典》为核心的国家药品标准体系，为提高药品质量、保障公众用药安全有效，发挥了重要作用。

《药品管理法》规定，国务院药品监督管理部门会同国务院卫生健康主管部门组织药典委员会，负责国家药品标准的制定和修订。国家药典委员会负责日常组织协调和管理工作，以建立最严谨的标准为指导，积极践行创新、协调、绿色、开放、共享五大发展理念，深入推进药品标准工作机制创新，全面导入质量管理体系，持续提高药品标准工作质量和效率，为定期编制药典、开展国家药品标准制定和修订工作发挥了重要的作用。

（三）健全国家药品标准品、对照品管理工作

国家药品标准品、对照品（也称药品标准物质），是指供药品标准中物理和化学测试及生物方法试验用，具有确定特性量值，用于校准设备、评价测量方法或者给供试药品赋值的物质。根据《标准化法》的规定，标准包含标准样品或称实物标准，国家药品标准物质作为国家药品标准的标准样品，是国家药品标准不可或缺的重要组成部分。《药品管理法》规定，国务院药品监督管理部门设置或者指定的药品检验机构负责标定国家药品标准品、对照品。

十、促进药品注册管理迈上新台阶

近年来，我国药品审评审批制度改革工作取得显著成效。随着技术进步、改革深入和新法实施，我国药品上市速度、产品质量及注册管理能力，与新时代人民群众日益增长的健康需求尚有差距。只有紧跟科学技术的发展，不断完善管理制度，优化管理模式，才能不断解决复杂形势下影响药品创新、高质量发展的突出问题。

（一）持续加强行业引导和指导

近年来，我国创新药取得长足发展，创新药批准上市数量逐年

增加，生物制品包括疫苗产业进入发展“快车道”，仿制药质量和疗效一致性评价平稳推进，但也存在创新水平不高、产品质量参差不齐、尚不能完全满足临床需要、国际接受度不高、创新药研究重复建设等问题。需要加强行业引导和指导，促进行业良性创新，聚焦临床急需。

*紧跟临床需求和技术进步。*随着疾病种类不断变化，诊疗手段不断发展，人民对健康需求不断提高，药品注册管理工作要紧跟临床需求和技术进步，建立了解新需求、吸收新技术新理念的机制，引导行业创新发展。一方面，与卫生健康主管部门合作，聚焦未被满足的临床需求，进一步引导研发、鼓励创新。另一方面，与业界共商共建，聚焦技术进步，融合新理念，吸收新方法，不断更新丰富技术指导原则和药品标准。

*充分发挥监管科学研究的作用。*加强与学术界、产业界的沟通交流，加强调查研究，广泛听取各方意见建议，发挥监管科学研究作用，探寻下一步改革的突破口。通过共商共议，使药品注册管理与行业创新进步保持同一个频率，共同进步，解决药品注册管理滞后行业发展的问题。以科学精神推动药品注册管理工作科学发展，聚焦新工具、新标准和新方法的开发和应用，为药品注册管理提供强有力的支持。

*紧跟国际前沿。*坚持国际视野，以开放、合作、共赢的姿态，全面参与 ICH 议题协调，与国际社会、同行开展广泛深入的交流合作，以全球视野推动我国药品注册管理工作。

（二）持续提高药品注册管理质量和效率

近年来，经过一系列药品审评审批制度改革，我国药品注册管理效率得到显著提高，解决了多年的审评积压问题，基本实现按时限审评审批。但是，与行业创新快速发展的需要相比，尚需进一步提高质量和效率。

继续丰富技术指导原则体系。通过细化研发申报要求，参照国际通行方式，完善技术指导原则发布规则，统一审评尺度，规范研发申报行为，使行业对审评要求可预期。进一步细化附条件批准制度等加快上市注册审评审批通道适用范围、标准和要求，使加快审评审批通道聚焦临床急需。进一步完善细化原辅包关联审评审批、药品注册检验前置、基于风险的药品核查检验等措施，优化部门间的协作方式，规范优化审批流程，促进药品注册管理效率进一步提高。

进一步完善沟通交流机制。构建多通道、多维度灵活的沟通交流机制，提高沟通效率；完善监督机制，使药品审评人员在合法合规情况下与业界阳光地进行多维度沟通交流，通过与行业良性互动，掌握制药工业新发展，提升专业能力，促进药品审评质量和效率不断提高。

（三）持续提升药品技术审评能力

药品技术审评是药品注册管理工作的重要环节，专业性、技术性强，集技术和管理于一身。近年来，我国医药新技术、新产品、新业态不断涌现，为使药品技术审评、核查、检验等力量更好地适应科技和产业发展形势，下一步，将加大政府购买服务力度，充实技术审评力量，充实检查员队伍，创新检查方式。重点培养高层次审评员、检查员和检验人员，实现核心监管人才数量、质量双提升。

第三章

夯实药品上市许可持有人主体责任

药品上市许可持有人制度是一项国际通行的现代药品管理制度，是《药品管理法》确定的基本制度、核心制度，是贯穿“两法”的一条主线。在药品上市许可持有人制度下，拥有药品技术的药品研发机构、药品生产企业等主体，通过提出药品上市许可申请并获得药品注册证书，以自己的名义将产品投放市场，对药品全生命周期质量管理承担主体责任。《药品管理法》增设“药品上市许可持有人”专章，对药品上市许可持有人的法律地位、资质要求、主体责任等进行集中规定。药品上市许可持有人制度的实施，对于落实药品上市许可持有人主体责任、优化资源配置、鼓励药品产业高质量发展、创新药品安全治理机制具有重要意义。

一、建立药品上市许可持有人制度

（一）适应药品产业变革发展

长期以来，我国实行的是药品上市许可与药品生产许可“捆绑”的管理制度，即上市许可和生产许可必须是同一主体，均为药品生产企业。在我国市场经济秩序尚未完全建立、企业研制能力较弱的历史阶段，“捆绑”管理模式有助于规范行业秩序、理顺监管机制，在一定时期内发挥了积极作用。但随着我国市场经济体制逐步完善、药品生产管理水平不断提升、医药产业创新活力不断增强，既往的“捆绑”模式不断受到挑战和考验。

第一，药品研发动力不足。既往管理模式下，研发机构为将其研发成果转化为药品，要么投资建厂、新建生产线和设施，要么将技术转让给药品生产企业，难以获得最大化的市场权益，最终导致研发机构对创新药研发及持续改进动力不足，难以形成研发的良性循环局面。

第二，资源配置效率较低。由于药品批准文号只颁给生产企业，企业在申报注册时必须具备自行生产的能力，大多数企业需要新建生产车间和生产线。一方面，生产线重复建设；另一方面，有的建成的生产线开工率不足甚至闲置，造成生产资源的浪费。

第三，药品全生命周期管理责任难以落实。研发机构较药品生产企业更为了解药品的设计和风险。在原模式下，法律并未对研发机构上市后管理义务作出规定，研发机构因已将技术转让而对药品上市后的安全风险不承担责任，生产企业又不充分掌握药品设计和风险，只关注药品生产，导致本应得到关注的隐患和风险不能得到有效识别和及时控制。

第四，相关主体责任不清。药品生产企业、经营企业及医疗机构分段承担责任，容易出现各方责任不清、互相推诿的情形。

（二）与国际通行做法一致

药品上市许可持有人制度是国际社会通行的药品管理制度，在欧盟、美国、日本等发达国家和地区广泛采用。

欧盟药品上市许可持有人制度。欧洲最早在 1965 年欧洲经济共同体理事会颁布的 65/65/EEC 指令中使用“药品上市许可持有人”一词。药品上市许可申请人是提交药品上市申请的人，在药品上市许可被批准后，成为药品上市许可持有人。药品上市许可持有人必须为在欧盟境内设立的实体或者法人，在欧盟境内生产药品，应当获得监管机构的生产许可，但是生产许可与上市许可没有必然关联。药品上市许可持有人可以自行生产药品，也可以委托生产药品。药品上市许可持有人负责将药品投入市场，承担药品安全性、有效性、质量可控性的责任。欧盟药品管理局（European Medicines Agency，EMA）对集中审评上市药品上市许可持有人变更实行审批管理，由批准变更后的药品上市许可持有人对药品的安全性、有效性、质量可控性负责。

美国药品上市许可持有人制度。美国《联邦食品药品和化妆品法》中没有“药品上市许可持有人”概念，代之以申请人和持有人。无论是自然人、法人，还是其他研究机构或组织，在取得临床前研究数据后，均可提交临床试验申请，完成临床试验后，如认为有足够的证据证明药品的安全性及有效性，符合上市要求，可以提交上市申请，经批准后成为持有人。境外企业进口药品到美国境内，可以依法成为申请人和持有人；若境外企业在美国境内没有居住地或者营业地点，应当指定境内代理人，负责美国食品药品管理局（Food and Drug Administration，FDA）与境外持有人的沟通。持有人可以自行生产药品，也可以委托生产。美国对药品生产场地实行登记制度。美国 FDA 要求申请人提交上市申请时同时提交生产场地信息，对生产场地实行与注册关联的现场检查。药品批准上市后，药品生产场地发生变更的，持有人应当向美国 FDA 提交变更申请。持有人变更不需要美国 FDA 审批。原持有人变更应当向美国 FDA 提交有关转让生效时间、变更后的持有人承担原持有人责任的承诺、药品相关资料转移声明等信息，由变更后的持有人对药品的安全性、有效性和质量可控性负责。

日本药品上市许可持有人制度。日本在 2005 年《药事法》中引入药品上市许可持有人制度。与欧盟、美国不同，日本采取的是资格准入型上市许可持有人制度，规定了四种类型的制造销售企业许可证（处方药、除处方药之外的药品、医药部外品、化妆品），只有制造销售企业许可证的持有人可以申请相应类别药品的上市许可，经批准后为药品上市许可持有人。日本药品上市许可持有人必须为日本境内企业，必须符合药品质量管理规范和药物警戒质量管理规范的要求，必须根据医药产品的风险级别任命三名有资质的全职管理者，即生产销售总体负责人、质量保证负责人、上市后安全管理负责人，全面负责已上市药品的管理。境外企业进口药品到日本境内，必须指定日本境内拥有同类制造销售企业许可证的机构作为其代理持有人，该代理持有人不具有药品技术专有权。在日本境内生产药品应当获得监管机构的生产许可，但是生产许可与上市许可没有必然关联。药品上市许可持有人可以自行生产药品，也可以委托生产药品。日本药品上市许可持有人变更不需要厚生劳动省（Ministry of Health，Labour and Welfare，MHLW）审批。由变更后的持有人向 MHLW 递交通知，说明上市许可变更的事实，由变更后的持有人对药品的安全性、有效性、质量可控性负责。

欧盟、美国、日本的药品上市许可持有人制度具有共性特征，均实行药品的上市许可与生产许可相分离，由药品上市许可持有人持有品种，以自己的名义将产品投放市场，对药品全生命周期的质量管理承担主体责任。三者区别在于，日本实行资格准入型的上市许可持有人制度，要求持有人优先满足一定的资质要求，有能力对药品质量进行管理。无论哪种模式，均强调药品上市许可持有人在药品全生命周期全过程中的主体责任，负责保证药品的安全性、有效性和质量可控性。

（三）促进药品产业高质量发展

随着我国医药产业研发投入增加、创新能力提升，推行药品上市许可持有人制度的产业环境日趋成熟。2015 年 11 月 4 日，第十二届全国人民代表大会常务委员会授权国务院开展药品上市许可持有人制度试点，允许药品研发机构和科研人员持有药品注册证书，对药品质量承担相应责任。药品上市许可持有人制度试点期限为 3 年。2018 年 10 月 26 日，为更好地总结药品上市许可持有人制度试点经验、改革完善药品管理制度，并做好药品上市许可持有人制度试点和《药品管理法》修订衔接工作，第十三届全国人民代表大会常务委员会第六次会议决定将药品上市许可持有人制度试点工作的 3 年期限延长 1 年。2019 年 8 月 26 日，新《药品管理法》审议通过，药品上市许可持有人制度正式在法律层面得以明确。

药品上市许可持有人制度是与国际接轨的重要举措。通过将上市许可与生产许可相分离，明确药品上市许可持有人承担药品全生命周期质量管理的主体责任，真正发挥鼓励创新、优化资源配置、落实企业主体责任、创新药品治理机制等作用。

有利于落实药品上市许可持有人主体责任，强化全程管理。药品上市许可持有人为药品的“出品人”，需要关注药品研制、生产、经营、使用等各个环节，依法承担药品从上市到退出市场的全生命周期的质量管理责任。

有利于充分调动研发机构的积极性，促进药品创新。在药品上市许可持有人制度下，研发机构可以通过委托生产的方式将药品推向市场，获得市场回报并持续增加研发投入，形成良性的研发循环；由研发机构承担主体责任，可以促使其不断完善技术，持续提升药品质量，更好地保证药品安全。

有利于优化资源配置，促进结构调整和产业升级。药品上市许可持有人可以选择自行生产或者委托生产，自行销售或者委托销售，能够充分利用现有资源，减少重复建设；也有助于实现资源配置市场化，逐步培育专业化的药品生产加工行业，促进结构调整和产业升级。

有利于改革完善监管制度，推动治理创新。在药品上市许可持有人制度下，药品管理的核心从准入资格管理转移到体系能力管理，药品管理的方式从传统管理升级到现代管理、智慧管理。

药品上市许可持有人制度试点

2015年11月4日，第十二届全国人民代表大会常务委员会第十七次会议审议通过《关于授权国务院在部分地方开展药品上市许可持有人制度试点和有关问题的决定》，授权国务院在北京、天津、河北、上海、江苏、浙江、福建、山东、广东、四川十个省、直辖市开展药品上市许可持有人制度试点，允许药品研发机构和科研人员取得药品批准文号，对药品质量承担相应责任。2016年6月，《国务院办公厅关于印发药品上市许可持有人制度试点方案的通知》（国办发〔2016〕41号）明确了试点内容、品种范围等。随后，原国家食品药品监督管理总局及时发布相关配套工作文件，明确相关工作要求。从试点开始至2019年3月，十省（市）药品注册申请人共提出药品上市许可持有人注册申请1564件（按注册申请受理号计，下同），251件试点品种的临床试验申请获得批准，367件试点品种的上市及补充申请获得批准。

二、明确药品上市许可持有人法律地位

（一）明晰药品上市许可持有人的定义

药品上市许可持有人，是指取得药品注册证书的企业或者药品研发机构等。立法中未对“企业”的类型或性质进行限定。在药品上市许可持有人制度试点期间，试点方案明确规定药品研发机构和研发人员可以作为药品注册申请人，提交药物临床试验申请、药品上市申请，申请人取得药品上市许可及药品批准文号的，可以成为药品上市许可持有人。药品上市许可持有人制度试点的实践表明，研发人员成为药品上市许可持有人存在较大困难，其原因为：一方面，受自然人能力的限制，在商品交易、纳税等多个方面均难以正常开展经营活动；另一方面，缺乏专业团队支持，大多数科研人员不能对药品研发、生产、经营、使用等环节实施有效管理，缺乏充足的资金保障，基本不具备责任承担能力，无法履行保证药品生产、销售全过程全生命周期质量管理的责任。在制药业较为发达的美国、英国、日本、德国、丹麦等国家，科研人员个人作为药品上市许可持有人的情况也极为少见。

现阶段，我国药品上市许可持有人主要是药品生产企业和药品研发机构。自 2019 年 12 月 1 日起，凡持有药品注册证书（药品批准文号、进口药品注册证、医药产品注册证）的企业或者药品研发机构均为药品上市许可持有人，履行药品上市许可持有人义务。针对未实施审批管理的部分中药饮片，《药品管理法》规定中药饮片生产企业应当履行药品上市许可持有人的相关义务，对中药饮片生产、销售实行全过程管理，建立中药饮片追溯体系，保证中药饮片

安全、有效、可追溯。

（二）设置药品上市许可持有人三项能力要求

药品上市许可持有人的身份是由注册申请人转变而来的。为保证药品上市许可持有人主体责任的落实，《药品管理法》规定，国务院药品监督管理部门组织药学、医学和其他技术人员对申请注册药品进行审评，对药品的安全性、有效性和质量可控性以及申请人的质量管理、风险防控和责任赔偿等能力进行审查。即药品上市许可持有人应当具备质量管理、风险防控和责任赔偿三项能力。

质量管理能力是药品上市许可持有人的首要能力。其重点是药品上市许可持有人要建立覆盖全生命周期的质量管理体系，切实承担起药品非临床研究、临床试验、生产经营、上市后研究、药物警戒等全生命周期质量管理责任，其法定代表人、主要负责人必须全面加强药品质量管理。这意味着药品上市许可持有人要以全生命周期责任为基准，建立药品质量保证体系，并配备足够、专门、专业的人员独立负责药品质量管理；除了管理自身的药品研发、生产、经营过程，还要对受托药品生产企业、药品经营企业、储存运输企业的质量管理体系以及原辅料供应商等进行定期审核，监督其持续具备质量保证能力。

风险防控能力是药品上市许可持有人的关键能力。其要求药品上市许可持有人具备风险识别、风险预警、风险评估、风险控制的能力。药品上市许可持有人需要制定药品上市后风险管理计划，主动开展药品上市后研究，对药品的安全性、有效性和质量可控性进行进一步确证。对存在质量问题或者其他安全隐患的药品，能及时采取有效风险控制措施，如停止销售、停止使用和主动召回，并及时向药品监督管理部门报告药品召回和处理情况。对于附条件批准的药品，应当采取相应风险管理措施，并在规定期限内按照要求完成相关研究。需要特别强调的是，对药品上市后的变更事项，药品上市许可持有人必须强化风险控制，严格实行分类管理，按照国家药监局的相关规定和技术指南，全面评估、验证变更事项对药品安全性、有效性和质量可控性的影响，并依法履行变更程序。

责任赔偿能力是药品上市许可持有人的必备能力。药品上市许可持有人必须具备因为药品质量问题给用药者造成损害而承担责任赔偿的能力。《药品管理法》规定，因药品质量问题受到损害，受害人可以向药品上市许可持有人、药品生产企业请求赔偿损失，也可以向药品经营企业、医疗机构请求赔偿损失。接到受害人赔偿请求后，应当实行首负责任制，先行赔付；先行赔付后，可以依法追偿。药品上市许可持有人可以通过提供自有资产保证、担保证明及保险机构承保等方式来体现责任赔偿能力。基于疫苗的特殊性，《疫苗管理法》要求疫苗上市许可持有人应当按照规定投保疫苗责任强制保险。因疫苗质量问题造成受种者损害的，保险公司在承保的责任限额内予以赔付。通过保险机制分担风险，维护疫苗预防接种受种者的合法权益。

（三）确定关键责任人的要求和责任

《药品管理法》明确规定，药品上市许可持有人的法定代表人、主要负责人对药品质量全面负责。法定代表人对外代表法人或者企业行使职权，对内督促各岗位人员履行法定义务，严格药品全生命周期全过程管理要求。主要负责人全面负责企业日常管理活动，具有决策权并承担主要管理责任。法定代表人和主要负责人应当依法履行以下职责：监督质量管理体系正常运行；对受托药品生产企业、药品经营企业、储存运输企业进行定期审核；负责上市后变更管理；配合药品监督管理部门对药品上市许可持有人及相关方进行延伸检查等。质量受权人经法定代表人授权，负责监督企业药品质量管理活动，对药品生产企业出厂放行药品的生产、检验过程和放行文件进行审核，承担药品上市放行职责。同时，基于疫苗的战略性、公益性以及近年来发生的违法违规案件的恶劣影响，《疫苗管理法》进一步明确规定，作为疫苗企业的主要管理者和决策者的法定代表人、主要负责人应当具有良好的信用。由于疫苗生产的专业性，生产管理负责人、质量管理负责人、质量受权人等关键岗位人员还应当具有相关专业背景和从业经历。疫苗上市许可持有人应当加强对前述人员的培训和考核，及时将其任职和变更情况向省、自治区、直辖市人民政府药品监督管理部门报告。“两法”新增“处罚到人”要求，强化对关键责任人的约束。

（四）明确药品上市许可持有人依法拥有的权益

《药品管理法》规定了药品上市许可持有人履行全生命周期质量管理的主体责任，也赋予了药品上市许可持有人应有的权益。

第一，药品上市许可持有人可以自行生产，也可以选择委托生产。自行生产药品应当依照法律规定取得药品生产许可证；委托生产的，应当委托符合条件的药品生产企业。需要注意的是，疫苗上市许可持有人应当具备疫苗生产能力，即疫苗上市许可持有人应当是疫苗生产企业，超出疫苗生产能力确需委托生产的，应当经国家药监局批准；由于血液制品、麻醉药品、精神药品、医疗用毒性药品、药品类易制毒化学品等药品具有一定的特殊性，国家制定专门法规作出规定，除国务院药品监督管理部门另有规定外，这些药品的上市许可持有人应当自行生产。

第二，药品上市许可持有人可以自行销售，也可以委托销售。药品上市许可持有人具备经营条件的，可以自行销售持有的品种；也可以委托药品经营企业销售药品、委托储存运输药品，充分借力专业药品经营企业、第三方物流企业先进储运的优势，实现行业共赢。由于疫苗流通管理的特殊性，疫苗流通实行“一票制”，由疫苗上市许可持有人按照采购合同约定向疾病预防控制机构供应疫苗，疫苗上市许可持有人可以自行向疾病预防控制机构或者疾病预防控制机构指定的接种单位配送疫苗，也可以委托具备疫苗冷链储存、运输条件的疫苗配送单位配送疫苗。

第三，研发机构可以委托生产、自主持有并将药品推向市场，依法获得药品上市后的市场回报，凸显出药品技术拥有者的主体优势和市场价值。

第四，药品上市许可可以依法转让。允许药品上市许可持有人依法变更，并由受让方对转让后的药品质量承担责任，履行药品上市许可持有人的义务。

（五）加强境外药品上市许可持有人的境内代理人管理

药品上市许可持有人制度实施前，当进口药品在国内出现安全或质量问题时，难以追究进口药品持有人的责任。《药品管理法》明确规定，药品上市许可持有人为境外持有人时，应当指定我国境内的企业法人作为境内代理人，代为履行药品上市许可持有人的义务，并与境外持有人共同对外承担连带责任。

法律明确要求境外药品上市许可持有人应当指定境内代理人，

并未减轻或者豁免药品上市许可持有人的主体责任。境外药品上市许可持有人仍应当依法履行进口药品的全生命周期管理义务；违反法律规定的，应当依法承担相应责任。通过建立境内代理人制度，一是可以更好地落实进口药品质量监管责任，确保药品追溯、年度报告、上市后管理、药物警戒等责任落实到位，守护公众用药安全；二是增加境内主体，可以避免境外持有人违法时因为在境外而难以及时落实法定责任。《药品管理法》直接对境内代理人进行了约束，境内代理人未履行法定义务的，适用有关药品上市许可持有人法律责任的规定。

三、严格药品上市许可持有人义务

（一）建立质量保证体系

药品上市许可持有人应当以履行全生命周期质量管理的主体责任为基准，建立质量保证体系，配备足够、专门、专业的人员独立负责药品质量管理，对影响药品质量的研制、生产、经营各环节审核把关，对药品质量负责。委托生产、销售或储存运输的，质量保障体系应当涵盖委托的各个环节。药品上市许可持有人为研发机构时，由于缺乏药品上市后商业化生产、经营的经验，需要建立与受托方相衔接的质量保证体系，并针对变更控制、偏差管理、质量投诉等事项建立良好的沟通协调机制，切实履行质量管理职责。

（二）加强委托生产、销售、储存运输的管理

药品上市许可持有人委托生产、委托销售、委托储存运输药品时，应当履行对受托方的“管理”义务。双方应当签订委托协议和

质量协议，并严格履行协议约定的义务。药品上市许可持有人应当加强对受托药品生产企业、药品经营企业、储存运输企业的质量管理体系以及原辅料供应商等的定期审核，监督其持续具备质量保证和控制的能力。

国家药监局制定药品委托生产质量协议指南，指导、监督药品上市许可持有人和受托生产企业履行药品质量保证义务。

（三）建立上市放行规程

药品上市许可持有人应当建立药品上市放行规程，对药品生产企业出厂放行的药品进行审核，经质量受权人签字后方可放行上市。不符合国家药品标准和生产质量管理规范的，不得放行。《药品管理法》明确提出了“双放行”概念，由药品生产企业的质量受权人负责出厂放行，药品上市许可持有人的质量受权人负责上市放行。药品上市许可持有人的质量受权人进行上市放行时，应当结合药品风险评估状况，对批生产记录、批检验记录、生产企业放行文件等进行审核。“双放行”进一步强调了药品上市许可持有人是药品质量安全的主体责任人。

（四）实施全过程追溯

我国长期致力于构建药品全过程追溯制度，以实现药品来源可查、去向可追、风险可控、责任可究。“两法”明确建立药品、疫苗追溯制度。药品追溯涉及药品上市许可持有人、生产企业、经营企业、使用单位等各相关方。其中，药品上市许可持有人承担信息化追溯系统建设的主要责任，按照要求建立并实施药品追溯制度，及时、准确获得所持有药品在生产、流通、使用全过程的追溯信息，并按规定向监管部门提供追溯信息，保证药品可追溯。药品上市许可持有人可以自建追溯系统，也可以委托第三方技术机构建设，按照统一的药品追溯编码要求，对药品各级销售包装单元赋以唯一追溯标识。在药品生产入库时，应当在追溯系统中保存入库信息；在销售药品时，应当通过追溯系统向下游相关企业或医疗机构提供相关追溯信息，以便下游企业或者医疗机构验证反馈。

（五）建立药物警戒体系

《药品管理法》首次明确国家建立药物警戒制度。药品上市许可持有人和药物临床试验申办者应当建立药物警戒体系，设立专门机构，配备专职人员，开展药物警戒工作。有别于过去药品不良反应报告制度，药物警戒制度将药品风险预警拓展到上市前，覆盖药品全生命周期。

药品上市许可持有人应当建立面向医师、药师、患者以及药品生产经营企业的有效信息收集途径，主动收集临床使用、临床研究、学术文献涉及的不良反应信息；按照可疑即报原则，直接通过国家药品不良反应监测系统报告发现或获知的药品不良反应。报告范围涵盖患者使用药品出现的所有有害反应，包括因药品质量问题引起的或者可能与超适应症用药、超剂量用药、禁忌症用药等相关的有害反应。药品上市许可持有人应当加强风险的识别、评估与控制，确保风险控制措施的有效执行，切实保护患者用药安全。药品上市许可持有人和药物临床试验申办者可以委托开展药物警戒活动，但相应法律责任仍由药品上市许可持有人和申办者承担。

（六）开展上市后研究

药品上市许可持有人应当持续开展药品风险获益评估和控制，制定药品上市后风险管理计划，主动开展药品上市后研究，对药品的安全性、有效性和质量可控性进行进一步确证，加强对已上市药品的持续管理。风险管理计划中应当识别和描述药物重要的已确认风险、重要的潜在风险和重要的缺失信息，进而提出与风险相匹配的药物警戒活动计划和风险最小化措施，确保药品上市后在适用人群的临床用药过程中保持获益大于风险。

药品上市后研究通常作为风险管理计划的一部分，其目的是通过获得进一步的临床证据和文献积累，为上市后管理决策提供支持。药品上市许可持有人应当主动开展上市后研究，同时按照药品监督管理部门要求开展上市后研究。“两法”除明确药品上市许可持有人的上市后研究义务，还详细规定了附条件批准上市药品和批准疫苗注册申请时提出进一步研究要求的疫苗开展上市后研究的义务。对于附条件批准上市的药品，上市后研究结果将直接支持后续对该药品的风险获益平衡的持续评价和监管决策，最终决定附条件批准能否转为正式批准。

（七）建立年度报告制度

药品上市许可持有人应当建立年度报告制度，每年将药品生产销售、上市后研究、风险管理等情况按照规定向省、自治区、直辖市人民政府药品监督管理部门报告。提交年度报告是对药品上市许可持有人一项新的义务要求。一方面旨在提高药品上市许可持有人的主体责任意识；另一方面有利于药品监督管理部门及时了解辖区内品种生产、经营情况、质量风险因素，并采取相对应的监管措施，以优化监管资源的合理配置。疫苗上市许可持有人应当建立疫苗质量回顾分析和风险报告制度，每年将疫苗生产流通、上市后研究、风险管理等情况按照规定如实向国家药监局报告。

（八）履行供应保障责任

在保证药品安全、有效的基础上，《药品管理法》首次在总则中提出了保障药品可及性的要求。政府有关部门应当采取有效措施，及时解决药品及疫苗生产供应中出现的问题。药品及疫苗上市许可持有人也应当落实主体责任，保障药品及疫苗的生产供应。“两法”明确要求药品上市许可持有人、药品生产企业、药品经营企业应当按规定保障药品的生产和供应。疫苗上市许可持有人依法组织生产，保障疫苗供应。药品上市许可持有人停止生产短缺药品、疫苗上市许可持有人停止生产疫苗的，均应当按照规定向国务院药品监督管理部门或者省级药品监督管理部门报告。对短缺药品，必要时，国务院有关部门可以采取组织生产等措施保障供应，药品上市许可持有人应当配合落实；传染病暴发、流行时，相关疫苗上市许可持有人应当及时生产和供应预防、控制传染病的疫苗，而不得按照企业自身判断停产或减产。

药品上市许可持有人对上市药品依法承担主体责任，还包括依法履行其他的义务，如依法从事药品研制、生产、经营活动，持续符合质量管理规范和法定要求，确保申报注册数据、资料和样品真实、充分、可靠，对存在质量问题或者其他安全隐患的药品及时采取停产、停售、停用或召回等风险控制措施，等等。

四、落实药品上市许可持有人的主体责任

（一）强化全过程、全生命周期的管理理念

药品上市许可持有人制度是《药品管理法》确立的全新制度，是一项重大变革，给药品管理理念、实践都带来新挑战，提出新要求。在过去按环节分段式的管理模式下，药品出厂后，生产企业基本就不再承担上市后药品管理责任。药品上市许可持有人则对药品研制与注册、生产、经营、使用、上市后管理的全过程、药品从上市到退市的全生命周期进行统一、闭环管理，承担主体责任。药品上市许可持有人需要转变观念，不断强化全过程全生命周期的管理理念。特别是要主动开展上市后研究、定期开展上市后评价，持续加强管理，对于风险大于获益的药品，主动申请退市。

在药品上市许可持有人制度下，如果药品上市许可持有人全过程、全生命周期管理能力不足，则有可能加大潜在药品质量风险。在委托生产或者委托销售时，是否有能力对受托方进行有效的管理，特别是当药品上市许可持有人为研发机构时，能否建立与受托企业之间良好的沟通交流机制、相衔接的质量保证体系、履行好药品上市放行责任，都是实践中面临的新挑战。从国际经验看，药品上市许可持有人可以自己对受托方进行监督，也可以委托社会专业机构对受托方进行监督。但无论何种方式，药品上市许可持有人均应当建立完善的质量管理体系，设置合理的组织机构，配备足够、专门、专业的人员，明确岗位职责，提升管理能力。

（二）推动药品上市许可持有人及相关主体的责任落实

药品上市许可持有人制度的精髓在于通过专业化分工和协作实现资源优化配置。对于药品上市许可持有人而言，通过履行严格的供应商审核管理，选择委托生产、委托销售、委托储存运输、委托药物警戒活动等事项的合作对象，彼此之间按照规范的质量协议要求，通过合同约定权利义务关系。我国的诚信体系尚待完善，药品上市许可持有人与药品生产企业、经营企业等主体责任意识有待进一步加强。药品上市许可持有人制度的有效落实，需要药品上市许可持有人及相关主体持续提升契约精神、法律意识和责任观念，积极履行法律规定和合同约定的义务，也需要监管部门加强指导、严格管理，行业协会也应当加强自律，引导各方主体持续合规。

（三）加强对药品上市许可持有人的监督管理

实施药品上市许可持有人制度，对于药品监督管理部门而言，面临着监管链条更长、监管任务更加繁重的局面。首先，药品全过程、全生命周期不是割裂的，各个环节的风险都需要联合研判。其次，以往药品监管以属地监管为主，药品上市许可持有人制度下，跨省委托、多点委托等将带来异地监管、多点监管等多种情形。同时，需要协调跨省延伸监管，以生产企业为主线的属地日常监管，以及药品上市许可持有人所在地药品监督管理部门和生产企业所在地药品监督管理部门的联合监管，以避免监管指令重复，监管程序、尺度把握不一致等情况。因此，监管部门也应当树立全过程、全生命周期的监管理念，以药品上市许可持有人为主体，加强对全过程的监管；以品种为抓手，落实对全生命周期的监管。要细化对药品上市许可持有人的管理规定，制定相应技术指南文件，并组织宣贯培训，指导药品上市许可持有人持续提升管理能力。要对药品上市许可持有人的管理能力进行持续的考察，必要时，及时进行风险提示或者责任约谈；还要依托药品品种档案、药品安全信用档案建设，加强监管信息互通互享，完善跨省监管协作机制，提升监管效能。

第四章

建立更加严格的药品生产管理制度

药品生产全过程持续符合法定要求，是保障药品质量的关键。药品生产应当遵循“全程管理、风险防控”的理念，严格遵守GMP。为适应我国药品产业发展新形势，《药品管理法》将“药品生产企业管理”一章调整为“药品生产”，由传统的侧重管“主体”向侧重管“行为”、管“过程”转变，通过实施更加科学的生产准入管理、强化关键岗位人员管理、建立健全药品生产质量管理体系，全面细化生产环节管理要求。

鉴于疫苗的战略性和公益性，《疫苗管理法》明确严把疫苗生产关，对疫苗生产实行严格准入制度和批签发制度，落实“四个最严”要求，对疫苗生产环节实行最严格的监管。

一、保障药品生产活动持续合规

（一）药品生产监管制度的发展变革

药品质量关系公众健康，国家对药品生产的管控和监督严于一般商品。药品监督管理部门在长期监管实践中不断构建并完善药品生产监管制度，逐步从注重资质管理、重视事前许可，调整为重视体系管理、强化过程控制。

我国1984年《药品管理法》及相关规定明确规定，开办药品生产企业须经药品生产经营主管部门和卫生行政部门两道审查，分别取得药品生产企业合格证和许可证，凭两证办理工商登记、领取营业执照，具备“两证一照”方可开业。这一制度虽然确立了行业门槛，规范了药品生产行为，但是造成了监管部门职权交叉，在一定程度上增加了企业负担，耗费了监管资源。

2001年《药品管理法》修订，对药品生产过程管理、药品生产准入和委托生产等方面进行了重点调整。首先，强调药品生产企业必须按照 GMP 组织生产，实行认证管理制度，药品监督管理部门对 GMP 认证合格的企业核发认证证书。GMP 的推行对于提高药品生产企业管理能力，提升我国药品生产水平和药品质量发挥了重要作用。其次，规定药品监督管理部门批准开办药品生产企业，除依据法律规定的条件外，还应当符合国家制定的药品行业发展规划和产业政策，防止重复建设；与之相配合，2002 年《药品管理法实施条例》规定了开办药品生产企业的筹建审批制度。最后，明确了药品生产企业可以接受委托生产药品，但是委托生产药品须经国家药品监督管理部门或其授权的省级药品监督管理部门批准。

2004 年，国家对法律制度进行了调整，取消了药品生产企业筹建审批，新开办药品生产企业不再需要经过药品监督管理部门立项批准。

2013 年《药品管理法》修正，将委托生产的审批权限调整为省级药品监督管理部门。同时，推进了“先照后证”改革，药品生产企业在开办过程中先向工商部门申请登记，改变了将药品生产许可证作为获取企业营业执照前置条件的做法。在新一轮机构改革中，国务院明确要求将药品生产行政许可与 GMP 认证逐步整合为一项行政许可。

新《药品管理法》在立法层面取消了药品 GMP 认证，强调药品生产全过程的持续合规。

（二）牢固树立药品生产全过程风险管理理念

建立健全基于风险管理的药品生产监管制度，是全面提升监管效能、守住药品安全底线的根本路径，贯穿于药品生产及监管活动的始终。

首先，从事药品生产活动应当对质量体系运行过程进行风险评估和持续改进。药品上市许可持有人、生产企业应当开展风险评估、控制、验证、沟通、审核等质量管理活动，对已识别的风险及时采取有效的控制措施。其次，发生与药品质量有关的重大安全事件，应当及时报告并按药品上市许可持有人、生产企业制定的风险管理计划开展风险处置，对有关药品及其原料、辅料以及直接接触药品的包装材料和容器、相关生产线等采取封存等控制措施，确保风险得到及时控制。最后，药品上市许可持有人应当建立药品追溯制度、药物警戒制度、年度报告制度，制定上市后药品风险管理计划，对受托方质量保证能力和风险管理能力进行评估，通过主动开展药品安全风险管理，切实保障药品安全、有效和质量可控。

（三）强化药品生产过程监管和动态检查

《药品管理法》转变既往监管中重静态轻动态、重许可轻检查的方式，强调在生产许可、过程监管等生产管理核心环节实施动态检查，提升生产监管的科学性、精准性和有效性。

在药品生产许可环节，严格准入条件，明确从事药品生产活动应当符合 GMP 要求；在药品生产过程监管中，改 GMP 认证为 GMP 检查，提出建立健全药品生产质量管理体系，加强生产过程控制，保证药品生产全过程持续符合法定要求。

二、实行更加科学的生产准入管理

（一）优化生产许可程序

聚焦药品生产行为，转变生产监管理念。将原《药品管理法》中的“开办药品生产企业”修改为“从事药品生产活动”，对自行生产或委托生产的行为均视为“从事药品生产活动”。《药品管理法》明确规定，从事药品生产活动，应当经所在地省级药品监督管理部门批准，取得药品生产许可证。委托生产的药品上市许可持有人不具备自行生产药品的条件，通过委托其他企业的方式从事药品生产活动，应当依法取得药品生产许可证（B 证）。

简化行政审批程序，取消 GMP 认证。《药品管理法》简化药品生产行政审批，将药品生产许可与 GMP 认证整合为一项行政许可，在药品生产许可条件中增加了“符合国务院药品监督管理部门依据本法制定的药品生产质量管理规范要求”的规定。通过取消 GMP 认证，改五年一次认证为随时动态检查，将监管重心聚焦确保药品生产过程的持续动态合规，切实提高对药品生产企业的全过程质量管理要求。

（二）明确生产许可管理要求

严格生产许可条件。《药品管理法》规定了从事药品生产活动应当具备的基本条件，对制度、人员、硬件和检验能力提出要求，为企业在后续生产活动中建立健全药品生产质量管理体系、保证药品生产全过程持续符合法定要求奠定了基础。

《疫苗管理法》对疫苗实行最严格的生产准入管理。从事疫苗生产活动除需符合《药品管理法》一般要求，还应当“具备适度规模和足够的产能储备；具备保证生物安全的制度和设施、设备；符合疾病预防、控制的需要”。从事疫苗生产活动应当经省级以上药品监督管理部门批准。

明晰生产许可证事项。药品生产许可证是取得药品生产资格的法定凭证。药品生产许可证中应当载明许可事项和登记事项。

三、强化关键岗位人员管理

（一）强调关键岗位人员的职责

《药品管理法》强化关键岗位人员责任，引入“管理者担责”的制度。药品生产企业关键岗位人员包括法定代表人、主要负责人、质量受权人等。《疫苗管理法》规定，除上述人员外，疫苗生产企业的关键岗位人员还包括生产管理负责人、质量管理负责人。

法定代表人、主要负责人是依据法律或者章程，代表法人或者企业行使职权的人，对外代表法人单位或者企业、机构，是单位的代表者，对内负责企业管理行为的决策、监督和督促落实，对于单位切实履行法定义务，严格药品全过程管理具有重要作用。《药品管理法》明确药品生产企业的法定代表人、主要负责人对本企业的药品生产活动全面负责。质量受权人要求具有相应专业技术能力和工作经验，须经企业的法定代表人授权。质量受权人应当参与企业质量体系建立、内部自检、外部质量审计等质量管理活动，确保每批已放行产品的生产、检验均符合相关法律、法规、药品注册要求和质量标准。药品上市许可持有人应当配备专门质量受权人独立履行药品上市放行责任，药品生产企业应当配备专门质量受权人履行药品出厂放行责任，即“双放行”。

（二）强调生产关键岗位人员专业背景和从业经历

关键岗位人员的专业背景和从业经历与药品生产活动质量管理效果密切相关。《药品管理法》规定，从事药品生产活动应当配备有依法经过资格认定的药学技术人员、工程技术人员及相应的技术工人，凸显关键岗位人员的从业资质对保证药品质量的重要性。药品生产企业进行生产活动需要重视生产关键岗位人员的资质审核，确保专业背景和从业经历满足其所承担的生产管理和质量管理活动的要求。GMP 分别从学历要求、实践经验和培训考核等方面对生产管理负责人、质量管理负责人和质量受权人等关键岗位人员的资质予以明确。

疫苗是预防性生物制品，在生产过程中需要用到菌毒株等病原微生物或病原微生物的某些亚单位成分，其技术路线可划分为灭活、减毒等传统技术路线，以及 mRNA 、重组蛋白、腺病毒载体等新型技术路线，具有高度的专业性和复杂性。因此，《疫苗管理法》要求生产管理负责人、质量管理负责人、质量受权人等关键岗位人员应当具备相应的专业背景和从业经历。

与一般药品的关键责任人要求不同，《疫苗管理法》对疫苗上市许可持有人的法定代表人、主要负责人的信用情况作出特别规定，明确要求法定代表人、主要负责人应当具有良好的信用记录，规定药品监督管理部门建立疫苗上市许可持有人及相关人员信用记录制度，将其纳入全国信用信息共享平台。通过设立关键责任人进入疫苗行业的准入门槛，避免因利欲熏心、唯利是图产生不良后果。

（三）强调企业人员培训考核和健康管理

定期开展培训考核，有利于促进人员综合能力的持续提升和药品生产管理水平的提高。药品生产企业应当重视加强人员培训，以便满足不断提升的药品生产和质量管理需求。《疫苗管理法》要求疫苗上市许可持有人加强对法定代表人、生产管理负责人、质量管理负责人、质量受权人等关键岗位人员的培训和考核，以保证相关人员能够胜任相应岗位的工作。GMP 对人员培训考核作出更细化的规定。

在健康管理方面，药品从业人员的健康直接关系药品的质量安全。《药品管理法》要求建立药品从业人员健康管理制度，禁止患有传染病或其他可能污染药品的疾病的人员从事直接接触药品的工作。疫苗在研制、生产、检验等过程中需要用到菌毒株等病原微生物，如果操作不当可能会导致相关人员感染，甚至形成扩散，造成严重的公共卫生问题。《疫苗管理法》明确严格控制生物安全风险，保护操作人员和公众的健康。

四、全面细化生产环节要求

（一）持续符合生产质量管理规范

GMP 是国际通行的药品生产和质量管理必须遵循的基本准则。实施 GMP 是为了最大限度避免药品生产过程中的污染和交叉污染，降低各种差错的发生。GMP 对药品生产设备条件、原辅料采购、生产过程控制、产品放行、机构设置和人员配备等事项作出全面规定。现行 GMP 于 2010 年颁布，已陆续发布 12 个附录。该版

GMP 充分借鉴世界卫生组织和欧盟的 GMP，重点提高对无菌药品的生产管理要求，更加强调药品生产全过程的风险控制，更加注重全过程质量管理体系的有效运行。《药品管理法》明确规定，从事药品生产活动应当遵守 GMP 并保证药品生产全过程持续符合法定要求。《药品管理法》从法律层面取消了传统药品生产监管中的认证管理模式，将 GMP 作为从事药品生产活动的基本条件以及持续性合规要求。由静态认证调整为动态持续符合，这提高了对从事生产活动的监管标准和管理要求。《药品管理法》及配套规章将过去 5 年一次的 GMP 周期性认证修改为“动态检查”，督促药品上市许可持有人和药品生产企业主动监督质量管理体系的运行，真正做到药品生产全过程持续合规。

（二）落实原辅料供应商审核责任

药用原料、辅料是药品组成成分，其质量直接影响药物制剂质量，原辅料供应商应当被纳入药品上市许可持有人采购管理的质量体系当中。《药品管理法》要求，生产药品应当按照规定对供应原料、辅料等的供应商进行审核。原辅料生产工艺发生重大变更的，需要对供应商及时展开审核。

（三）严格药品放行要求

为把好药品放行关，《药品管理法》通过明确质量受权人的药品放行审核责任，突出药品放行规程的重要作用，采用“双放行”等举措，在药品进入流通环节前构筑一道质量安全屏障。

质量受权人在药品放行中承担重要的审核责任。质量受权人独立履行职责，不受企业负责人和其他人员干扰。新《药品管理法》

在法律层面明确药品需要经质量受权人签字后方可放行，质量受权人通过对质量管理体系运行情况、药品放行各项记录进行审核，行使药品放行审核权。

药品放行规程是药品上市许可持有人及药品生产企业为规范药品上市或出厂放行而制定的具体规定与流程。严格执行药品放行规程能够有效保障药品放行工作的规范性和准确性，降低人为风险。《药品管理法》要求，药品上市许可持有人和生产企业应当分别建立药品上市或出厂放行规程。按照法律规定，药品生产企业应当对药品进行质量检验。也就是说，检验是放行的必须环节。这与生产许可中要求企业有检验机构、人员、仪器、设备是相对应的。

（四）强化药包材管理

直接接触药品的包装材料和容器（以下简称药包材）伴随制剂从生产、流通、储存到使用的全过程，是保证制剂安全、有效和质量稳定的重要组成部分。为保障药包材的质量安全，《药品管理法》从标准要求、使用管理及企业监督检查等多方面强化了药包材管理。

《药品管理法》明确规定，药包材应当符合药用要求，符合保障人体健康、安全的标准，符合国家标准。国家药监局高度重视药包材的标准体系建设，通过建立以保障制剂质量和稳定性为目的的标准体系，使药包材质量标准与制剂质量标准相适应。药品上市许可持有人与药品生产企业必须加强对药包材供应商的审核，保证质量符合药用要求。药包材不合格的，药品监督管理部门可以责令停止使用。药品监督管理部门在对药品生产活动开展日常监督检查时，必要情况下可以对原料、辅料、药包材等的供应商或生产企业开展延伸检查。

（五）明确包装和说明书要求

药品包装具有保护药品质量、方便使用和产品宣传等功能，对药品质量和用药者安全有直接影响。为规范药品包装管理，《药品管理法》明确药品包装应当适合药品质量的要求，方便储存、运输和医疗使用。发运中药材应当有包装，且注明品名、产地、日期、供货单位等信息。

药品的标签、说明书是药品重要信息的载体，对公众了解药品的基本信息，保证药品使用安全具有重要意义。《药品管理法》明确了标签或说明书应当载明的具体事项，新增了对标签、说明书的印刷要求，即药品的标签、说明书中的文字应当清晰，生产日期、有效期等事项应当显著标注，容易辨识，以法律形式推进药品标签、说明书的规范化。

（六）强调记录准确可追溯

药品的生产检验记录是药品生产管理过程中的基础资料，直接体现药品生产活动是否遵循法律、法规、规章、标准和规范，是监管部门进行监管的重要依据，也是药品溯源的基础。药品应当按照国家药品标准、药品注册标准和核准的生产工艺进行生产，完整准确的药品生产、检验记录，是实现药品生产全过程溯源的必要条件，也为企业持续分析评价，加强生产质量控制，不断发现问题并持续改进药品质量管理体系奠定了数据基础。当发生药品质量问题时，监管部门和生产企业也可以基于对生产记录和检验记录的分析、调研，及时追溯并确定问题的根源。

（七）严格疫苗生产管理要求

疫苗作为特殊药品，除需符合一般药品生产要求外，还需符合《疫苗管理法》中对疫苗生产管理的特殊规定。

疫苗生产工艺和质量控制标准是保证疫苗质量的重要依据，是疫苗生产质量保证体系的基本要素。《疫苗管理法》明确规定，疫苗应当按照经核准的生产工艺和质量控制标准进行生产和检验。GMP 相关附录中对疫苗生产也提出了特殊要求。

疫苗组成和性质复杂，难以依赖最终检验控制质量，必须加强生产过程控制。《疫苗管理法》要求，疫苗上市许可持有人对疫苗生产全过程和疫苗质量进行审核、检验。

考虑到疫苗生产全过程的技术特点，疫苗生产企业应当采用信息化手段记录数据，以保证生产全过程相关数据的真实、准确、完整和可追溯。《疫苗管理法》规定，疫苗上市许可持有人应当建立完整的生产质量管理体系，采用信息化手段如实记录生产、检验过程中形成的所有数据，并建立疫苗电子追溯系统，实现全过程最小包装单位可追溯、可核查。

（八）强化批签发制度

批签发，是指国务院药品监督管理部门对获得上市许可的疫苗、血液制品等生物制品，在每批产品上市销售前或者进口时，经指定的批签发机构进行审核、检验，对符合要求的发给批签发证明的活动。未通过批签发的产品，不得上市销售或者进口。批签发是监管机构对疫苗、血液制品等产品出厂放行之前特别增加的一种监管手段。《疫苗管理法》进一步明确了疫苗批签发制度的法律地位。

《疫苗管理法》规定，国家实行疫苗批签发制度，不予批签发的疫苗不得销售。疫苗批签发制度的实施，是保障疫苗质量安全的重要举措。

《疫苗管理法》基于风险管理理念，在批签发豁免和动态调整批签发检验项目、检验频次等领域创新管理制度。首先，明确提出批签发豁免情形。预防、控制传染病疫情或者应对突发事件急需的疫苗，经国务院药品监督管理部门批准，免予批签发。疫苗批签发豁免是应对突发事件的特殊方式，是坚持以人民为中心开展科学监管，旨在加快临床急需疫苗上市使用。药品监督管理部门作出是否准予批签发豁免的决定前，须对企业质量管理体系执行情况及既往批签发历史进行综合风险评估，基于评估结果作出决定。其次，明确动态调整批签发检验项目频次，要求根据疫苗质量风险评估情况，对疫苗批签发检验项目和检验频次进行动态调整。

（九）严格特殊药品生产管理要求

特殊管理药品，是指相比于普通药品风险相对较高，实行比其他药品更加严格管制的药品。这些特殊药品具有特殊药理、生理作用，麻醉药品、精神药品使用不当会产生依赖性或成瘾性，毒性药品治疗剂量与中毒剂量相近，易制毒化学品若生产、流通环节管理不当可能造成流弊、用于制造毒品，甚至严重危害公众健康；放射性药品生产、使用不当可能造成辐射损伤或环境污染。国家强化对这些特殊药品生产管理要求，对其委托生产进行严格管控。《药品管理法》明确，除另有规定外，血液制品、麻醉药品、精神药品、医疗用毒性药品、药品类易制毒化学品不得委托生产，通过严把委托生产关，在保证特殊管理药品质量安全的同时，进一步降低特殊管理药品流弊产生的社会风险。

《麻醉药品和精神药品管理条例》《医疗用毒性药品管理办法》《放射性药品管理办法》《易制毒化学品管理条例》对于生产企业资质、设施设备、管理人员等进行了细化规定，并采取计划生产、定点生产等管理方式，在保证特殊药品满足临床需要的同时，防止出现流弊或产生其他危害，实现对特殊药品生产的有序管理。

五、顺应产业趋势不断提高生产监管水平

（一）探索对新产品新模式的科学监管

近年来，药品研发创新突飞猛进，包括免疫细胞治疗、基因治疗等新技术、新产品层出不穷。新产品具有独特的质控特性和全新的生产技术要求，呈现生产过程复杂、设备和工艺要求高、生产和质控难度大等特点，对药品生产管理的科学性提出了更高要求。新产品的药品上市许可持有人应当建立科学有效的质量标准和控制方法，完善从原料到成品的全过程质量控制体系；应当多批次验证生产工艺的稳定性，按标准操作规程严格操作和过程质控，持续符合GMP 要求。

随着药品上市许可持有人制度的实施，委托生产时有发生。为了更好地适应新技术、新产品生产管理的需要，药品生产监管的法规要求应当优化调整。连续生产、3D 打印等新型生产方式不断出现，药品生产监管的制度标准也应当与时俱进，促进药品生产智能化和现代化进程。

连续生产

连续生产与传统批生产的间断性物料输入和产品输出不同，是连续运行、不间断生产药品的方式。连续生产可以解决传统生产模式中生产周期较长、生产效率较低、实时质控难等问题，具有灵活、便捷、高效等特点，有助于提高药品质量，降低生产成本。

目前，世界上很多国家都在探索连续生产监管。如美国FDA通过启动新兴技术项目等推动连续生产技术；日本医疗器械审评审批机构（Pharmaceuticals and Medical Devices Agency，PMDA）成立先进生产技术工作组，通过发布指南等方式推动连续生产的实施。国家药监局ICH工作办公室成立了连续生产核心工作组，积极探索相关工作，着手相关技术指南的起草等工作。

（二）提升药品生产监管信息化水平

加强药品生产过程各种信息化系统的运用，推动行业信息化管理水平的提升，是提升质量保障水平和监管成效的关键。药品监督管理部门应当指导企业建立完善药品追溯体系，推动疫苗等重点产品率先建立追溯体系，加快“智慧药监”建设，提高监管信息化水平。要鼓励有条件的企业推行电子批记录管理，通过信息化手段，逐步实现原辅包采购、生产过程控制、质量控制检验、产品放行销售等过程在线控制，确保所有记录数据真实、准确、完整、可追溯，引导行业信息化管理水平的提升。

（三）落实生产过程风险管理理念

要不断完善药品生产管理的制度标准体系，切实加强监督检查，进一步强化风险管理措施，保障药品的质量安全。

完善生产环节检查标准。为强化药品生产监督管理，特别是强化GMP符合性检查，国家药监局已经发布了GMP及12个附录，印发了《药品生产现场检查风险评定指导原则》（食药监药化监〔2014〕53号），指导各级药品监督管理部门根据风险管理原则，严格研判把关，切实排查风险。未来还需要继续对标国际标准，积极完善GMP有关标准体系，进一步规范GMP实施和检查工作，引导行业管理水平稳步提升。

聚焦重点品种强化监管。结合产业分布和品种风险，有针对性地部署开展监督检查。针对疫苗和血液制品的生产环节，要坚持全程管控原则，每年组织开展全覆盖监督检查；加强省级生物制品批签发机构建设，持续提升生物制品质量保障水平。针对中药饮片的生产环节，要坚持以问题为导向，结合品种风险分析，加强检查和抽检工作，督促中药饮片生产全过程符合GMP和相应炮制规范。

强化风险控制和处置。在检查过程中，要按规定及时报告发现的药品质量安全风险情况。通过检查发现生产管理中存在的缺陷，有证据证明存在安全隐患的，应当依法采取相应的控制措施，最大限度地保障公众用药安全。

第五章

加强药品经营管理

药品经营是衔接药品上市许可持有人和患者的关键一环，涉及药品上市许可持有人、生产企业、批发企业、零售企业等主体，涵盖药品采购、储存、销售、运输等环节。严格经营环节监管与推动行业高质量发展并重，是《药品管理法》对药品经营管理工作的明确要求。《药品管理法》确立了药品经营许可管理、药品经营质量管理、处方药与非处方药分类管理、药品网络销售管理、药品进出口管理等制度要求。《疫苗管理法》明确疫苗流通管理模式，严格配送环节监管，强调疫苗追溯要求，确保疫苗流通环节质量安全。“两法”完善经营管理制度体系，推动行业转型升级和规范发展。

一、转变监管理念推动药品经营高质量发展

（一）药品经营管理制度的发展变革

我国药品经营行业经历了从计划经济时期逐级调拨药品到市场经济时期药品自由流通的变革。药品经营管理制度也随着医药市场经济发展而不断完善。1984 年颁布的首部《药品管理法》确立药品经营企业许可制度，规定药品收购、销售、保管、入库和出库要求；1999 年国务院药品监督管理部门以部门规章的形式确立处方药和非处方药分类管理制度；2000 年制定 GSP，并在 2001 年《药品管理法》修订中规定 GSP 认证管理制度，形成我国药品经营管理制度基本框架。GSP 认证制度推动了药品经营行为逐步规范化。

零售连锁、委托配送、第三方物流、互联网销售等新业态使药品流通产业链分工逐渐细化，市场集中度不断提高。为适应新时代药品流通领域变革，新《药品管理法》将相应章节标题从“药品经营企业管理”修改为“药品经营”，监管理念从关注经营企业主体

转变为聚焦经营活动，细化零售连锁、委托储运、网络销售等管理要求，进一步促进药品经营规范发展。

（二）GSP 认证管理变化反映监管理念变革

GSP 是药品经营管理和质量控制的基本准则，对规范药品经营活动、提高药品经营质量具有重要作用。从实行 GSP 认证管理到取消认证的变革，体现了我国药品经营监管由静态节点式监管提升为动态全过程监管。

2000 年 4 月，国家药品监督管理局制定 GSP，并相继颁布《药品经营质量管理规范实施细则》（国药管市〔2000〕526 号）、《药品经营质量管理规范认证管理办法》（国食药监市〔2003〕25 号）等配套文件，建立 GSP 认证管理制度。药品监督管理部门对药品经营企业实施 GSP 情况进行检查、评价，对经认证合格的企业发给 GSP 证书。GSP 证书有效期为 5 年，到期重新认证。

在 GSP 认证制度实施过程中，逐渐凸显企业对 GSP 认识不足，普遍存在重认证、轻管理，未能将 GSP 融入日常经营和质量管理行为中的问题。近年来，全面质量管理理念在行业内普及，取消 GSP 认证、实施动态管理的呼声日趋强烈。2013 年，国务院明确提出将药品经营行政许可与 GSP 认证两项行政许可逐步整合为一项行政许可。新《药品管理法》明确不再设立 GSP 认证程序，将遵守 GSP、建立健全药品经营质量管理体系作为药品经营全过程的基本法定要求。

取消 GSP 认证并不是降低标准，而是对药品经营主体提出更严格的管理要求，需要将 GSP 贯穿于日常经营活动全过程，持续符合 GSP 要求。药品监督管理部门通过常态化药品检查和日常监管措施，加强事中事后监管，促进药品经营持续合规。

（三）管理新要求促进药品经营行业转型升级

随着药品经营行业结构调整和创新发展，《药品管理法》聚焦新业态、新问题、新趋势，明确药品零售连锁经营和委托储存、运输活动基本要求，引导药品经营企业向规模化、规范化、集约化发展，促进行业转型升级。

药品零售连锁通过规模化经营降低成本、统一管理制度提升行业竞争力，有助于提升药品零售市场集中度。自1995年广东省部分医药企业率先探索开展药品零售连锁经营以来，国家药品监督管理部门通过试点积累经验，逐渐形成以许可、GSP管理、日常监督管理为一体的零售连锁监管制度体系，药品零售连锁行业也得以快速发展。我国药品零售连锁企业和连锁门店的数量从2010年的2310家、137,073家，分别增长至2020年的6298家、312,929家，增长近2倍。《药品管理法》明确提出，国家鼓励、引导药品零售连锁经营，有利于推动药品零售企业统一化、标准化和规范化，支持企业做大做强。

委托储运是药品经营活动中常见的行为，是优化仓储资源、物流条件、运输能力配置的重要途径。原国家食品药品监督管理局《关于加强药品监督管理促进药品现代物流发展的意见》（国食药监市〔2005〕160号）指出，允许具有药品现代物流条件的药品批发企业接受已持有许可证的药品企业委托，进行药品储存、配送服务业务，也允许有实力并具有现代物流基础设施及技术的企业为已持有许可证的药品企业开展第三方药品现代物流配送。

《药品管理法》对委托方与受托方提出具体要求，强调委托方的主体责任，进一步推进第三方物流规范发展。

二、保障药品经营制度要求落实到位

在经营管理中，保障药品质量和维护经营秩序是基本要求。《药品管理法》坚持事前监管和过程管理相统一，设定经营许可、GSP 管理、药品分类管理、执业药师管理和进口管理制度。

药品经营包括药品批发和零售两种方式。药品批发，是指将购进的药品销售给药品上市许可持有人、药品生产企业、药品经营企业、医疗机构；药品零售，是指将购进的药品直接销售给消费者。除共性要求以外，《药品管理法》针对批发和零售还分别制定了差异化管理规定，零售连锁总部则按照药品批发进行管理。

（一）药品经营许可制度

1. 优化经营许可条件

药品经营许可管理是对经营活动主体的资质、条件和质量管理能力进行事先确认，以保障经营活动过程中的药品质量安全的制度。《药品管理法》规定了从事药品经营活动的必要条件，包括人员、营业场所、设备、仓储设施和卫生环境、质量管理机构、规章制度、持续符合 GSP 等方面的要求，并规定实施药品经营许可，应当遵循方便群众购药的原则，以提高人民群众获得药品的可及性。

新《药品管理法》删除了“合理布局”要求。合理布局原则在一定程度上防止了药品零售企业盲目扩张和药品零售市场的无序竞争，有利于规范经营行为和保障药品安全。但随着市场经济发展，在实施中也逐渐产生一定争议。部分大中城市曾通过规定、办法、指导意见等形式，对新开办药品零售企业设定 200~600 米不等的距离限制，以防止药品零售企业密集设置和无序竞争。2004 年 7 月 1 日《行政许可法》实施后，有意见认为这违反了不得限制竞争的规定，地方规范性文件也无权设定开办药品零售企业的距离限制。此后，不少地方逐步取消了距离限制要求。2020 年 11 月，国务院办公厅印发《全国深化“放管服”改革优化营商环境电视电话会议重点任务分工方案的通知》（国办发〔2020〕43 号），提出优化药店开设审批、督促地方清理对开办药店设定的间距限制等不合理条件，逐渐实现全国范围内全面取消药品零售企业开办场所间距的限制。

2. 明确经营许可事权划分

《药品管理法》规定，从事药品批发活动，应当经所在地省级、县级以上药品监督管理部门批准，取得药品经营许可证。药品批发和零售连锁总部均由省级药品监督管理部门受理申请、审查资料并实施现场检查，作出是否发给药品经营许可证的决定。药品零售企业和零售连锁门店，则由设区的市级或县级人民政府药品监督管理部门实施许可管理。

（二）药品经营质量管理要求

药品经营企业应当对其经营活动中的质量安全承担主体责任，建立全过程、全员参与、全方位、全动态的质量管理体系，确保质量管理各项制度要求落实到位。《药品管理法》强调从事药品经营活动应当遵守 GSP，建立健全药品经营质量管理体系，保证药品经营全过程持续符合法定要求。

1. 规范关键环节行为

规范药品购进、销售、保管、入库、出库等关键环节行为，是防控药品经营活动风险的有效措施。《药品管理法》明确要求，药品经营企业建立进货检查验收制度、药品保管制度、入库和出库检查制度等。GSP 对药品批发、零售活动中质量管理制度予以细化，全面规定了药品采购、收货与验收、储存与养护、销售、出库、运输与配送、售后管理等不同环节的质量管理措施。

药品经营关键环节活动中，票、账、货、款一致是基本要求。《药品管理法》规定，药品经营活动应当如实记录药品购销情况，建立真实、完整的购销记录。GSP 也明确提出，药品销售应当如实开具发票或销售凭证，确保开具内容与实际发生的经营活动相一致。

2. 明确关键责任人对药品经营活动负责

药品经营企业关键责任人的素质、能力和行为直接影响经营活动的质量。因此，强调关键责任人在药品经营活动中的岗位责任，有利于规范药品经营行为，确保药品流通秩序。《药品管理法》强调，药品经营企业的法定代表人、主要负责人对本企业的药品经营活动全面负责。法定代表人代表企业从事活动，应当对企业的经营行为承担责任；主要负责人负责企业整体运营管理和经营活动，也应当对企业的所有药品经营活动负责。

（三）零售连锁管理要求

药品零售连锁，是指经营同类药品、使用统一商号的若干个门店在同一总部管理下，采取统一采购配送、统一质量标准、采购同销售分离、规模化管理的经营组织形式。《药品管理法》对零售连锁作出规定，强调从事药品零售连锁经营活动的企业总部，应当建立统一的质量管理制度，对所属零售企业的经营活动履行管理责任。

药品零售连锁企业的总部是连锁经营管理的核心，负责药品采购、配送和质量管理，应当履行质量安全管理主体责任，设置专门的质量管理机构，建立健全质量管理体系，并对连锁门店实行统一管理。药品零售连锁企业的配送中心负责药品储存、运输、配送，保障储运全过程的药品质量。连锁门店作为药品零售终端，应当按照 GSP 和总部要求，配备与经营范围、经营规模相匹配的质量管理人员和药学服务人员，开展药品质量管理，提供药品销售业务和药学服务。

（四）处方药与非处方药分类管理要求

对处方药与非处方药实施分类管理，是国际通行的药品管理模式，有利于增强公众自我药疗意识、保障公众用药安全、合理利用医药卫生资源。根据药品品种、规格、适应症、剂量及给药途径的不同，药品分为处方药与非处方药。根据安全性方面的差别，非处方药又分为甲类非处方药和乙类非处方药。

在药品经营许可审批时，从事药品零售的企业应当在许可时核定经营类别，包括处方药、甲类非处方药、乙类非处方药等，并在经营范围中予以明确。目前国家允许对只经营乙类非处方药的药品零售企业实行告知承诺制审批，即按照“放管服”改革要求，由审批部门一次性告知审批条件和申请材料，申请企业按要求提交申请材料和承诺书即可获得许可，简化申请程序，缩短审批时限。

经营处方药、甲类非处方药的药品零售企业，应当配备执业药师；仅经营乙类非处方药的药品零售企业，应当配备经过药品监督管理部门组织考核合格的药学专业人员。

处方药与非处方药应当分区陈列，处方药不得采用开架自选的销售方式，药品零售企业必须严格凭处方销售处方药，并留存处方备查。执业药师应当履行处方审核义务，按照处方载明的药品名称、数量销售。

（五）执业药师配备要求

在药品经营活动中，执业药师是开展药品质量管理和提供药学服务的重要力量，是合理用药的重要保障。《药品管理法》将依法经过资格认定的药师或其他药学技术人员作为从事药品经营活动的必备条件。

执业药师在药品生产、批发、零售和使用环节承担不同职责。在药品生产企业和批发企业，执业药师主要承担质量管理工作。在药品零售企业和医疗机构中，依法经过资格认定的药师或其他药学技术人员提供处方调剂、用药指导和咨询服务，是患者安全合理用药的指导者和守护者。《药品管理法》规定，零售药品应当进行处方审核与调配。处方审核包括合法性、规范性和适宜性审核。对于审核合格的处方，执业药师应当依据处方内容调配药品，提供药学服务，包括用药指导、药物治疗管理、药品不良反应监测、健康宣教等。

截至2020年年底，全国共有药品零售企业553,892家（含零售连锁门店），注册于药品零售企业的执业药师有541,264人，还不能完全满足配备需要。针对部分地区药品零售企业存在执业药师不够用、配备难的问题，2020年11月，国家药监局发布《关于规范药品零售企业配备使用执业药师的通知》（国药监药管〔2020〕25号），提出省级药监部门在不降低现有执业药师整体配备比例的前提下，可制定实施差异化配备使用执业药师的政策，过渡期不超过2025年。对于执业药师存在明显缺口的地区，允许药品零售企业配备使用其他药学技术人员承担执业药师职责。通过差异化配备，稳步提高配备水平，不断加强执业药师人才培养和队伍建设，充分发挥执业药师在药品经营活动中的作用，提高药学服务可及性。

（六）药品进口管理要求

进口药品，是指境外生产的药品，包括我国港澳台地区生产的药品。根据我国药品注册管理要求，进口药品应当首先取得国务院药品监督管理部门核发的药品注册证书或进口药品批件后，方可办理备案和口岸检验手续。《药品管理法》规定，药品应当从允许药品进口的口岸进口，并由进口药品的企业向口岸所在地药品监督管理部门备案。海关凭药品监督管理部门出具的进口药品通关单办理通关手续。禁止进口疗效不确切、不良反应大或者因其他原因危害人体健康的药品。

医疗机构临床有紧急少量用药需求时，可以申请办理一次性进口。一次性进口原则上由国务院药品监督管理部门批准。考虑到个别特殊区域改革发展需要，为及时满足临床需求，有必要探索相对灵活便捷的审批程序。国务院授权海南博鳌乐城国际医疗旅游先行区内医疗机构因临床急需进口少量药品（不含疫苗）的申请，可由海南省人民政府实施审批。粤港澳大湾区内地九市开业的指定医疗机构使用临床急需、已在我国港澳地区上市的药品，国务院授权广东省人民政府批准。《药品管理法》增加了可由国务院授权的省级人民政府批准临时进口的规定。在实际操作中，除地方确有需要、国务院同意，地方医疗水平有充分保障，监管部门有丰富的经验、技术机构有强大的支撑能力外，还要符合国家总体战略要求。

个人因治疗需要，允许携带少量药品入境。《药品管理法》明确个人自用携带入境少量药品按照国家有关规定办理。具体而言，进出境人员随身携带的个人自用的少量药品，应当以自用、合理数量为限，须根据医生有效处方确定合理数量，并接受海关监管，一份处方只能办理一次海关手续。

特殊管理药品的经营管理要求

国家对麻醉药品、精神药品、医疗用毒性药品、放射性药品、药品类易制毒化学品等实施特殊管理。其中，麻醉药品，是指连续使用后易产生身体依赖性、能成瘾癖的药品。精神药品，是指直接作用于中枢神经系统，使之兴奋或抑制，连续使用可产生依赖性的药品。精神药品分为第一类精神药品和第二类精神药品。为保证麻醉药品和精神药品的合法、安全、合理使用，防止流入非法渠道，我国对麻醉药品和精神药品实行更严格的管理制度，制定了《麻醉药品和精神药品管理条例》。麻醉药品和精神药品实行定点经营管理，药品经营企业不得经营麻醉药品原料药和第一类精神药品原料药。麻醉药品和第一类精神药品不得零售，禁止使用现金进行麻醉药品和精神药品交易，但是个人合法购买麻醉药品和精神药品的除外。

三、完善药品网络销售管理制度

（一）药品网络销售管理制度改革的历史沿革

对网络销售药品行为的管理，经历了完全禁止、试点探索、有限度放开并实行许可，直至取消专门许可审批的变革。最早在立法中提到网络销售药品的是1999年国家药品监督管理局发布的《关于印发处方药与非处方药流通管理暂行规定的通知》（国药管市〔1999〕454号），限于当时互联网商务水平和药品经营企业能力条件，该通知规定处方药、非处方药不允许通过网络进行销售。随着互联网技术飞速发展，2000年国家药品监督管理局发布《药品电子商务试点监督管理办法》（国药管办〔2000〕258号，已失效），选择部分省市试点非处方药电子商务。

从2004年起，逐步有条件放开非处方药网络销售，颁布《互联网药品信息服务管理办法》、《互联网药品交易服务审批暂行规定》（国食药监市〔2005〕480号）、《药品流通监督管理办法》等，建立了互联网药品信息发布和交易服务审批和监管法律框架。对不具备网络审核处方条件的，仅允许销售非处方药，仍禁止通过网络面向个人消费者销售处方药。

随着互联网医疗快速发展，公众对网络销售处方药的需求日益迫切，放开网络销售处方药的呼声日益强烈。但各界对于网络销售处方药存在一定程度的争议，有意见担心会放大药品安全风险带来安全隐患；也有意见认为对网售处方药不能一禁了之，应当通过加强事中事后监管，优化公共服务，满足群众用药需求。《药品管理法》按照“宜疏不宜堵”的思路，结合深化“放管服”改革要求，采取包容审慎的态度，明确了药品上市许可持有人、药品经营企业可以通过网络销售药品，并授权国务院药品监督管理部门和卫生健康主管部门制定具体办法，为实践探索保留空间。

（二）坚持线上线下一致原则

药品网络销售虽然通过网络平台实现药品交易，但并不改变其药品经营活动的性质，应当按照线上线下一致原则，遵守药品经营管理的规定。

第一，药品网络销售主体只能是药品上市许可持有人或药品经营企业。通过网络销售药品，应当是依法经过药品监督管理部门审批、获得药品生产许可证或药品经营许可证的企业。面向个人消费者提供网络药品销售服务的，应当是持有药品经营许可证的实体零售药店。

第二，网络销售药品应当遵守《药品管理法》中药品经营有关规定。对药品网络销售的监管，应当以线下实体药店为对象，督促其依法开展网络销售活动。根据国务院办公厅《关于服务“六稳”“六保”进一步做好“放管服”改革有关工作的意见》（国办发〔2021〕10号）要求，药品网络销售应当确保电子处方来源真实可靠。

网络销售者应当建立与网络销售相适应的药品管理体系，包括但不限于：网络销售安全管理制度、配送管理制度、投诉举报处理制度、网络销售药品不良反应监测报告制度，协助药品上市许可持有人履行药品召回义务等；向个人销售药品的，还应当建立在线药学服务制度，配备执业药师，指导合理用药；完整保存供货企业资质证明文件、购销记录、电子订单、在线药学服务等记录，销售处方药的药品零售企业还应当保存电子处方记录。

（三）落实药品网络销售第三方平台主体责任

第三方平台本身不参与交易，但是提供药品网络交易服务，是药品经营活动发生的载体，也是药品监督管理部门开展药品网络销售活动日常监管的重要环节。第三方平台是为交易双方提供信息发布、在线采购、在线交易、在线支付等服务的数字化平台，应当符合国家药品监督管理以及网络交易管理的法律、法规和规章等相关要求。《药品管理法》规定，药品网络交易第三方平台提供者应当向省级药品监督管理部门备案后才可提供相应服务。

第三方平台由于具备信息跟踪、数据抓取、数据分析等信息化手段，在药品网络销售主体的资质审核、行为管理方面具有天然的技术优势和管控能力。《药品管理法》规定，第三方平台提供者应当对申请进入平台的网络销售主体进行审核，尤其是药品上市许可持有人、药品经营企业的资质，严把药品网络销售入口关。在药品网络销售过程中，第三方平台应当建立交易过程跟踪、交易记录保存、投诉管理和争议解决、药品不良反应信息收集以及配送质量管理等制度，对平台入驻主体及其发布的药品信息、购买者提供的处方信息、双方实施的交易行为等进行监督。如发现第三方平台存在违法行为，应当及时制止并立即报告所在地药品监督管理部门。

（四）规范药品网络销售零售端配送行为

严格药品网络销售零售端配送管理，是药品从经营企业到消费者“最后一公里”质量安全的保障。为确保药品配送活动能够根据药品特性满足质量管理要求，原国家食品药品监督管理总局《关于加强互联网药品销售管理的通知》（食药监药化监〔2013〕223号）曾规定，药品零售连锁企业通过互联网销售药品时，应当使用本企业符合要求的药品配送系统自行配送，且应当符合GSP要求。2017年，根据国务院取消互联网药品交易服务行政许可和“放管服”改革相关要求，国家食品药品监督管理总局发文，要求从事互联网药品交易服务的企业落实管理责任，强化储存、配送等环节管理，明确配送环节质量安全责任。

在药品互联网销售的“最后一公里”配送中，与委托储存、运输相似，应当强调网络销售者的主体责任，由其对配送药品的质量与安全负责，保证药品储存、运输过程符合GSP的有关规定。根据配送药品数量、运输距离、运输时间、温度要求等情况，选择适宜的运输工具和温控方式，确保运输过程符合要求、配送活动全程可追溯。

（五）加强药品网络销售违法违规交易行为监测

近年来，各类网络交易平台、论坛网站、社交软件发布信息和撮合交易的新模式层出不穷，药品网络交易行为呈现隐蔽性、虚拟性、跨区域性、实时动态等特点，传统监督检查手段已经难以适应需要。2017年12月，国务院药品监督管理部门启动建设国家药品网络交易监测系统，以网管网，对药品网络销售活动进行监测。监测范围覆盖开展网络药品经营活动的电脑PC端网站、微信、微博等社交平台以及手机App、微信小程序、微店等网络移动客户端。监测内容包括未取得药品经营许可证、超出经营范围和经营方式从事药品网络销售、未取得互联网药品信息服务资格证书开展药品网络信息服务、第三方平台未履行入驻企业资质审核或审核把关不严、通过网络销售假劣药品、不凭处方销售处方药等违法违规行为。

除收集药品网络销售违法违规行为线索外，监测系统还可向相关省份移送监测线索，确保相关省级、市级药品监督管理部门根据“线上线下一致”监管原则，及时对违法违规行为进行处置。

四、严守疫苗流通环节质量安全

（一）疫苗流通管理的特殊要求

为加强疫苗流通管理，保证在流通过程中疫苗质量始终处于合格状态，我国采取从疫苗上市许可持有人直接向疾病预防控制机构或者其指定的接种单位供应疫苗的流通模式。疫苗流通主要包括疫苗上市许可持有人与疾病预防控制机构签订采购合同，由疫苗上市许可持有人向疾病预防控制机构供应疫苗，后者再向接种单位分发疫苗的过程。与一般药品不同的是，药品批发和零售企业不参与疫苗经营活动，由疾病预防控制机构负责疫苗采购和分发管理。

这种流通模式，主要是基于疫苗的特殊性。作为生物制品，疫苗储存、运输环节对设备、温湿度控制等要求较高，相应的质量安全风险点也就较多；疫苗接种需要保量保供。因此，通过疫苗上市许可持有人向疾病预防控制机构直接供货的方式，可以最大限度缩短供货周期、减少中转环节和风险点，有效保障疫苗在流通环节的质量安全和及时供应。

（二）全方位保证疫苗配送各方履行冷链储存运输规范

疫苗配送环节的全面质量管理是保证疫苗安全性、有效性的重要手段。与一般药品相比，疫苗的储存、运输要求更高，条件更严。配送疫苗应当具备冷链储存、运输条件，如运输冷藏设备、温度监控系统，并定时监测、记录温度，保证处于规定的温度环境。

关于疫苗配送过程，以《疫苗管理法》、《药品经营质量管理规范》、《疫苗储存和运输管理规范》（国卫疾控发〔2017〕60号）为依据，相关单位应当按照标准操作规程，确保疫苗储存、运输始终符合质量管理规范要求，并进行全过程温度监测和记录。疾病预防控制机构、接种单位接收或购进疫苗时，应当索取全过程温度监测和记录，不能提供记录或者温度控制不符合要求的，不得接收或购进。

（三）强化疾控机构和接种单位的责任和义务

疾病预防控制机构和接种单位作为疫苗的采购方和接收、使用单位，应当建立相应质量管理制度，确保疫苗质量安全。

记录管理制度。购、销、存记录是疫苗追溯信息的重要组成部分，有助于及时发现安全风险。疾病预防控制机构和接种单位应当建立真实、准确、完整的疫苗接收、购进、储存、配送、供应记录，并保存至疫苗有效期满后不少于5年备查。

定期检查制度。建立疫苗检查制度，是防范疫苗风险的有效手段，有利于提早发现问题，排除隐患，保障疫苗质量安全。疾病预防控制机构、接种单位应当通过包装、储存环境和有效期等检查，做好疫苗入库、养护、出库管理。

（四）健全疫苗追溯体系

疫苗生产、运输、储存、接种等环节的信息溯源，对实现疫苗全过程监管具有重要作用。我国以疫苗为突破口，先行先试建设追溯体系，通过信息化、智能化手段，完善疫苗日常监管、风险防控、产品召回等监管制度。

《疫苗管理法》提出“国家实行疫苗全程电子追溯制度”，2019年12月，国家药监局会同国家卫健委印发《关于做好疫苗信息化追溯体系建设工作的通知》（药监综药管〔2019〕103号），就建立统一的追溯标准和规范，建立疫苗追溯协同服务平台和监管系统、省级免疫规划信息系统、疫苗信息化追溯系统等工作作出具体安排。

目前，我国已基本建成疫苗追溯体系。全部疫苗上市许可持有人（含进口企业）通过自建追溯系统或第三方追溯系统成功接入协同服务平台。全部省级免疫规划信息系统已和协同服务平台成功对接，多个省份已基本完成辖区内疫苗流通、预防接种数据上传，实现了省内疫苗全程可追溯。监管系统具有追溯数据获取、数据统计、数据分析、智能预警、召回管理、紧急调配等功能，在辅助相关部门开展日常检查、协同监管及加强风险研判和监测预警等方面发挥了重要作用。

五、维护药品价格和广告秩序

（一）加强价格监测和检查

合理的药品价格，既能使药品上市许可持有人和药品生产经营企业获得应有的经济利益，保障药品的可持续研发、药品质量的不断提升和生产经营管理能力的稳步提高，也能使人民群众及时获得需要的药品，保障药品的可负担。加强监管、确保药品价格整体保持在一个合理水平，是保障药品可及性的一项重要工作。《药品管理法》要求完善药品采购管理制度，对药品价格进行监测，开展成本价格调查，加强药品价格监督检查，依法查处价格垄断、哄抬价格等违法行为，维护药品价格秩序。

我国逐步完善药品采购管理制度，建立了以市场为主导的药品价格形成机制。2015 年修正的《药品管理法》删除了药品价格管理中政府定价、政府指导价的有关内容，药品原则上实行市场调节价，政府主要是负责制定价格规则，维护公平竞争的市场秩序，保障符合市场规则的价格形成机制。

企业依法自主定价。市场调节价，是指经营者自主确定，通过市场竞争形成的价格。药品市场调节价的制定主体为药品上市许可持有人、药品生产企业、药品经营企业和医疗机构。《药品管理法》规定，依法实行市场调节价的药品，药品上市许可持有人、药品生产企业、药品经营企业和医疗机构应当按照公平、合理和诚实信用、质价相符的原则制定价格，为用药者提供价格合理的药品。公平，是指遵守相应规则，尊重患者和其他经营者权益，依法行使自主定价的权利。合理，是指按照交易自愿，根据实际成本和市场情况，制定药品价格。诚实信用，是指在确定具体药品价格水平时，应当实事求是，开诚布公，信守承诺，不隐瞒不欺诈。质价相符，是指根据药品的质量水平制定药品价格，做到品质与价格相适应。药品上市许可持有人、药品生产企业、药品经营企业和医疗机构应当依据国务院药品价格主管部门关于药品价格管理的规定，制定药品价格。

企业应当明示价格和提供价格相关资料。价格是药品信息的组成部分，是患者选择药品的考虑因素之一，也是国家价格政策参考的基础数据之一。企业应当保证患者的知情权，标注和明示药品价格，按规定向药品价格主管部门提供相关数据和资料。

药品上市许可持有人、药品生产企业、药品经营企业和医疗机构应当按规定标明药品零售价格。医疗机构还应当向患者提供所用药品的价格清单，按照规定如实公布其常用药品的价格，加强合理用药管理。《药品管理法》还要求药品上市许可持有人、药品生产企业、药品经营企业和医疗机构依法向药品价格主管部门提供其药品的实际购销价格和购销数量等资料，如药品购进记录、销售记录，涉及药品价格成本的生产、经营、财务资料等。

企业不得实施违反价格管理和妨碍公平竞争的行为。《药品管理法》明确禁止暴利、价格垄断和价格欺诈等行为。药品上市许可持有人、药品生产企业、药品经营企业和医疗机构不得捏造散布虚假涨价信息或者实施价格欺诈行为，不得哄抬价格，不得相互串通、操纵市场价格或者滥用市场支配地位、以不公平的高价销售药品，集中采购入围药品不得擅自涨价或者变相涨价。

根据市场经济公平竞争的基本准则，药品上市许可持有人、药品生产企业、药品经营企业和医疗机构以及这些单位的负责人、药品采购人员、医师、药师等不得在药品购销活动中给予或者收受不正当利益。《药品管理法》禁止药品上市许可持有人、药品生产企业、药品经营企业和医疗机构在药品购销中给予、收受回扣或者其他不正当利益。禁止药品上市许可持有人、药品生产企业、药品经营企业或者代理人以任何名义给予使用其药品的医疗机构的负责人、药品采购人员、医师、药师等有关人员财物或者其他不正当利益。禁止医疗机构的负责人、药品采购人员、医师、药师等有关人员以任何名义收受药品上市许可持有人、药品生产企业、药品经营企业或者代理人给予的财物或者其他不正当利益。

相关监管部门依法监管药品价格行为。对药品价格行为的监管，包括药品价格监测、成本价格调查等手段。价格监测，是指价格主管部门对重要商品和服务价格的变动情况进行跟踪、采集、分析、预测、公布。药品成本价格调查，是指由医疗保障部门根据工作需要，了解药品研发生产经营中的成本构成，以核算药品成本的活动。药品成本价格调查可以作为判定经营者是否以不公平价格销售药品、医保谈判价格确定、国家价格政策制定的参考。

市场监督管理部门根据《价格法》《反垄断法》《反不正当竞争法》等法律法规，对药品价格行为开展监督检查，依法查处价格垄断、不正当竞争等违法行为，维护药品价格秩序。

（二）严格药品广告管理

药品广告是通过一定媒介和形式直接或间接向社会公众推介药品的行为，是患者和医护人员了解药品信息最直接的途径之一。规范的药品广告，应当传递科学、准确的用药指导信息。对药品广告实行严格监管，是确保患者合理用药、安全用药的重要措施。处方药必须由医师根据病情开具处方后，才能购买使用。因此，国家规定处方药只能在国务院卫生健康主管部门和国务院药品监督管理部门共同指定的医学、药学专业刊物上作广告；麻醉药品、精神药品、医疗用毒性药品、放射性药品等特殊药品，药品类易制毒化学品，以及戒毒治疗的药品，由于其特殊性，不得作广告。《药品管理法》《广告法》对药品广告的制作、发布作出了明确规定。

一是严格的事前管理。发布药品广告，应当经广告主所在地省、自治区、直辖市人民政府确定的广告审查机关批准；未经批准的，不得发布。经审查批准的药品广告，广告审查机关应当通过本部门网站以及其他方便公众查询的方式，在10个工作日内向社会公开。公开的信息应当包括广告批准文号、申请人名称、广告发布内容、广告批准文号有效期、广告类别、产品名称、产品注册证明文件编号等内容。

二是严格的内容管理。药品广告的内容应当真实、合法，以国务院药品监督管理部门核准的药品说明书为准，不得含有虚假的内容。药品广告的文字、语言、画面及其含义应当真实、客观地传播药品信息，并符合法律法规要求，不能作夸大宣传和虚假宣传，不得含有虚假、引人误解或者法律法规禁止的内容。

三是严格的广告行为管理。药品广告不得含有表示功效、安全性的断言或者保证；不得利用国家机关、科研单位、学术机构、行业协会或者专家、学者、医师、药师、患者等的名义或者形象作推荐、证明。普通食品、保健食品、生活用品、电子产品等非药品的广告，不得有预防、治疗、诊断人体疾病以及其他涉及药品的宣传。发生药品广告违法行为的，不仅要依法追究广告主、广告经营者、广告发布者的责任，在药品广告中进行宣传、推荐的广告代言人也要依法承担相应的法律责任。

六、积极应对药品经营行业变革

（一）进一步强化药品经营监管能力建设

随着药品零售连锁经营、药品网络销售等新业态快速发展，药品经营形式更加复杂，对药品经营监管能力以及监管人员的专业性和技术性提出更高要求。如对零售连锁总部与门店的一体协同监管，在监管经营企业线下实体经营同时有效监管网络销售，互联网药品监测信息的及时共享和充分有效利用等。这既要求监管部门转变思想观念，加强监管工作的统筹协调，也要求各级监管部门加强技术设备、信息化手段配备和利用，更要求监管执法人员提高综合素质、专业能力和工作水平。

（二）严格处方药零售管理

凭处方销售处方药是药品零售管理的基本要求之一。但在实践中，一些药品零售企业为追求商业利益，不凭处方销售处方药，药学技术人员不在岗销售处方药，执业药师不依法审核处方，对消费者用药安全产生影响，这也是一直以来困扰监管部门的难题。

针对此问题，需要综合施策，加快解决。一是各级药品监管部门要通过持续开展日常检查与专项整治相结合的方式，督促药品零售企业严格执行处方药销售管理要求，严厉惩处违法违规行为。二是要广泛组织宣传教育，开展面向药品零售企业负责人、从业人员的法律法规知识和业务技能培训，增强守法意识；面向公众开展药品分类管理和合理用药科普宣传，提高公众对处方药销售管理政策的认知，营造社会共治的监管氛围。三是要探索运用智慧监管手段，采用监管系统对接药品零售企业销售管理系统和处方流转系统的方式，对处方药销售进行实时监管。四是要紧贴实际，建立科学合理的监管要求，在严格执行法律法规的前提下，开展执业药师差异化配备、规范处方审核等工作。五是要及时调整非处方药目录，畅通处方药、非处方药转换途径，更好满足公众用药需求。

（三）完善药品现代物流监管政策

近年来，药品流通领域专业分工细化、医药电商快速发展等趋势日益明显，药品现代物流得到飞速发展，委托储存、运输活动在整合药品仓储和运输资源、减少交易成本、提高流通效率方面发挥了重要作用。但由于各地存在经济发展水平差异等因素，目前对其资质标准、准入条件、准入模式、日常监管等方面尚未形成统一要求。需要及时探索与产业发展相适应的药品现代物流监管新模式，健全药品物流质量管理规范和消费端配送质量管理要求；制定委托储存、运输质量协议模板和管理要求，规范委托方和受托方的质量管理义务，明确主体责任。同时，要明确药品经营企业跨区域协调监管职责，探索开展延伸检查和跨区域联合执法机制，形成跨区域联动、多部门参与的监管工作机制。

第六章

完善以患者为中心的药品使用管理制度

医疗机构药事管理是医疗机构以患者为中心，以临床药学为基础，对临床用药全过程进行有效的组织实施与管理，促进临床科学、合理用药的药学技术服务和相关的药品管理工作。为加强医疗机构药品质量管理、保障患者用药安全，新《药品管理法》将“医疗机构的药剂管理”调整为“医疗机构药事管理”。药事管理在内容上覆盖临床药学管理、药物临床应用管理、制剂管理、调剂管理、药学研究、药学技术人员管理等，其范畴较药剂管理更为广泛。

一、严格药品使用环节管理

（一）加强药品使用环节管理至关重要

药品使用环节既是医疗活动中确保药品质量安全的终点，也是发挥药品预防、治疗、诊断疾病作用的起点，还是监测药品不良反应和药害事件的“哨点”。把好药品使用关，加强医疗机构药品管理，健全质量保证体系，强化医疗机构质量管理意识，对于保障人民群众用药安全至关重要。为践行全程管控理念，严把从实验室到医院的每一道防线，需要进一步加强药品使用环节管理，实现药品质量监管链条闭环，切实保障患者用药安全。

（二）厘清监管部门职责

药品使用是医疗行为的延续和实现形式之一，药品使用环节管理包括医疗活动管理和药品质量管理。需要厘清卫生健康主管部门和药品监督管理部门职责，加强两个部门的衔接配合，既避免出现监管空白，又避免职责重复和交叉。根据“两法”，卫生健康主管部门负责医疗机构药品使用行为、疫苗预防接种的监督管理工作；

药品监督管理部门负责药品质量监督管理工作；其他监督管理部门在各自职责范围内负责与药品有关的监督管理工作。卫生健康主管部门和药品监督管理部门应当各司其职，共同监督医疗机构落实好药事管理主体责任。

二、加强医疗机构药事管理

（一）明确药学人员职责

药师和其他药学技术人员是开展药品质量管理和提供药学技术服务的专业力量，在保障药品合理使用和使用环节药品质量安全中发挥着重要作用。《药品管理法》细化了医疗机构药师和其他药学技术人员的职责，要求其承担本医疗机构药品管理、处方审核和调配、合理用药指导等工作。医疗机构药品管理工作主要包括药品购进与验收、储存与养护、保管，特殊药品管理，退药或拆零药品处理等；处方审核和调配工作主要包括处方审核、评估、核对、发药以及安全用药指导、静脉用药集中调配等；合理用药指导工作主要包括参与临床药物治疗，为患者提供药学专业技术服务，为公众提供用药信息与药学咨询服务等。

（二）加强药品购进管理

药品购进是药品经营与使用的衔接环节，也是医疗机构药品质量控制的源头。医疗机构从合法渠道购进药品，实施药品购进检查验收制度并准确完整地记录，可以有效维护药品流通秩序，防止假劣药流入使用环节。

医疗机构应当建立并完善药品购进管理制度。第一，医疗机构应当从药品上市许可持有人或者具有药品生产、经营资格的企业购进药品，验明药品上市许可持有人、药品经营企业等供货单位资质及所购进药品的注册证书、药品检验报告书等证明。实践中，公立医疗机构使用的所有药品（不含中药饮片）已实现网上集中采购，由采购主管部门对企业资质审核把关，医疗机构按照采购目录采购。第二，医疗机构应当对药品的包装、说明书和外观性状进行检查。检查药品包装有无破损，标签和说明书内容是否齐全清楚，各级包装的标签是否一致，标签是否与说明书内容一致，药品的外观性状有无异常，冷藏冷冻药品的运输过程温度记录是否存在异常等。第三，医疗机构应当建有真实完整的药品购进记录。药品购进记录必须注明药品的通用名称、药品上市许可持有人、生产企业、剂型、规格、批号、生产日期、有效期、注册证书、供货单位、数量、价格、购进日期、验收日期、验收结论等内容。对于经检查不符合规定的药品，医疗机构不得购进和使用。

（三）加强药品储存和保管管理

药品的妥善储存和保管是保证药品质量不发生变化、保障患者用药安全有效的重要举措。医疗机构应当具备与所使用药品相适应的场所、设备、仓储设施和卫生环境，制定并执行药品保管制度。储存药品时按照药品属性和类别分库、分区、分垛存放管理；采取必要的冷藏、防冻、防潮、防虫、防鼠等措施；定期对储存药品进行检查和养护，建立养护档案；建立药品效期管理制度；麻醉药品、精神药品、医疗用毒性药品及放射性药品等特殊管理药品按照规定存放并制定相应的安全保障措施等，保证药品质量和安全。

（四）加强药品使用环节追溯管理

医疗机构处于药品追溯闭环的关键环节。《药品管理法》明确规定医疗机构也要建立并实施药品追溯制度，按照规定提供追溯信息，保证药品可追溯。医疗机构应当配合药品上市许可持有人和生产企业建设追溯系统，按照要求采集、存储、提供追溯信息。在采购药品时，应当向上游企业索取相关追溯信息，在药品验收时进行核对，并将核对信息反馈给上游企业；在使用药品时，应当保存使用记录明细，并及时调整已使用药品的相应状态标识，确保形成完整的药品追溯信息链。

三、加强处方调配和不良反应监测管理

（一）明确合理用药原则

合理用药是提高医疗质量、保障患者用药安全的重要手段。加强医疗机构药事管理，促进合理用药，是一项重点关注和持续推进的任务。《药品管理法》明确医疗机构应当坚持安全、有效、经济、合理的用药原则。

安全原则是首要的。安全的意义在于使患者承受最小的治疗风险，获得最大的治疗效果。有效原则是合理用药的关键。药物的有效性表现在不同的方面，如根除病源治愈疾病、延缓疾病进程、缓解临床症状、预防疾病发生、调节人体生理机能等。经济原则，是指以尽可能低的医疗费用达到尽可能大的治疗效益，降低医保和患者的经济支出，但不能简单地理解为价格越低的药品越经济。合理原则要求用药要遵循能不用就不用、能少用就不多用，能口服不肌

注、能肌注不输液的原则。同时，医师开具处方时应当遵循药品临床应用指导原则、临床诊疗指南和药品说明书等，持续提升合理用药水平。药师和其他药学技术人员应当按照前述原则及处方开具要求对医师处方、用药医嘱的适宜性进行审核把关。

（二）严格处方审核与调配管理

处方审核和调配是医疗机构药师和药学技术人员的一项重要工作，是协助医师完成对患者医疗过程的重要环节。严格处方审核与调配管理，对于保障药品合理使用、保证患者用药安全具有重要作用。药师和其他药学技术人员应当对处方各项内容进行逐一审核，审核内容包括合法性审核、规范性审核、适宜性审核。经审核判定为合理处方的，经药师和其他药学技术人员签名后进入调配环节。药师调配处方时，应当严格依据医师的处方所列药品调配发药，不得擅自对处方所记载的药品以及用法、用量做增减、替代和变动。发现有配伍禁忌或者超剂量的处方，药师和其他药学技术人员应当拒绝调配，并与处方医师联系进行说明；必要时，经处方医师更正或者重新签字后，方可调配。

（三）加强医疗机构药品不良反应监测与报告管理

医疗机构是我国药品不良反应监测与报告的主要来源，提供约85% 以上的不良反应报告。医疗机构积极开展药品不良反应监测与报告，对于及时发现药品不良反应、减少用药伤害、降低医疗费用、减轻患者用药负担、提高合理用药水平具有重要意义。《药品管理法》进一步强化了医疗机构应当经常考察本单位所使用药品的质量、疗效和不良反应，主动报告疑似药品不良反应的责任。医疗机构应当完善药品不良反应监测和报告管理制度，设立或者指定机构并配备专（兼）职人员，承担本单位的药品不良反应监测和报告工作。发现疑似不良反应的，应当及时向药品监督管理部门和卫生健康主管部门报告，也可以向药品上市许可持有人报告。

四、优化医疗机构制剂管理

（一）完善医疗机构制剂许可管理

医疗机构制剂是医疗机构根据临床需要配制的，仅由本机构内部使用的固定处方制剂，是药品的一种。医疗机构配制制剂本质上也是一种生产行为，只是因为制剂技术和规程与商业化大生产的药品不同，在具体管理要求上存在一定的区别，但也需经过许可。按照国务院深化“放管服”改革的要求，医疗机构制剂许可由原来的经省级卫生健康主管部门和省级药品监督管理部门两部门审核、批准改为只需要省级药品监督管理部门批准，取消了省级卫生健康主管部门审核同意的前置程序，简化了医疗机构制剂许可证的申请审批流程。与药品生产许可证和药品经营许可证类似，医疗机构制剂许可证是对医疗机构制剂室从事制剂配制的硬件设施、管理制度、检验仪器和卫生环境等的认可。没有医疗机构制剂许可证，不得配制制剂。

为了适应中药制剂的特点，《中医药法》明确医疗机构可以委托药品生产企业或者取得医疗机构制剂许可证的其他医疗机构配制中药制剂。作为委托方的医疗机构可能并没有取得医疗机构制剂许可证，但应当按照规定向委托方所在地省、自治区、直辖市人民政府药品监督管理部门备案。由委托方和受托方对所配制的中药制剂的质量分别承担相应责任。中药制剂委托配制权限的合理放开有利于充分挖掘临床经验方、秘方，促进中药制剂的应用与中药新药的研发。

（二）明确医疗机构制剂品种注册管理

医疗机构制剂是临床需要且市场上没有供应的品种，例如，罕见病患者和老年、儿童等特殊人群用药，效期短药品等，在临床防病治病、填补临床用药空缺、保障人民群众健康方面发挥着重要作用。《药品管理法》规定，医疗机构配制的制剂应当是本单位临床需要而市场上没有供应的品种，并应当经所在地省、自治区、直辖市人民政府药品监督管理部门批准。对于市场上已有供应的品种，含有未经国务院药品监督管理部门批准的活性成份的品种，除变态反应原外的生物制品，中药注射剂，中药、化学药组成的复方制剂，麻醉药品、精神药品、医疗用毒性药品、放射性药品，以及其他不符合国家有关规定的制剂，不得作为医疗机构制剂。医疗机构制剂应当以满足本医疗机构临床需要为原则，经质量检验合格后凭医师处方在医疗机构内使用，不得在市场上销售或者变相销售。

医疗机构中药制剂多为临床经验有效、名老中医传承的方剂，在继承传统、保持和发挥中医药特色、满足中医临床需求方面发挥着重要作用。《中医药法》明确对仅应用传统工艺配制的中药制剂品种，向医疗机构所在地省、自治区、直辖市人民政府药品监督管理部门备案后即可配制，不需要取得制剂批准文号。医疗机构备案仅应用传统工艺配制中药制剂品种的，应当进一步积累临床使用中的有效性数据，严格履行不良反应报告责任，建立不良反应监测及风险控制体系。

（三）细化医疗机构制剂过程管理

医疗机构制剂具有使用量不定、规模小、针对性强、储存时间短等特点，为践行 GMP 的理念和要求，国务院药品监督管理部门出台了《医疗机构制剂配制质量管理规范》，对医疗机构制剂配制中机构与人员、房屋与设施、设备、物料、卫生、文件、配制管理、质量管理与自检、使用管理等内容进行了规定。

《药品管理法》进一步强调医疗机构配制制剂应当按照经核准的工艺进行，所需的原料、辅料和包装材料等应当符合药用要求。加强医疗机构制剂原料、辅料、包装材料等物料的源头把控，细化医疗机构制剂配制工艺的过程要求，有利于医疗机构强化风险管理、全程管控的理念，切实落实《医疗机构制剂配制质量管理规范》的各项要求，全面提升医疗机构制剂质量。

（四）优化医疗机构制剂调剂管理

医疗机构制剂的配制和使用，与该医疗机构的诊疗特点、诊疗水平、救治能力、医护人员技术紧密关联。原则上，医疗机构制剂只能在本医疗机构内部使用。但在一些特殊情况下，由于市场上确无治疗该类疾病的药品供应，确有必要在一定范围和期限内对医疗机构制剂进行调剂使用，但这种调剂应当受到严格控制，并经批准。当前，医联体建设持续推进，部分拥有优质资源的医疗机构开展对外医疗合作等新业态也不断涌现，在医联体、医疗集团内开展医疗机构制剂调剂的需求日益迫切。为满足患者用药需求，特别是部分特殊人群用药及专科用药需求，新《药品管理法》将医疗机构制剂的调剂使用由“特殊情况下经批准可以调剂”修改为“经批准可以调剂”，强调由监管部门在审批时根据实际情况酌情考量。在具体审批时，仍应当严格控制，确保满足临床需求和控制安全风险的平衡。

五、完善疫苗预防接种管理

（一）明确接种单位的管理要求

疫苗预防接种工作是预防、控制传染病，保护人民群众身体健康和维护公共安全的重要措施。接种单位应当符合三项条件：取得医疗机构执业许可证；具有经过县级人民政府卫生健康主管部门组织的预防接种专业培训并考核合格的医师、护士或者乡村医生；具有符合疫苗储存、运输管理规范的冷藏设施、设备和冷藏保管制度。预防接种人员应当经县级以上人民政府卫生健康主管部门资格认证，熟悉业务知识且有应急处置能力，人员数量配置与辖区内服务人口数量、服务周期相适应。承担免疫规划疫苗接种工作的接种单位由县级以上人民政府卫生健康主管部门在综合考虑人口密度、服务半径、地理条件和卫生资源配置等情况后指定；承担非免疫规划疫苗接种工作的接种单位实行备案管理，由医疗机构向颁发其医疗机构执业许可证的卫生健康主管部门备案。

为落实疫苗全过程追溯要求，接种单位应当依法如实记录疫苗预防接种情况，包括疫苗品种、上市许可持有人、最小包装单位的识别信息、有效期、接种时间、实施接种的医疗卫生人员、受种者等，按照规定向全国疫苗电子追溯协同平台提供追溯信息，保证疫苗接种信息可追溯、可核查。

为落实疫苗疑似预防接种异常反应监测和报告要求，接种单位还应当主动监测疑似预防接种异常反应病例，并按照规定向疾病预防控制机构报告。

（二）强化预防接种的规范化管理

疫苗用于健康人群且多以儿童为主要接种对象，法律对疫苗预防接种的规范化提出更高要求。

知情告知和健康询问。预防接种前，医疗卫生人员应当履行知情告知和健康询问义务。包括所接种疫苗的品种、作用、禁忌、不良反应以及现场留观等注意事项；对于非免疫规划疫苗，还应当告知费用承担、预防接种异常反应补偿方式等内容。随后应当询问受种者健康状况和禁忌症。受种者和监护人应当如实提供受种者的健康状况和禁忌症。对于有禁忌症不能接种的，医疗卫生人员应当提供医学建议，并在预防接种证、卡（簿）或儿童预防接种个案信息上记录。

“三查七对”。预防接种时，医疗卫生人员应当做到“三查七对”。一查受种者健康状况和接种禁忌，包括受种者体温、接种部位皮肤状况，核查接种禁忌；二查预防接种证，查预防接种证受种者和疫苗信息，与预防接种个案信息系统及预防接种卡核对；三查疫苗、注射器包装和外观、批号、效期。七对，是指核对受种者姓名、年龄，疫苗品名、规格、剂量及接种部位、接种途径。保证受种者、预防接种证、疫苗信息一致后才能实施接种。

现场留观。预防接种后，受种者需留在预防接种现场观察一定时间。在留观期间出现不良反应的，医疗卫生人员应当按照预防接种工作规范要求及时采取救治等措施并报告。

（三）加强预防接种证管理

预防接种实行居住地管理，为规范预防接种活动，国家对儿童实行预防接种证制度。监护人应当在儿童出生后 1 个月内在居住地接种单位或者出生医院办理预防接种证，未按时办理预防接种证或预防接种证遗失者应当及时到接种单位补办。

预防接种证是疫苗接种信息的凭证，是有关疫苗接种状况的证明，也是入托、入学查验预防接种的依据，需要长期妥善保管。托幼机构和学校负有查验预防接种证的职责，对于未按照规定接种的，托幼机构和学校应当报告并配合接种单位督促监护人按照规定补种。疾病预防和控制机构也应当为托幼机构和学校查验预防接种证提供指导。

（四）规范预防接种收费管理

疫苗包括免疫规划疫苗和非免疫规划疫苗。接种免疫规划疫苗是中国境内居民享有的权利，也是应当履行的义务。接种单位接种免疫规划疫苗不得收取任何费用。非免疫规划疫苗是由居民自费且自愿接种的其他疫苗，是免疫规划疫苗的重要补充。接种单位接种非免疫规划疫苗，除收取疫苗费用外，还可以收取接种服务费。其中，预防接种服务内容包括预防接种前健康状况询问、知情告知、注射、留观、耗材、接种信息服务等。耗材含一次性注射器或自毁型注射器、酒精等消毒剂、无菌棉球或棉签等。我国部分省份已经依法核定了预防接种服务费收费标准，并明确疫苗接种单位不得擅自增加收费项目、提高收费标准或加收其他任何费用，要求使用省财政部门统一制发的财政票据、缴入同级国库、纳入地方财政预算管理、实行收费公示制度，并自觉接受财政、市场监管、审计等部门的监督等。

免疫规划疫苗与非免疫规划疫苗

接种免疫规划疫苗是中国境内居民享有的权利，也是应当履行的义务。主要免疫规划疫苗有：乙肝疫苗、卡介苗、脊髓灰质炎疫苗、百白破疫苗、麻风疫苗、麻风腮疫苗、白破疫苗、甲肝疫苗、A群流脑多糖疫苗、A群C群流脑多糖疫苗、乙脑疫苗，以及在重点地区对重点人群接种的出血热疫苗、炭疽疫苗和钩端螺旋体疫苗。非免疫规划疫苗是由居民自费且自愿接种的其他疫苗。非免疫规划疫苗是免疫规划疫苗的重要补充，随着国民经济的发展与提高、疾病预防控制工作的需要，部分非免疫规划疫苗也将被纳入国家免疫规划。主要非免疫规划疫苗有：流感疫苗、B型流感嗜血杆菌疫苗、口服轮状病毒疫苗、肺炎疫苗、狂犬病疫苗、手足口病疫苗等。

六、共同协作做好使用环节监管

（一）完善卫生和药监协同监管机制

依法监管医疗机构药品使用，需要完备的立法支撑，也需要执法落实到位。药品质量监管的主管部门是药品监督管理部门，药品使用行为（包括疫苗预防接种）监管以及医疗机构的主管部门是卫生健康主管部门。两部门应当加强沟通协作，积极探索监管措施协同、监管信息互通、监管资源共享的联动监管机制，必要时可以探索开展联合检查等方式，落实监管职责，提升监管效能。

（二）切实发挥药师提供药学服务的作用

《药品管理法》强调药师在指导合理用药、提供药学服务方面应当具备专业能力。一直以来，作为合理用药的执行者与监督者，药师队伍在医疗机构药品管理、药学技术服务等方面发挥了不可替代的作用。药师应当进一步参与临床诊疗工作，更好地提供专业药学服务。同时，药师队伍自身能力素质有待进一步提高，职业认同感和医生及群众对药师的信任感也有待提升。卫生健康主管部门正在积极推进临床药师制度，充分发挥药师作用。应当进一步加强药师队伍建设，强化药师在药品安全、合理使用中的“护佑者”作用，推动药师为群众提供更加优质的药学专业技术服务。

（三）科学引导医疗机构制剂发展

随着我国医药产业的发展，医疗机构制剂定位从传统的“保障供给型”到“临床需求型”，监管部门对医疗机构制剂的监管理念也从“限制发展”转变为“满足临床用药需求”。监管部门应当明确医疗机构制剂“满足自身临床需求、填补临床用药空白”的定位，引导医疗机构加强配制制剂的软件、硬件、人员投入，持续提升制剂质量水平。要妥善处理严格制剂配制和使用安全与制剂调剂需求之间的关系，严格调剂审批。对于应用传统工艺配制的中药制剂实行备案管理，并不是放松对中药制剂的监管，而是在遵循中药制剂特点、适应中药产业发展的前提下推行更加科学的监管理念。监管部门应当明确备案制管理模式下报备的要求，强化事中事后监管，确保制剂的质量安全。

第七章

强化药品上市后管理

药品上市后管理是不断提高药品质量、保障药品安全的重要环节。药品研发具有高风险特征，临床试验阶段通常仅纳入数千名受试者，虽然可以量化不良反应的发生率并确定风险获益比，但与药品获得上市批准后的真实临床使用情况完全不同。批准上市后的药品使用人群更广泛，也可能用于未经批准的适应症和联合用药等，临床上经过长期应用后，会出现上市前未能识别的新的风险。随着创新药全球同步研发、同步上市的现象在我国越来越普遍，药品上市后安全潜在风险加大，监管也面临着前所未有的挑战。

一、落实药品上市许可持有人上市后管理主体责任

（一）依法承担上市后管理主体责任

药品上市许可持有人依法对药品上市前的研制和药品上市后的生产、经营、使用全生命周期、全过程负责。落实药品上市许可持有人的主体责任，是药品上市后管理的核心。药品上市许可持有人要建立覆盖全生命周期的质量管理体系，切实担负起药品生产、经营、使用、药物警戒、上市后研究、风险控制等法定义务，这与以往关注药品生产和不良反应监测的义务相比范围有了大幅扩展。药品上市许可持有人需要切实认识到药品上市后管理是其应当履行的重要法定义务。药品监管部门应当通过评价、沟通、检查、处罚等方式，督促其履行上市后管理义务。

（二）持续保证药品的安全性、有效性和质量可控性

药品上市许可持有人依法对药品的安全性、有效性和质量可控性负责。药品安全是对特定使用人群的风险获益平衡。药品上市

许可持有人开展上市后风险管理，应当将风险管理理念贯彻到每一个环节、灌输到每一个员工、关注到每一粒药品。药品上市后，随着使用人群扩大，药品风险会逐步显现，风险获益平衡可能会随着安全性和有效性数据的累积而发生变化。对安全性负责，既包括监测、识别已知的和未知的风险，也包括对存在的和潜在的风险采取有效的控制。有效性是药品的基本属性。缺乏有效性对患者来说就是风险的增加。药品上市后，药品上市许可持有人还需要持续研究，确保获益持续大于风险。质量可控性是规模化生产的必然要求，药品上市许可持有人必须配备足够的设备、人员以及质量控制体系，建立完整的质量保证体系。

二、建立健全药物警戒体系

（一）从不良反应报告到药物警戒的发展

20 世纪 60 年代，沙利度胺事件唤起了全球对于药品安全的认知，各国相继建立药品不良反应监测报告制度。1974 年，法国科学家首先在药品不良反应监测的基础上提出了“药物警戒”的概念。1992 年，欧盟专家组提出，药物警戒还应收集观察到的误用和严重滥用药品的相关信息由此扩大了药物警戒的范围。法国药物流行病学家贝高（Begaud）认为，药物警戒是监测和预防药品不良反应的所有方法。不仅包括药物上市后的监测，还包括药物在临床甚至非临床研究阶段的监测。药物警戒应用的方法可以是流行病学方法，也可以是实验室的方法和诊断性的方法。2002 年，世界卫生组织正式将药物警戒定义为发现、评估、理解和预防不良反应或任何其他与药品相关问题的科学研究和活动。

《药品管理法》规定，国家建立药物警戒制度，对药品不良反应及其他与用药有关的有害反应进行监测、识别、评估和控制。药物警戒的对象不仅仅是药品不良反应，还包括其他与用药有关的有害反应，如用药差错、质量问题等。药物警戒涵盖临床试验和药品上市后两个阶段，是一项贯穿药品全生命周期的制度，通过对药品全生命周期进行风险控制，预防药品使用后出现的可能危害，向患者、医疗机构的专业人员和公众提供及时的药品安全信息。其核心是监测疑似不良反应、识别风险信号、评估风险获益和控制不合理的危险。终极目标是最大限度降低药品安全风险、保护和促进公众健康。

药品不良反应，是指合格药品在正常用法、用量下出现的与用药目的无关的有害反应或者非预期反应。药品不良事件，是指在用药后患者出现的任何意外的医学事件。在我国，疑似不良反应涵盖了不良反应和不良事件。前者与用药之间具有某种因果关系，这是药品不良反应的标志性特征，而不良事件与用药则不一定有因果关系。向药品监测机构提交的药品不良反应报告，即使因果关系未知或未明确说明，仍符合应当报告的药品不良反应的定义。但是药品不良反应的个例报告本身并不意味着药品导致不良事件或者不良反应，还需要报告人和监测机构的专业人员判断确认或排除因果关系的可能性。药品上市许可持有人应当按照国家药品不良反应监测机构发布的药品不良反应关联性分级评价标准，对药品与疑似不良反应之间的关联性进行科学、客观的评价。

药物警戒

世界卫生组织关于药物警戒的定义，是发现、评估、理解和预防不良反应或其他任何与药物相关问题的科学研究和活动，这与《药品管理法》将药物警戒定义为对药品不良反应及其他与用药有关的有害反应进行监测、识别、评估和控制的活动基本一致。药物警戒不仅涉及药品的不良反应，还涉及与药物相关的其他问题，如不合格药品、超适应症用药、急慢性中毒病例报告、药物的滥用与错用、药物之间相互作用、药物与食物之间相互作用等。

药物警戒工作是保障药品质量安全的重要手段，贯穿于药品的全生命周期。药品上市许可持有人（包括药物临床试验申办者）应当按照《药品管理法》、GVP及相关技术指导原则的要求，建立并持续完善药物警戒体系，规范开展药物警戒活动。药品上市许可持有人应当与医疗机构、药品生产企业、药品经营企业、药物临床试验机构等协同开展药物警戒活动。

（二）坚持药品上市许可持有人主动收集和跟踪分析

药品不良反应监测和报告是识别风险信号、评估风险获益和控制不合理风险的起点。药品上市许可持有人应当按照可疑即报原则，直接通过国家药品不良反应监测系统报告发现或获知的所有药品不良反应。报告范围包括患者使用药品出现的与用药目的无关且无法排除与药品存在相关性的所有有害反应，其中包括因药品质量问题引起的或者可能与超适应症用药、超剂量用药、禁忌症用药等相关的有害反应。

药品上市许可持有人是药品注册证书的所有者、药品的“出品人”，掌握药品研发、注册、生产、检验等一系列数据，对药品的安全性、有效性和质量可控性负责，发现新的风险、评估新的风险、控制不合理的危险是其义不容辞的义务。

药品上市许可持有人应当建立药物警戒体系，按照国家药监局颁布的 GVP 开展药物警戒工作。GVP 与 GMP、GSP 具有同等地位，是药品上市许可持有人开展药物警戒工作的基本遵循。在报告途径方面，药品上市许可持有人获知或者发现可能与用药有关的不良反应，应当通过国家药品不良反应监测系统报告。在报告规范方面，相关规定和 GVP 中的报告要求已经与 ICH E2 系列报告指导原则全面接轨。药品上市许可持有人应当按照我国的法律法规和技术指导原则，以及 ICH E2 系列指导原则的要求，开展药品不良反应监测、报告、信号监测、风险控制等活动。

（三）坚持以控制风险为目标

长期以来，我国收集、报告药品不良反应的主要渠道是医疗机构。2020 年数据显示，医疗机构报告药品不良反应的占比仍然高达 85%，药品上市许可持有人报告占比仍然偏低。这与“两法”要求的药品上市许可持有人落实全生命周期、全过程主体责任还有不小的差距。究其原因，与药品上市许可持有人的主观认识和履行义务积极性有较大关系。仍有部分药品上市许可持有人“谈不良反应色变”，认为报告不良反应就是药品出了质量问题，会影响药品的销售。实际上，药品不良反应报告并不能确定反应是由药品所引起。判定个例不良反应报告与药品之间的因果关系需要一定的医学证据。药品不良反应报告是为了进一步发现风险信号，发现不合理的风险，以便采取必要的风险控制措施。一方面，面对出现的风险信号及时采取措施，防止风险进一步扩大，既保障了公众用药安全，也保护了药品上市许可持有人的利益；另一方面，通过收集、分析不良反应信息，可以获取大量在临床前研究和临床试验阶段无法获知的科学信息，结合药品生产过程、药品检验数据等，可以更全面、更科学地认识药品，进一步提高药品的安全性、有效性、质量可控性。

（四）强化药品上市许可持有人和医疗机构两个报告途径

我国已经建立并持续发展药品不良反应监测系统，建立“一体两翼”的监测体系。“一体”，是指一个监测评价机构；“两翼”，是指两个强制报告渠道，即药品上市许可持有人和医疗机构报告渠道。

在“一体”建设方面，《药品管理法》明确监测评价机构作为专业技术机构承担药品不良反应报告和评价技术工作，为药品监督管理部门提供决策支持。适应药品监管工作要求，国家科学制定药品不良反应监测评价技术体系发展规划，以强化统筹、系统提升为重点，全面加强国家药品不良反应监测中心建设；以完善功能、强化配套为重点，大力推进省级和市级药品不良反应监测评价机构建设；以扩大覆盖、夯实基础为重点，稳步推进县级监测评价技术机构建设。

在“两翼”建设方面，药品上市许可持有人和医疗机构报告是上市后药品不良反应监测和报告的两条主要渠道。医疗机构是药品使用最集中的场所，往往是药品不良反应发现的第一现场，在药品不良反应监测中具有重要地位。在强化药品上市许可持有人报告的同时，必须落实医疗机构的报告主体责任。国家药品不良反应监测中心专门建立了药品上市许可持有人直接报告不良反应系统，与面向医疗机构的不良反应报告系统共同发挥“两翼”作用。

三、主动开展上市后研究

（一）制定风险管理计划

药品风险管理是药品全生命周期风险效益平衡的管理和控制过程。实施药品风险管理计划是明确药品上市许可持有人风险管理主体责任，强化药品全生命周期风险管理的重要措施。《药品管理法》规定，药品上市许可持有人应当制定药品上市后风险管理计划，主动开展药品上市后研究，对药品的安全性、有效性和质量可控性进一步确证，加强对已上市药品的持续管理。长期以来，药品上市前与上市后风险控制未形成完整体系，风险控制措施也相对薄弱，往往是在风险出现时，才采取不良反应监测、修改说明书、召回、退市等控制药品风险，缺乏主动性和预见性。这些药品风险控制措施基本上仅涉及药品上市许可持有人和药品生产企业，对临床医师、患者等缺乏足够的风险预警，药品风险控制效能较弱。

药品上市后风险管理计划，是为了更好发挥药品疗效，控制用药风险，并使风险最小化而制定的计划。这一计划不是一成不变的。当影响药品风险效益平衡的风险出现时，药品上市许可持有人应当根据需要及时完善风险管理计划。药品上市后风险管理计划内容主要包括产品概要信息、制定目标、风险控制措施制定依据、上市后研究、具体风险控制措施、提交评价报告时间表等。计划中的风险控制措施主要包括修改用药指南或说明书、沟通计划或教育材料、标签和限制包装品规等，最终应当能够直接或者间接干预到处方者和最终使用者。

（二）对上市后药品进行持续管理

创新药上市后一般要开展大量的上市后研究，目的是获得进一步的临床证据和文献积累，为上市后监管决策提供支持。这些上市后研究的费用通常为年销售额的10%左右，并随着上市年限增加而逐年降低。国际上某些创新药上市后开展几十项或者上百项上市后研究，积累大量的真实世界证据或者临床试验证据，为药品监管机构的上市后决策提供了证据支持，为临床医师提供临床实践指导，增强了产品的竞争力，创造了极高的销售额，并延长了产品生命周期。

按照ICH E2相关指导原则，药品上市后研究的类型通常包括主动监测、观察性流行病学研究、动物实验和实验室研究以及临床试验。上市后研究可以根据研究目标采用不同的设计。

主动监测方法。与被动监测相对应，主动监测试图通过持续有组织的流程，确定在既定群体中出现不良反应的更加完整的数量。如通过风险管理体系对接受特定药品治疗的患者进行跟踪随访。主动监测包括密切监测计划、处方事件监测及登记。

观察性流行病学研究。传统的观察性流行病学研究，是不良事件评估中的主要方法。在对来自自发报告、主动监测计划或病例系列的信号进行识别时，许多观察性的研究设计很有用。这些设计的类型主要有横断面研究、病例对照研究和队列研究，这些研究是以

原始数据的收集或现有数据的二次利用为基础的。

动物实验和实验室研究。动物实验和实验室研究，是指通过动物实验和实验室检测验证风险的来源，判断控制风险的可行路径。在通常情况下，选择的动物与人的风险来源有一定的科学机理或表征相似性。

临床试验。在批准上市前的临床试验中发现重大风险时，或者上市后发现新的重大风险时，可能需要开展进一步的临床试验，对不良反应及药物机制进行评估。

上市后研究和不良反应监测评价结果还可以持续支持更新药品说明书、标签等风险控制措施。《疫苗管理法》规定，疫苗上市许可持有人应当根据疫苗上市后研究、预防接种异常反应等情况持续更新说明书、标签，并按照规定申请核准或者备案。疫苗上市许可持有人应当建立疫苗质量回顾分析和风险报告制度，每年将疫苗生产流通、上市后研究、风险管理等情况按照规定如实向国务院药品监督管理部门报告。

（三）对附条件批准药品的相关要求

对于附条件批准的药品，药品上市许可持有人应当采取风险管理措施，并在规定期限内按照要求完成相关研究。附条件批准的药品所附加的条件主要是开展上市后研究，要求将上市后研究的结果，用于对该药品风险获益平衡的持续评价和监管决策，最终决定附条件批准能否转为正式批准。逾期未按照要求完成研究或者不能证明其获益大于风险的，国务院药品监督管理部门应当依法处理，直至注销药品注册证书。

（四）对药品开展上市后评价

药品上市后评价是相对于药品上市前审评阶段的评价而言的。《药品管理法》规定，药品上市许可持有人应当对已上市药品的安全性、有效性和质量可控性定期开展上市后评价。必要时，国务院药品监督管理部门可以责令药品上市许可持有人开展上市后评价或者直接组织开展上市后评价。

药品上市后评价的基础是药品注册时的申报资料、补充申请资料、上市后研究结果资料以及其他可供评价的资料和文献。上市后评价的主要目的是评价药品的安全性、有效性和质量可控性是否发生变化。

药品上市后评价包括安全性评价、有效性评价和质量可控性评价，三者互相依存，紧密联系，可以单独评价，也可以综合评价。

安全性评价主要考察药品在广大人群中发生的新的、严重的不良反应，以及在长期使用条件下发生的不良反应，同时研究不良反应发生的影响因素、发生率以及特殊人群的用药、药物相互作用等的情况、特征和综合获益信息，进行风险获益变化的评估，必要时采取风险控制措施。

有效性评价主要研究药品上市后在扩大人群使用中的有效性、长期效应、新的适应症以及临床应用中影响药品疗效的因素。

质量可控性评价主要考察针对上市申请批准后的生产工艺、质量标准等，研究商业规模批生产中的质量风险的主要来源、工艺变更风险及控制、质量标准的适用性和提升等。

上市前、上市后评价的内在规律具有高度的统一性。药品上市前评价是药品可否上市的“入口”，药品上市后评价则是决定药品能否继续上市，是否有必要退市的“出口”。

药品上市后评价是药品安全监管的技术支撑。基于药品上市后评价的特点，监管机构在技术要求层面更多地依赖于相对经济的技术方法，如质量回顾性分析、观察性研究、加强监测、开展真实世界研究、开展上市后研究等，必要时可以开展临床试验。

四、依法变更持续提升药品质量水平

随着科技的进步，新的技术、设备、科技成果越来越多地被应用在药品研究和生产领域，对药品研发和已上市药品的质量提升具有重要作用，由此带来的药品生产过程中的变更是常态，也是客观必然。充分发挥先进生产技术和科技成果对药品产业的促进作用，同时加强药品上市后变更管理，保障人民群众用药安全，是药品上市后变更科学监管的重要任务。

药品上市许可持有人承担药品上市后变更风险评估主体责任。《药品管理法》规定，对药品生产过程中的变更，按照其对药品安全性、有效性和质量可控性的风险和产生影响的程度，实行分类管理，分为审批类变更、备案类变更和报告类变更。属于重大变更的，应当经国务院药品监督管理部门批准，其他变更应当按照国务院药品监督管理部门的规定备案或者报告。药品上市许可持有人应当按照国务院药品监督管理部门的规定，全面评估、验证变更事项对药品安全性、有效性和质量可控性的影响。

基于风险，对变更实行分类管理。一方面，鼓励药品上市许可持有人运用新生产技术、新方法、新设备、新科技成果，不断改进和优化生产工艺，持续提高药品质量，提升药品安全性、有效性和质量可控性；另一方面，严格规范药品变更行为和变更监管，严厉打击非法变更，落实药品上市许可持有人主体责任，保障人民群众用药安全。

《药品管理法》建立基于风险的变更管理原则，避免“一刀切”式的监管，实际上是遵循药物研发的规律，开辟持续改进的药品质量提升空间。药品上市许可持有人是药品上市后变更管理类别确定的主体。药品上市许可持有人应当判断变更管理类别是否在法律、法规中有明确规定或技术指导原则中已有明确要求，有规定的应当根据有关规定确定变更类别。未明确变更管理类别，但药品上市许可持有人根据企业内部变更分类原则，结合产品特点、研究和评估结果，能够确定变更管理类别的，按照药品上市许可持有人确定的变更管理类别执行；药品上市许可持有人无法确定变更管理类别的，可通过与省级药品监督管理部门进行沟通，达成一致意见后实施；意见不一致的，药品上市许可持有人应当申报补充申请或备案。

五、多措并举控制药品上市后风险

（一）采取停售、停用、停产等紧急控制措施

《药品管理法》建立了针对严重药品不良反应、质量问题或其他安全风险的风险管控措施和路径。药品上市许可持有人应当开展上市后不良反应监测，对已识别风险的药品及时采取风险控制措施。采取有效措施控制上市后药品的风险，是药品上市许可持有人的法定义务。具体控制措施应与风险相适应，包括风险提示警示、修改说明书和标签、风险沟通交流、停止生产、停止销售、召回、

注销药品注册证书等。对已确认发生严重不良反应的药品，国务院药品监督管理部门或者省、自治区、直辖市人民政府药品监督管理部门根据实际情况采取停止生产、销售、使用等紧急控制措施，并应当在5日内组织鉴定，自鉴定结论作出之日起15日内依法作出行政处理决定。

需要特别说明的是，监管部门采取的停止生产、销售和使用措施并不是行政处罚，而是在尚未查证风险来源之前采取的一种程序上的风险控制措施，目的是控制风险源头，确保药品伤害或危害不会继续扩散。

针对药品严重不良反应风险的紧急控制措施具有如下特点：一是紧急性。即需要立即采取措施，防止造成实际危害或者危害和风险扩大。二是强制性。即紧急控制措施是国务院药品监督管理部门或者省级药品监督管理部门发出的行政命令，直接指向某种或某类具备某些特征或者特定批号的药品。三是暂时性。采取措施的目的是弄清事实，查清风险来源，停止生产、销售和使用的限制是临时的，待得到产品鉴定结论或者查清事实后，应当及时依法作出相应处理。

（二）主动召回与责令召回相结合控制缺陷药品风险

药品召回是药品上市后安全监管的一项有效措施，是针对存在质量问题或其他安全隐患药品的一种风险管理措施。药品召回是建立一种预警和纠错机制，通过将市场上可能具有潜在的危及人体健康风险的药品进行回收或采取矫正措施，将药品可能对公众造成的潜在不良影响最小化。药品召回可以避免药品扩散导致伤害的范围扩大。

药品召回制度是国际通行的一种针对缺陷药品管理的有效模

式。药品召回分为主动召回和责令召回。以药品上市许可持有人的主动召回为主，监管部门责令召回为辅。主动召回是药品上市许可持有人药品全生命周期管理义务的重要组成部分，药品上市许可持有人应当对收集的信息进行分析，对可能存在安全隐患的药品按照法律法规和相关指导原则的要求进行调查评估，发现药品存在安全隐患的，应当决定召回。

从政府的角度而言，对已经上市销售的存在安全隐患的药品责令召回，以最大限度减少可能对患者造成的伤害，体现了政府对百姓用药安全的一种负责态度，有利于保护患者的权益。从企业角度而言，召回有利于企业保障产品安全，维护公众健康权益，也有利于企业规范药品生产流程，提高质量管理意识。发现问题药品后主动召回，是药品上市许可持有人履行法定义务的积极表现，应当倡导药品上市许可持有人主动召回和预防性召回，有效防控存在质量问题或其他安全隐患的药品带来的风险。

《药品管理法》规定，药品存在质量问题或者其他安全隐患的，药品上市许可持有人应当立即停止销售，告知相关药品经营企业停止销售和医疗机构停止使用，召回已销售的药品，及时公开召回信息，必要时应当立即停止生产，并将药品召回和处理情况向省、自治区、直辖市人民政府药品监督管理部门和卫生健康主管部门报告。药品生产企业、药品经营企业和医疗机构应当配合。药品上市许可持有人依法应当召回药品而未召回的，省、自治区、直辖市人民政府药品监督管理部门应当责令其召回。

根据药品安全隐患的严重程度，药品召回分为：一级召回，针对使用该药品可能引起严重健康危害的情况；二级召回，针对使用该药品可能引起暂时的或者可逆的健康危害的情况；三级召回，针对使用该药品一般不会引起健康危害，但由于其他原因需要收回的情况。药品上市许可持有人应当根据召回分级与药品销售和使用情况，科学设计药品召回计划并组织实施。一级召回应当在 24 小时内，二级召回应当在 48 小时内，三级召回应当在 72 小时内，通知到有关药品经营企业、使用单位停止销售和使用，同时向所在地省、自治区、直辖市药品监督管理部门报告。

（三）管控疫苗上市后风险

由于疫苗产品的特殊性和敏感性，《疫苗管理法》对疫苗实施更严格的风险控制措施。当疫苗存在或者疑似存在质量问题时，首要任务是防止可疑疫苗继续扩散，所以首先应当是“停”。疫苗存在或者疑似存在质量问题的，疫苗上市许可持有人、疾病预防控制机构、接种单位应当立即停止销售、配送、使用，必要时立即停止生产，按照规定向县级以上人民政府药品监督管理部门、卫生健康主管部门报告。

对于确认存在质量问题的疫苗，应当立即控制。卫生健康主管部门应当立即组织疾病预防控制机构和接种单位采取必要的应急处置措施，同时向上级人民政府卫生健康主管部门报告。药品监督管理部门应当依法采取查封、扣押等措施。

对存在质量问题或者其他安全隐患的疫苗应当立即召回。疫苗上市许可持有人应当及时通知相关疾病预防控制机构、疫苗配送单位、接种单位，按照规定召回，如实记录召回和通知情况，疾病预防控制机构、疫苗配送单位、接种单位应当予以配合。对于未主动停止生产、销售、配送、使用或者召回疫苗的，县级以上人民政府药品监督管理部门、卫生健康主管部门应当按照各自职责责令停止生产、销售、配送、使用或者召回疫苗。

（四）建立依评价结果的退市机制

依据药品上市后评价的发起方，药品上市后评价分为药品上市许可持有人主动开展评价和监管机构发起的评价，后者分为责令药品上市许可持有人开展上市后评价和直接组织开展上市后评价。

药品上市许可持有人主动开展上市后评价是法定义务，药品上市许可持有人对药品全生命周期的持续改进负责。药品上市后评价通常依法定期开展。监管机构发起的上市后评价则可能是出于某种特定的目的，可以不定期开展；既可以针对特定药品、特定类别药品开展，也可以针对仿制药、中药注射剂等集中阶段性开展上市后评价。

药品上市后评价实际上是从安全性、有效性和质量可控性角度对药品风险获益的全面评价，建立全生命周期持续评价机制，评价结果将直接影响药品的上市许可状态。《药品管理法》规定，经评价，对疗效不确切、不良反应大或者因其他原因危害人体健康的药品，应当注销药品注册证书。与开展药品上市后评价有两种发起方类似，注销药品注册证书的行为也可分为药品上市许可持有人主动注销和监管机构根据评价结果依法注销。已被注销药品注册证书的药品，不得生产或者进口、销售和使用。已被注销药品注册证书的药品，应当由药品监督管理部门监督销毁或者依法采取其他无害化处理等措施。

与《药品管理法》的规定一致，《疫苗管理法》规定，国务院药品监督管理部门可以根据实际情况，责令疫苗上市许可持有人开展上市后评价或者直接组织开展上市后评价。对预防接种异常反应严重或者其他原因危害人体健康的疫苗，国务院药品监督管理部门应当注销该疫苗的药品注册证书。疫苗是生物医药领域比较高端的细分领域，其特点是具有较高的技术壁垒、资金壁垒和政策壁垒。我国是全球最大的疫苗生产国，批签发剂次全球第一。近年来，疫苗研发新技术层出不穷，多联多价疫苗替代单苗和单价苗，先进生产工艺、技术疫苗替代落后生产工艺、技术疫苗成为可预见的发展趋势。《疫苗管理法》明确通过疫苗上市后评价，淘汰落后疫苗生产工艺、技术，促进疫苗质量持续提升。《疫苗管理法》规定，国务院药品监督管理部门可以根据疾病预防、控制需要和疫苗行业发展情况，组织对疫苗品种开展上市后评价，发现该疫苗品种的产品设计、生产工艺、安全性、有效性或者质量可控性明显劣于预防、控制同种疾病的其他疫苗品种的，应当注销该品种所有疫苗的药品注册证书并废止相应的国家药品标准。

六、建立疫苗损害补偿机制

（一）加强预防接种异常反应监测

《疫苗管理法》明确国家加强预防接种异常反应监测，设立“异常反应监测和处理”专章，明确异常反应的定义、主管部门、报告单位和报告途径以及补偿制度。与药品不良反应报告略有不同，《疫苗管理法》规定预防接种异常反应监测方案由国务院卫生健康主管部门会同国务院药品监督管理部门制定，更显示了疫苗的特殊性和对接种疫苗后异常反应监测的重视程度。

（二）加强异常反应监测发现潜在风险

作为一种特殊的药品，疫苗在诱导人体免疫系统产生对特定疾病的保护力的同时，由于疫苗本身的生物学特性和人体的个体差异（健康状况、过敏性体质、免疫功能不全、精神因素等），少数受种者可能发生不良反应，包括一般反应和异常反应。

没有一种疫苗是绝对安全的，都可能发生不良反应，世界卫生组织称其为免疫接种后不良事件（Adverse Event Following Immunization，AEFI）。按照世界卫生组织的定义，AEFI 是免疫接种后发生的任何不良医疗事件，其发生不一定与疫苗接种有因果关系。不良事件可能是任何不利或意外的体征、异常的实验室发现、症状或疾病。报告的不良事件既可以是真实的不良事件，即由疫苗或免疫接种过程引起的不良事件，也可以是暂时性的与免疫接种相关的非疫苗或免疫接种过程引起的偶合事件。

《疫苗管理法》对预防接种异常反应进行明确界定。异常反应，是指合格的疫苗在实施规范接种过程中或者实施规范接种后造成受种者机体组织器官、功能损害，相关各方均无过错的药品不良反应。下列情形不属于预防接种异常反应：（1）因疫苗本身特性引起的接种后一般反应；（2）因疫苗质量问题给受种者造成的损害；（3）因接种单位违反预防接种工作规范、免疫程序、疫苗使用指导原则、接种方案给受种者造成的损害；（4）受种者在接种时正处于某种疾病的潜伏期或者前驱期，接种后偶合发病；（5）受种者有疫苗说明书规定的接种禁忌，在接种前受种者或者其监护人未如实提供受种者的健康状况和接种禁忌等情况，接种后受种者原有疾病急性复发或者病情加重；（6）因心理因素发生的个体或者群体的心因性反应。

一项损害若要被认定为异常反应，必须具备四个条件：疫苗必须合格；疫苗接种符合规范，即由具备资质的接种单位及技术人员，严格按照接种规范、免疫程序、疫苗使用指导原则和接种方案，为受种者实施接种；受种者机体组织器官或功能受到损害，轻微的身体不适只构成预防接种一般反应，不构成异常反应；相关各方均无过错，即与预防接种相关的各主体包括疫苗上市许可持有人、生产者和经营者、预防接种单位、疾控机构以及受种者对异常反应的发生均无过错。

《疫苗管理法》强化疫苗上市许可持有人疫苗异常反应主动收集、跟踪分析义务，要求设立专门机构，配备专职人员，主动收集、跟踪分析疑似预防接种异常反应，及时采取风险控制措施，将疑似预防接种异常反应向疾控机构报告，将质量分析报告提交省、自治区、直辖市人民政府药品监督管理部门。

（三）向疾病预防控制机构报告疑似预防接种异常反应

与一般药品不良反应报告和监测要求不同，疫苗异常反应监测和报告系统主要由疾病预防控制机构来管理。包括疫苗上市许可持有人、接种单位、医疗机构、受种者、药品不良反应监测机构等单位或个人收集到的疑似预防接种异常反应，都应当按规定向当地疾病预防控制机构报告。疾病预防控制机构应当按照规定及时报告，组织调查、诊断，并将调查、诊断结论告知受种者或者其监护人。

（四）扩大预防接种异常反应补偿范围和途径

预防接种异常反应发生率虽然较低，但一旦发生便可能导致受种者出现严重损害和后遗症，这一现象被形象地称为“恶魔抽签”。《疫苗管理法》出台前，由各省分别制定、公布预防接种异常反应补偿办法，存在鉴定程序重复烦琐、补偿标准以及受理和补偿程序具有省际差异等诸多问题。社会对补偿的公正性和公平性反映强烈。为了保障受种者权益，维持公众的接种信心，《疫苗管理法》在原有的异常反应补偿制度基础上进行完善，建立包容型补偿原则，明确国家实行预防接种异常反应补偿制度。实施接种过程中或者实施接种后出现受种者死亡、严重残疾、器官组织损伤等损害，属于预防接种异常反应或者不能排除的，均应当给予补偿。

为使补偿范围更加清晰明确，方便操作，减少不必要的纠纷，《疫苗管理法》借鉴国际先进经验，对补偿范围实行目录管理，并根据实际情况进行动态调整。异常反应补偿目录，是指把已有科学证据支持的疫苗产品与损害后果及程度、反应出现的时间等纳入表格中形成的目录，作为可以申请补偿的损害范围基础，属于损害补偿目录范围的可以快速予以补偿。对于不在目录范围的异常反应补偿申请，则采用单个申请鉴定方式予以确认。

《疫苗管理法》明确异常反应调查诊断鉴定程序，保证程序公开透明。对疑似预防接种异常反应，疾病预防控制机构应当按照规定及时报告，组织调查、诊断，并将调查、诊断结论告知受种者或者其监护人。对调查、诊断结论有争议的，可以根据国务院卫生健康主管部门制定的鉴定办法申请鉴定。

《疫苗管理法》明确了补偿费用来源，建立商业保险、行政补偿等多种补偿途径。《疫苗管理法》规定，接种免疫规划疫苗所需的补偿费用，由省、自治区、直辖市人民政府财政部门在预防接种经费中安排；接种非免疫规划疫苗所需的补偿费用，由相关疫苗上市许可持有人承担。国家鼓励通过商业保险等多种形式对预防接种异常反应受种者予以补偿。

《疫苗管理法》特别强调，预防接种异常反应补偿应当及时、便民、合理。预防接种异常反应补偿范围、标准、程序统一由国务院制定，省、自治区、直辖市制定具体实施办法。补偿范围、标准、程序全国统一，有利于解决由于不同省份补偿标准不统一引发的不公平质疑。

七、构建新形势下的上市后药品管理体系

（一）严格落实药品上市许可持有人上市后药品管理主体责任

《药品管理法》引入药物警戒制度，将带来药品监管理念和监管方式的转变。构建新形势下的上市后药品管理责任体系，首先药品上市许可持有人要切实依法承担起从药品研制、生产到销售、使用的全过程责任，切实承担起全过程中药品的安全性、有效性和质量可控性的全部责任，切实承担起从药品上市到退市的全生命周期责任。监管部门要制定完善相关政策并监督落实，对未能严格履行主体责任的药品上市许可持有人及相关企业及时依法处理。

（二）探索信息化手段提升药品上市后管理效能

药品研制上市积累了临床试验阶段的安全性、有效性数据，随着药品上市时间的延长，新的用药风险逐渐暴露，安全性、有效性新证据逐渐累积，为药品上市许可持有人和监管机构加深对药品风

险获益认知提供了基本数据支持。在药品上市后管理阶段，药品风险信号的识别、风险获益评估、风险沟通、采取风险管控措施都需要以药品不良反应监测的数据为基础。要构建药品上市后监管的支撑性基础设施，加强药品不良反应监测系统建设，强化药品上市许可持有人和医疗机构“两翼”的监测报告能力，建立大数据和AI系统应用的风险评价和研判的决策支持体系，强化药品不良反应监测对上市后管理和监管决策的支撑作用。

第八章

健全多部门协同的药品供应保障机制

保障药品供应是药品管理国家战略的重要内容，是实现药品可及性的重要前提。《药品管理法》在“总则”中明确提出要保障药品可及，同时设专章规定药品储备和供应，提出标本兼治、多部门协同的要求。一方面，保障药品的基本需求，构建国家药品储备制度，建立药品供求的监测体系，完善短缺药品管理，明确企业药品生产保障供应主体责任。另一方面，鼓励和促进防治重大传染病和罕见病等新药研制及其快速上市，做好技术储备，加强药品保障。《疫苗管理法》将预防、控制重大疾病的疫苗研制、生产和储备纳入国家战略，在“保障措施”专章中规定了疫苗储备、疫苗责任强制保险等制度，健全疫苗研发、生产供应、运输保障机制。保障药品储备和供应是一项系统工程，需要多级多部门共同协作，才能使药品研发、生产、配送、使用各环节有效衔接。

一、完善国家药品储备制度

（一）完善中央和地方两级药品动态储备制度

新中国成立以后，根据“备战、备荒、为人民”的要求，为保障灾情、疫情及突发事件发生后对药品和医疗器械的紧急需要，于20世纪70年代初期建立了医药储备制度。此后，又建立了中央一级储备、静态管理体制。

1997年，国务院发布《关于改革和加强医药储备管理工作的通知》（国发〔1997〕23号），明确在中央统一政策、统一规划、统一组织实施的原则下，对国家医药储备体制进行改革，建立中央与地方两级医药储备制度，实行动态储备、有偿调用的管理制度。同年发布的《国家医药储备资金财务管理办法》（财工字〔1997〕

448号）对医药储备资金的使用管理作出规定，《国家药品医疗器械储备管理暂行办法》（国经贸经〔1997〕876号）对医药储备管理作了详细规定。中央医药储备主要负责重大灾情、疫情及突发事件和战略储备所需的特种、专项药品，地方储备主要负责保障地区性或一般灾情、疫情及突发事件和地方常见病、多发病防治所需的药品。2001年修订的《药品管理法》确立实行国家药品储备制度。多年来，国家药品储备制度在满足灾情、疫情及突发事件对药品的紧急需求方面，发挥了重要作用，是我国应对自然灾害和公共卫生事件的重要保障。

《药品管理法》规定，国家实行药品储备制度，建立中央和地方两级药品储备。近年来突发公共卫生事件时有发生，疫苗在疾病防控中的作用愈发凸显，《疫苗管理法》明确规定，国家将疫苗纳入战略物资储备，实行中央和省级两级储备。战略性物资是国家战略储备的一部分，主要是指国家为了应对战争和重大灾害等意外情况，为保障国民经济正常运行和国防需求，而在平时有计划地建立的一定数量的战略性资源的储存。疫苗被列入战略物资储备，表明疫苗对于公众的健康和生命具有不可或缺的作用，对国计民生具有不可替代的价值。

同时，基于疫苗的特殊性，为确保急时统一生产、快速增产，最大限度满足救灾抗疫需求，在制度设计上，疫苗生产企业的准入要求高于一般药品生产企业，要求具备适度规模和足够的产能储备，要求根据疾病预防、控制和公共卫生应急准备的需要，加强储备疫苗的产能、产品管理，建立动态调整机制。

（二）实行药品紧急调用和紧急使用制度

汶川地震抗震救灾和新冠肺炎疫情防控的经验告诉我们，在突发重大灾情、疫情，药品等医药物资产能相对紧张的情况下，及时启用医药储备，紧急调用药品等医疗物资，能为救灾抗疫一线提供有力保障，也可为政府部门及社会各界协同响应，恢复、增加医药物资产能，争取最大的时间窗口。2001年修订的《药品管理法》规定，国内发生重大灾情、疫情及其他突发事件时，国务院规定的部门可以紧急调用企业药品。新《药品管理法》根据紧急调用实际需求，将条款修改为发生重大灾情、疫情或者其他突发事件时，依照《突发事件应对法》的规定，可以紧急调用药品。该规定明确了调用依据，扩大了调用范围，为紧急用药提供了制度保障。

《疫苗管理法》首次确立了疫苗紧急使用制度，明确规定当出现特别重大突发公共卫生事件或者其他严重威胁公众健康的紧急事件时，国务院卫生健康主管部门根据传染病预防、控制需要提出紧急使用疫苗的建议，经国务院药品监督管理部门组织论证同意后可以在一定范围和期限内紧急使用。该制度在抗击新冠肺炎疫情过程中发挥了重要作用。2020年7月开始，我国正式启动新冠病毒疫苗的紧急使用，在医务人员、防疫人员、边检人员以及保障城市基本运行人员等特殊人群中，率先建立起免疫屏障，保障整个社会的稳定运行。

国外 EUA 制度

美国在《联邦食品药品和化妆品法》第 564 节规定了紧急授权使用（Emergency Use Authorization，EUA）制度，该制度经 2004 年《生物屏障项目法》修订后，又经 2013 年《大流行和所有危害预防再授权法》、2016 年《21 世纪治愈法》和 2017 年公共法 115-92 修订形成。2017 年 1 月，美国 FDA 确定了面向行业和其他相关利益的《医疗产品紧急授权使用指南》，详细规定了各项制度的启动程序、条件、判断标准、标签管理等内容。该制度规定当公共安全受到化学、生物、放射和核威胁时，在没有足够的、批准的和可用的替代方案时，美国 FDA 可紧急授权使用药品、医疗器械等医疗产品。可授权使用医疗产品的范围包括未上市医疗产品和已上市医疗产品扩大使用范围。

日本按照《药事法》规定，在遇到重大影响国民健康的公共卫生事件、国民健康损害情况未得以有效控制且无其他有效手段时，可以对海外的药品医疗器械予以简化审批，即特例审批。欧盟没有单独的紧急使用制度，但是建立了相应的加速审评和特殊审评程序。

二、完善国家基本药物制度

（一）确立国家基本药物制度

基本药物是由世界卫生组织在 1977 年提出的概念，保障基本药物的充分供应成为各国基本卫生保健的要素之一。基本药物，是指满足人群卫生保健优先需要的药品，具有数量上可获得、质量上有保障、价格上可接受的特点。

我国的基本药物制度是药品供应保障体系的基础，是医疗卫生领域基本公共服务的重要内容。1982 年，我国发布第一版《国家基本药物目录》，但并未建立国家基本药物制度，当时处于“有目录、无制度”的状态。2009 年，中共中央、国务院发布《关于深化医药卫生体制改革的意见》，明确提出了我国要在 2011 年初步建立基本药物制度的目标。原卫生部、原国家食品药品监督管理局等九部门联合发布了《关于建立国家基本药物制度的实施意见》（卫药政发〔2009〕78 号），正式启动国家基本药物制度建设工作。随着我国医药技术和经济水平不断发展，基本药物制度不断完善，2015 年《国家基本药物目录管理办法》（国卫药政发〔2015〕52 号）颁布。

党的十九大以来，我国进一步强化基本药物“突出基本、防治必需、保障供应、优先使用、保证质量、降低负担”的功能定位，着力保障药品安全有效、价格合理、供应充分，缓解“看病贵”问题，切实保障人民群众用药可及性。2018 年 9 月，国务院办公厅发布《关于完善国家基本药物制度的意见》（国办发〔2018〕88 号），明确要求从基本药物的遴选、生产、流通、使用、支付、监测等环节完善国家基本药物制度。同时，进一步明确国家基本药物目录与医疗保障目录的衔接机制，对于国家基本药物目录内的治疗性药品，医保部门在调整医保目录时，按程序将符合条件的优先纳入医疗保障目录范围或调整甲乙分类。

《药品管理法》从法律层面明确提出“国家实行基本药物制度，遴选适当数量的基本药物品种，加强组织生产和储备，提高基本药物的供给能力，满足疾病防治基本用药需求”。2020 年 6 月 1 日起施行的《基本医疗卫生与健康促进法》同样从立法层面明确了国家实行基本药物制度及基本药物的含义，明确国家应当从基本药物的遴选、支付、供给、监管等方面确保基本药物的公平可及、合理使用，满足人民基本用药需求。

（二）实行基本药物目录动态调整机制

基本药物目录管理是国家基本药物政策落实品种的具体依据。《国家基本药物目录》收录经过科学评价而遴选出的具有代表性、可供疾病预防和治疗选择的基本药物品种，用于指导支付、供应、监管等各项工作。《关于深化医药卫生体制改革的意见》明确，《国家基本药物目录》由中央政府统一制定和发布，按照防治必需、安全有效、价格合理、使用方便、中西药并重的原则，结合我国用药特点，参照国际经验，合理确定基本药物的品种和数量。我国基本药物目录的遴选与调整采取专家遴选制，旨在通过循证的方法选择价格合理、质量可靠、符合国家卫生健康需要的基本药物。1982 年通过遴选形成第一版《国家基本药物目录》，1996 年与 1998 年又出台了两版基本药物目录。20 世纪末，我国提出将在《国家基本药物目录》的基础上遴选出纳入医保报销范围的药品，后在 2000 年、2002 年、2004 年又出台了三版基本药物目录。2009 年，我国推行新一轮医药卫生体制改革。2009 年与 2012 年分别出台了两版基本药物目录。2018 年，我国进一步明确基本药物的功能定位，并出台现行的《国家基本药物目录（2018 年版）》。我国综合药品临床应用实践、药品标准变化、药品新上市情况等因素，对基本药物目录采用定期评估、动态调整，调整周期原则上不超过 3 年。基本药物目录可应用于促进临床优先使用与引导临床合理用药，为药品使用的“合理性”提供有力支撑。

（三）提高基本药物生产供给能力

确保基本药物的有效生产、供应和保障，是实施基本药物制度的根本保障和基本要求。由于生产规模小、需求小、药价低导致企业缺乏生产积极性，许多用量小的品种药存在供应短缺的现象。从 2012 年开始，工业和信息化部、原卫生计生委、发展改革委、原食品药品监督管理局四部门建立基本药物定点生产试点协调机制，推动建立国家基本药物定点生产试点、建设小品种集中生产基地等药品供应保障长效机制。对用量小、临床必需的基本药物可通过招标采取定点生产等方式确保供应。

《关于完善国家基本药物制度的意见》按照《“健康中国 2030”规划纲要》和深化医药卫生体制改革部署要求，进一步完善了国家基本药物制度，对基本药物的生产供应保障提出了具体要求，明确提高有效供给能力、完善采购配送机制和加强短缺药预警应对。《药品管理法》总结实践经验，推动药品供应保障，明确要求加强组织生产和储备，提高基本药物的供给能力，满足疾病防治基本用药需求。

三、建立短缺药品管理制度

药品短缺是一个全球性难题，是药品“可及性”目标需要重点解决的问题。药品短缺主要体现为药品的供不应求，一定范围内全部可供应的药品不能满足用药的需要，在一定时间或一定区域内供应不足或不稳定。随着近年来我国短缺药品供应保障体系逐步建立健全，《药品管理法》确立了药品供求体系监测、短缺药品清单管理、短缺药品停产报告等一系列制度，确保不发生、少发生药品短缺问题。

（一）实行药品供需监测预警

药品短缺成因复杂，主要是由于市场供应减少或供给结构性失衡、政策不完善、部分原料药被垄断、配送不到位等多方面原因造成的暂时性或局部性短缺。绝大多数药品短缺是相对性短缺，即医疗机构有需求，药品生产或经营企业有该种药品，但存在供应不足，也就是供需信息不匹配，缺乏清晰且及时的反馈，因此需要完善供求信息的实时监测和及时预警，为政府监管和干预提供决策依据。2017 年 6 月，国家卫生计生委等九部门发布《关于改革完善短缺药品供应保障机制的实施意见》（国卫药政发〔2017〕37 号），其中就完善短缺药品监测预警进行了系统规定。《药品管理法》从法律层面明确国家建立药品供求监测预警制度，以进一步推进短缺药品监测预警体系建设。

药品短缺涉及药品研发、生产、流通、使用等多个环节、多个监管部门、多个相对人主体。在供求监测预警制度建设上，应当强化协同监测和综合监测预警，健全部门会商联动机制，建立国家、省、市、县四级监测预警机制和国家、省两级应对机制。建设基于大数据应用的短缺药品监测预警信息系统，强化对短缺药品研发、生产、流通和使用情况的综合评估，增强信息监测、分析和处理的时效性，逐步推进短缺药品信息全流程动态感知、预警监测和政策评估、应对防范等智能化应用。同时，应当完善布局监测哨点，在监测哨点的基础上，逐步扩大监测范围，最终根据短缺药品原因、短缺程度、影响范围等情况，及时启动国家和省级应对机制，定期公布相关信息，回应社会关切，解决老百姓基本用药需求。

（二）实施短缺药品清单管理制度

短缺药品清单管理制度是落实短缺药品监测预警制度、优先审评制度、制定分级分类应对机制的重要抓手。《关于改革完善短缺药品供应保障机制的实施意见》提出建立国家、省两级短缺药品清单管理制度。2019 年国务院办公厅印发《关于进一步做好短缺药品保供稳价工作的意见》（国办发〔2019〕47 号），再次强调做好短缺药品清单管理。《药品管理法》确立国家实行短缺药品清单管理制度，具体办法由国务院卫生健康主管部门会同国务院药品监督管理部门等制定。

2020 年 4 月，国家卫健委会同相关部门发布了《国家短缺药品清单管理办法（试行）》（国卫办药政发〔2020〕5 号），其中就国家短缺药品清单和国家临床必需易短缺药品重点监测清单的制定程序、遴选要求、专家库组成，国家短缺药品清单退出机制，国家短缺药品清单和临床必需易短缺药品重点监测清单的采购及价格管理进行了规定。国家短缺药品清单和临床必需易短缺药品重点监测清单由国家卫健委组织专家按照规定的标准遴选并形成推荐清单，随后会同有关部门组织复核推荐清单药品的库存、采购、配送等情况及短缺原因，按照复核结果提请国家短缺药品供应保障工作会商联动机制各成员单位审核后发布。2020 年 12 月，国家卫健委会同相关部门发布了国家短缺药品清单和国家临床必需易短缺药品重点监测清单，要求落实采购、停产报告、储备供应等政策。此后，多个省份陆续发布了本省短缺药品清单和临床必需易短缺药品重点监测清单。

（三）实施短缺药品优先审评审批

优先审评审批，是指在药品上市申请审评阶段，国家药监局对符合优先审评范围的药品，通过加强沟通交流，优化配置审评、检查和检验资源，缩短审评时限等方式，加快药品的上市进程。对创新药等特殊急需药品实行优先审评审批制度，是我国药品审评审批改革的重要制度创新。

《药品管理法》规定，国家“对临床急需的短缺药品、防治重大传染病和罕见病等疾病的新药予以优先审评审批”。《疫苗管理法》规定，“对疾病预防、控制急需的疫苗和创新疫苗，国务院药品监督管理部门应当予以优先审评审批”。国务院药品监督管理部门及其药品审评机构将短缺药品纳入优先审评的范围，加快短缺药品的研发上市，提升了临床急需短缺药品的可及性。

（四）全面保障短缺药品供应

《药品管理法》对短缺药品的研制和生产提出了予以鼓励的原则要求，还对药品短缺情况下的政府监管手段作了进一步规定，即国家在必要时可以采取“价格干预”措施，以维护市场价格秩序，建立药品和原料药产购销公平竞争的市场环境。针对疫情防控对疫苗的特殊需求，《疫苗管理法》还规定，在疫苗存在供应短缺风险时，国务院有关主管部门应当采取有效措施，保障疫苗生产、供应。疫苗上市许可持有人应当依法组织生产，保障疫苗供应；疫苗上市许可持有人停止疫苗生产的，应当及时向国务院药品监督管理部门或者省、自治区、直辖市人民政府药品监督管理部门报告。

党中央、国务院始终高度重视药品短缺问题，明确要求抓好药品供应保障制度建设，采取有效措施，解决好低价药、“救命药”、“孤儿药”以及儿童用药的供应问题。对短缺药的治理措施，可以分为“堵”和“疏”。“堵”就是在国内发生药品短缺时国家可以采取限制或者禁止出口短缺药品的管理措施；“疏”就是国家有关部门可以采取组织生产、价格干预和扩大进口等措施，保障药品供应。为有效解决公众用药尤其是癌症、罕见病等重大疾病防治用药需求，扩大临床急需药品的进口是现阶段的一项紧迫任务。

2019 年 2 月，国务院常务会议专题研究加强癌症、罕见病等重大疾病防治用药问题。国务院决定，加快境内外抗癌新药注册审批，满足患者急需。组织专家遴选临床急需境外新药，完善进口政策，促进境外新药在境内同步上市。畅通临床急需抗癌药的临时进口渠道。

《药品管理法》规定，国务院有关部门可以采取扩大进口措施，保障药品供应。为了扩大短缺药品的进口，加速临床急需境外新药进入我国，2018 年 10 月 31 日，国家药监局、国家卫健委发布了《关于临床急需境外新药审评审批相关事宜的公告》（2018 年第 79 号），明确建立专门快速通道，对临床急需的境外已上市新药进行专项审评审批。截至 2020 年 11 月 3 日，国家药监局、国家卫健委组织有关专家研究论证，共遴选出三批临床急需境外新药。列入上述临床急需境外新药名单的品种，可按照《临床急需境外新药审评审批工作程序》提交相关资料，直接提出上市申请，药品审评中心按照特殊通道加快审评。随着一系列法律制度的出台和行政措施的跟进，临床急需境外上市新药在我国上市周期长的问题正在逐步解决。

四、强化疫苗供应管理

（一）加强经费保障和支持

根据《疫苗管理法》的规定，国家实行免疫规划制度。县级以上人民政府应当对本区域内居民的疫苗安全工作、免疫规划疫苗的购买和预防接种工作以及信息化建设等所需经费承担保障责任，在本级政府公共财政的预算中须纳入与免疫规划疫苗相关的工作经费、购买免疫规划疫苗经费和建设信息化体系等其他相关经费，保证免疫规划制度的实施。《疫苗管理法》规定，接种免疫规划疫苗所需的补偿费用，由省、自治区、直辖市人民政府财政部门在预防接种经费中安排。各级公共财政要及时拨付资金，有序组织资金调度，采取预拨、垫付等措施，优先保障疫情防控资金拨付。按照“急事急办、特事特办”的原则，开通资金支付绿色通道，及时足额支付预算安排的规划免疫疫苗所需的资金。

我国的免疫规划是覆盖全民的一项重要公共卫生服务。近年来，我国主要免疫规划疫苗的接种率长期保持在 90% 以上，但经济欠发达地区的居民非免疫规划疫苗接种相对滞后。由于欠发达地区低收入人群难以获得高质量医疗服务，更容易受到传染病侵害。为此，国家公共财政需要实施更加精准和有效的政策倾斜，对经济欠发达地区的预防接种工作给予支持。《疫苗管理法》规定，省、自治区、直辖市人民政府和设区的市级人民政府应当对经济欠发达地区的县级人民政府开展与预防接种相关的工作给予必要的经费补助。

（二）加强疫苗生产供应保障

在疫苗生产供应保障中，供需双方的信息对接具有非常重要的作用，通过信息对接和沟通可以将社会对疫苗的需求直接传递给疫苗上市许可持有人，以便可以按需组织疫苗供应。作为需求方，国务院卫生健康主管部门要根据各省、自治区、直辖市的免疫规划疫苗计划，向供应方准确、及时提供有关对疫苗品种、规格、数量、供应时间和方式等疫苗供应的具体需求，并确定疫苗流通管理和质量管控等具体事项；作为供应方，疫苗上市许可持有人根据此信息合理安排疫苗的生产计划，合规进行疫苗生产，并落实疫苗储存运输配送等具体事项。法律规定由国家卫健委汇总疫苗需求信息，并由其统一向疫苗上市许可持有人提供疫苗供应需求，有助于强化供需双方的信息准确对接，减少疫苗供需计划的无序和混乱，避免因为疫苗生产的盲目性，造成疫苗供应不足而无法满足接种需要，或因超量生产供应造成疫苗的浪费。

《疫苗管理法》要求当疫苗存在供应短缺风险时，国务院卫生健康主管部门、国务院药品监督管理部门提出建议，国务院工业和信息化主管部门、国务院财政部门应当采取有效措施，保障疫苗生产、供应。为解决疫苗供应短缺问题，国家相关部门采取了一系列政策措施，开展疫苗市场供应的调研，以摸清行业情况，并加强部门短缺药品供应保障会商联动机制，及时满足公众对疫苗接种的需求。

自2020年新冠肺炎疫情发生以来，国家药监局附条件批准了多个新冠病毒疫苗上市。为保障疫苗及时供应，工信部成立了新冠病毒疫苗生产保障工作专班，对重点企业的产能产量进行跟踪调度，同时组织相关省市主管部门安排专人对接企业，指导合理安排疫苗的生产计划。同时，对新冠病毒疫苗生产供应链进行全面梳理，指导企业对生产物料的供应风险做好研判分析，推动关键物料加快生产技术攻关，组织上下游企业加强供需对接，确保新冠病毒疫苗生产供应链稳定。我国新冠病毒疫苗的生产能力完全可满足国内大规模接种需求。

（三）落实疫苗上市许可持有人供应保障主体责任

根据《疫苗管理法》的规定，疫苗上市许可持有人是保障疫苗市场供应的第一责任主体，应当履行以下法定义务：一是依法组织生产，保障疫苗供应。按时保障供应，向社会提供安全、有效和质量可控的疫苗。二是停止生产要及时报告。疫苗上市许可持有人停止疫苗生产的，应当及时向国务院药品监督管理部门或者省、自治区、直辖市人民政府药品监督管理部门报告。

（四）建立疫苗责任强制保险制度

保险是社会的稳定器和经济的助推器。从经济角度看，通过保险有助于分摊意外事故损失；从法律角度看，保险通过商业合同允许一方同意在符合条件的情况下补偿另一方损失；从社会角度看，保险是社会经济保障制度的重要组成部分，有助于化解社会生产生活中的矛盾和纠纷。

强制保险，是指根据国家法律和法规，规定范围内的单位或个人必须购买的保险。我国《保险法》规定，只有法律或行政法规才有权设定强制保险的规定，如将机动车第三者责任规定为强制保险的险种。近年来，我国因为疫苗质量问题等引发的损害和事故偶有发生，造成了负面的社会影响。基于疫苗的特殊性，《疫苗管理法》规定，“国家实行疫苗责任强制保险制度”，这使疫苗成为我国为数不多的实行强制保险的领域。

根据《疫苗管理法》的规定，疫苗上市许可持有人应当按照规定投保疫苗责任强制保险；疫苗上市许可持有人必须依法公开其投保疫苗责任强制保险情况等信息；因疫苗质量问题造成受种者损害的，保险公司在承保的责任限额内予以赔付；未按照规定投保疫苗责任强制保险或建立信息公开制度，承担相应的法律责任。

五、不断完善药品储备和供应保障机制

（一）加强供需监测和部门协作

目前，我国已在建立预警监测系统方面做了大量工作，结合短缺药品清单、哨点监测，将初步建成基于大数据应用的国家药品供应保障综合管理平台和短缺药品监测预警信息系统，加强供需对接、协商调剂。

按照国务院办公厅《关于进一步做好短缺药品保供稳价工作的意见》的规定，通过部门会商联动机制，初步建立国家、省、市、县四级监测预警机制和国家、省两级应对机制，不断提高短缺药品

监测和预警能力。同时，将进一步实现药品供应保障综合管理和短缺药品监测预警信息资源的共享共用，建立成熟稳定的短缺药品实时监测预警和分级应对体系，构建短缺药品信息收集、汇总分析、部门协调、分级应对、行业引导的短缺药品实时监测和预警能力。药品供需监测是一个动态管理的过程，需要敏锐、及时地发现医疗机构药品短缺情况，又要进一步监测药厂生产及停产情况，需要多部门协作，早发现、早应对、早部署，形成保障供应的工作合力。

（二）调动企业积极性加大研发和生产储备

保障药品储备和供应，一方面需要维护药品供应能力，另一方面需要不断加强研发创新，使更多更好的创新产品能够进入临床。这两方面都离不开企业的积极参与，如何调动业界积极性是需要面对的现实问题。

在基本药物供应方面，需多部门通力协作，完善国家基本药物定点生产试点，建设小品种集中生产基地，通过量价挂钩、定点生产和采购等方式保证短缺药品企业合理的利润，增强企业的积极性。

在鼓励研发方面，目前我国的药品研发技术储备仍有不足，研发能力有待进一步提升。一方面，对于保障社会公共卫生需求的疫苗等关键药品需要加强指导，加大研发投入；另一方面，需要多部门联动加快建立以企业为主体、产学研相结合的疫苗研发和产业化体系，建立健全与我国国情相适应的药品研发技术储备和转化制度。

（三）健全罕见病用药的特殊保障机制

在我国，罕见病发病人数估计超过 2000 万。目前，全球只有 5% ～ 10% 的已知罕见病有药可治。2018 年，国家卫健委、国家药监局等五部门联合制定了《第一批罕见病目录》，收录 121 种罕见病，仅有 36 种罕见病在国内有对症药物上市。《药品管理法》修订后，出台了数项加快罕见病用药的市场准入、降低药品费用负担、加强罕见病患者用药保障的制度。但要从根本上保障罕见病患者的用药，还需要更多科学合理、可持续的政策来提高罕见病用药的可获得性和可负担性。

孤儿药，是指用于治疗、诊断、预防罕见疾病的药品、疫苗和诊断试剂等。我国需进一步健全罕见病用药政策，研究建立我国常见罕见病用药数据库，通过国家科技重大专项等国家研发项目支持企业和科研单位研发创新，将符合条件、临床急需罕见病用药列入优先研发清单，完善和落实罕见病用药优先审评审批政策。

（四）进一步完善疫苗责任强制保险制度

疫苗具有战略性和公益性，《疫苗管理法》坚持人民利益至上，为快速解决因疫苗质量问题引发的赔偿纠纷，引入疫苗责任强制保险制度。为保障法律规定落地实施，需要尽快出台疫苗责任强制保险管理办法，细化完善疫苗责任强制保险制度，就疫苗责任强制保险范围、投保与承保具体要求、赔偿具体程序，以及如何确定疫苗质量问题等作出明确规定，以便具体操作落实，保障接种者合法权益。将疫苗责任强制保险与其他相关的补偿、保险制度相结合，尽快实现受种者损害赔偿、补偿制度上全覆盖的目标。

第九章

创新新时代药品监管方式方法

“两法”贯彻落实“四个最严”要求，全面加强药品全生命周期监督管理，对药品和疫苗实施最严格的监管。“两法”要求构建更加科学和高效的药品监管体系，均设立专章规定药品监督管理部门对药品或疫苗实施监督管理的基本制度和具体要求，并对依法履职尽责、提升监管能力等作出明确规定，为坚守药品安全底线、保护和促进公众健康提供了有力保障。

一、落实最严格的监管

“两法”以构建科学高效的监管体系为目标，充分总结监管实践，丰富监管措施和手段，明确地方人民政府、各级药品监督管理部门职责，以切实强化监督检查和提升监管效能，有效维护公众用药安全。

（一）以最严格的理念实施药品监督管理

药品安全直接关系到人民群众的身体健康和生命安全，疫苗安全还关系着国家和民族的未来。药品监管应当坚持以人民健康为中心，实行最严格的监管。最严格的监管需要对风险实行严格管控，对行为实行严格管理。这就要求监管措施和手段能满足及时发现潜在风险、迅速控制风险、有效防止危害的需要，监管人员要具备相应技术能力和专业素养，监管力量要满足产业规模和检查要求。这就要求药品监督管理部门在日常监督检查、抽查检验、有因检查和重点检查等监管行动中必须严格按照执法流程，严肃认真操作，不可敷衍和懈怠；要求在监督检查后对违法主体采取告诫、约谈、限期整改和查封扣押等监管措施时必须准确到位，实现教育、整改和及时管控药品风险的目的；要求在对药品生产经营活动的检查中必须磨炼和提升察觉问题隐患的能力和技巧，及时查处假劣药品，严厉打击违法违规行为；要求对可能造成危害公众安全的事件及时采取果断有效的应急处置措施，防止危害的扩大和蔓延；要求对监督检查中发现的严重违法犯罪的企业和个人必须依法启动“行刑衔接”程序，让违法行为人受到应有的法律制裁。

（二）用科学监管的手段改进药品监督管理

药品监督管理是一项以专业技术为支撑的行政监管工作，核心目标是及时有效地控制药品安全风险，需要充分运用科学监管的手段，不断改进药品监管工作，适应和满足新时代药品行业发展和人民健康的需要。

在监管手段上，要求发挥科学监管作用，采取精准措施，实施精细化管理，综合研判风险形势，准确分析可能的风险隐患，科学配置监管资源，管控各类风险。在监管方式上，要求立足全程管控，科学组织，综合运用全面检查、重点抽查、许可检查、有因检查、疫苗巡查等各种手段，提高监管针对性和有效性。根据不同风险，灵活运用行政指导、告诫约谈、强制措施，增强监管实效。在监管措施上，要求紧跟药品产业和技术发展，综合利用“互联网＋”等新技术、新方法，充分发挥药品技术创新引领作用，丰富监管工具，推进药品监管能力和水平提升。

二、优化监督检查方式

（一）监督企业执行全过程的质量管理规范

通过质量管理规范的实施，对药品研制、生产、经营和使用的各环节进行严格规范和科学管理是国际通行做法。世界卫生组织从20世纪60年代中期开始组织制定GMP，我国自1988年颁布GMP后，逐渐形成了围绕药品全生命周期的系列质量管理规范。

“两法”要求药品上市许可持有人、药品生产企业、药品经营企业和药物非临床安全性评价研究机构、药物临床试验机构等遵守GMP、GSP、GLP、GCP。

2021年国家药监局发布GVP，形成了覆盖药品研发、生产、经营和使用管理的质量管理规范体系。根据我国医药行业发展实际，结合药品监管实践，《药品管理法》取消了GMP、GSP、GCP认证制度，要求企业严格遵守相关质量管理规范，同时也规定药品监督管理部门应当对企业遵守质量管理规范的情况进行检查，监督其持续符合法定要求。

药品质量管理规范既是企业应当遵守的基本要求，也是药品监督管理部门开展监管工作的重要依据。强调药品的研制、生产、经营等全过程持续“符合法定要求”，企业要通过质量体系建设，随时保持其药品相关活动符合质量管理规范要求；监管部门做好日常监督检查工作，实行动态管理。

“两法”相关配套规章文件对上市前后监管工作的衔接作了细化规定。新《药品生产监督管理办法》明确了药品GMP符合性检查相关要求，新《药品注册管理办法》强化了注册现场检查与药品

GMP 符合性检查的衔接，《药品检查管理办法（试行）》等文件细化了各类检查要求，强调药品质量管理规范符合性检查的重要性。其中，药品 GMP 符合性检查包括食品药品审核查验中心协调相关省级药品监督管理部门同步开展注册现场核查和上市前的符合性检查，也包括省级药品监督管理部门自行开展上市前的符合性检查等不同情形。对于已开展上市前符合性检查的，在检查结束后，应当将检查情况、检查结果等形成书面报告，作为对药品上市监管的重要依据。整合药品生产监督检查和注册现场检查，一方面，加强了药品生产许可检查、药品 GMP 符合性检查、药品注册现场核查的衔接；另一方面，强调药品 GMP 符合性检查以注册申报资料为基础，特别是核准的处方、生产工艺和质量标准，体现了药品上市后监督管理与上市前注册管理的紧密联系。

（二）综合运用各类检查提高监管效能

“两法”在明确监督检查内容的同时，对日常监督检查、延伸检查、有因检查、重点检查等各种检查作出规定。《疫苗管理法》根据疫苗生产特点，明确提出驻厂监督和巡查制度。“两法”要求综合运用各类检查，及时发现问题、排查风险，切实提高监管效能。

根据检查性质和目的，药品检查可以分为许可检查、常规检查、有因检查、其他检查。许可检查是药品监督管理部门对申请人所申请的许可事项是否符合许可条件组织的检查。常规检查是根据药品监督管理部门制定的年度检查计划，对药品上市许可持有人、药品生产企业、药品经营企业、药品使用单位遵守有关法律、法规，执行相关质量管理规范以及有关标准情况开展的日常监督检查，包括质量管理规范符合性检查。有因检查，是指对药品上市许可持有人、药品生产企业、药品经营企业、药品使用单位可能存在的具体问题或投诉举报等开展的针对性检查。除许可检查、常规检查、有因检查外，还包括专项检查、联合检查、延伸检查等。

强化日常监督检查。《药品管理法》规定，药品监督管理部门应当依照法律、法规的规定对药品研制、生产、经营和药品使用单位使用药品等活动进行监督检查。

日常监督检查根据药品监督管理部门制定的年度检查计划开展。在药品研制环节，包括临床前研究和临床试验两个阶段，主要是检查相关研制工作是否严格执行国家有关药品研制的法律法规和质量管理规范要求。在药品生产、经营环节，包括对药品上市许可持有人、药品生产经营企业的资质管理，对生产、经营活动以及药品质量的监督检查。在药品使用环节，主要是对以医疗机构为主的各类药品使用单位购进药品、贮存保管药品、报告药品不良反应等的监督检查。日常监督检查坚持系统性、科学性的原则，重视事前风险防控和事中风险排查。

接受药品监督管理部门的日常监督检查是药品研制、生产、经营和药品使用单位的法定义务，有关单位和个人不得拒绝和隐瞒。

确定延伸检查法律地位。延伸检查以日常监督检查为基础，是日常监督检查的延续。《药品管理法》规定，药品监督管理部门应当依照法律、法规的规定对药品研制、生产、经营和药品使用单位使用药品等活动进行监督检查，必要时可以对为药品研制、生产、经营、使用提供产品或者服务的单位和个人进行延伸检查，有关单位和个人应当予以配合，不得拒绝和隐瞒。

延伸检查的对象是为药品研制、生产、经营、使用提供产品或者服务的单位和个人，一般不属于监督管理部门日常监管的对象。如为药品研制提供服务的合同研究机构（Contract Research Organization，CRO），为药品生产企业提供辅料和包装材料的供应商，为药品经营企业提供物流配送服务的配送商，为药品使用单位提供延伸服务的经营企业，为药品上市许可持有人提供药物警戒服务的合同机构等。

开展延伸检查，有助于进一步强化药品上市许可持有人以及与其有合作关系或者业务往来的单位的药品质量安全责任意识，切实落实药品全生命周期管理各环节、各要素、各参与主体责任，督促药品上市许可持有人对上下游主体开展延伸性质量体系审查和资质审查，约束相关上下游主体持续符合要求，有效保证药品质量，防范药品安全风险。

发挥有因检查实效。有因检查具有突击性、独立性、高效性等特点，在调查问题、管控风险、震慑违法行为等方面发挥着重要作用。

有因检查启动围绕安全风险防控展开，启动情形包括投诉举报、检验、不良反应监测发现产品可能存在质量安全风险、申报资料真实性疑问、涉嫌严重违反质量管理规范要求及企业有严重不守信记录等。

有因检查一般是带着问题启动，坚持“两不两直”原则，即不得事先告知被检查单位检查行程和检查内容，第一时间直接进入检查现场，直接针对可能存在的问题开展检查，不得透露检查进展情况和发现的违法线索等信息。有因检查更容易了解真实的生产情况、发现关键问题和隐患，对被检查单位能产生强力的震慑作用，从而有效督促被检查单位依法依规从事药品研制、生产、经营、使用活动。

在实施有因检查过程中，药品监督管理部门通过落实四个方面工作，有效提升有因检查的靶向性、突击性。第一，坚持以问题导向。将投诉举报数量多，日常监管存在问题多，监督抽检缺陷项目多的企业列入有因检查对象。第二，坚持全程周密安排。严格检查员回避制度，严格有因检查的保密性和突击性。第三，坚持程序严格。检查组按照事先制定的检查方案，针对重点内容检查，对现场发现的问题立即进行取证（拍摄）和记录，对相关文件资料进行复印，及时撰写检查报告，详细记录检查时间、地点、人员、现场情况及问题等内容。第四，坚持信息公开。药品监督管理部门对检查中移送的违法线索深挖细查，督促整改并依法依规将检查情况进行网上公示。

结合疫苗特点设立巡查和驻厂监督检查。为进一步加强疫苗检查工作，国家建立国家级和省级两级疫苗检查员制度。国务院药品监督管理部门负责对疫苗企业不定期开展巡查并加强随机抽查；省级药品监督管理部门负责疫苗生产过程的派驻检查、日常检查，实行最严格的属地监管。

国务院药品监督管理部门负责对疫苗企业开展巡查。与常规检查和药品 GMP 符合性检查不同，疫苗巡查具有全覆盖性。疫苗巡查重点关注变更控制、偏差处理、接受监督检查后整改、纠正和预防措施的实施、重点品种关键点控制等情况，检查企业质量体系的运行和药品 GMP 的执行情况。巡查工作还应当与企业所在地药品监督管理部门工作进行衔接，了解所在地药品监督管理部门对疫苗生产企业的监督检查情况。

省级药品监督管理部门选派检查员入驻疫苗上市许可持有人，

是《疫苗管理法》中的特别规定，即实施疫苗驻厂检查员制度，以强化疫苗驻厂监督，及时对企业进行风险警示与合规性指导。疫苗驻厂检查员应当对派驻期间的行为负责。向疫苗生产企业派驻疫苗驻厂检查员体现了国家对疫苗实行最严格监管的法律要求。

疫苗驻厂检查员的主要职责包括：一是监督检查所入驻疫苗上市许可持有人执行 GMP 的情况。二是收集疫苗质量风险和违法违规线索。三是如实全面向省级药品监督管理部门报告情况并提出处理建议。区别于其他监管方式，驻厂检查员可以深入企业一线开展监督检查，第一时间收集分析企业质量风险，前移监管关口，进一步加强事中动态监管和事后提前响应。与此同时，疫苗派驻检查员可及时将国家政策、法规、要求等信息传达到企业，加深企业对行业相关的监管政策理解。需要注意的是，尽管驻厂检查员制度可有效降低疫苗安全事件的发生风险，但是企业仍然要承担主体责任，保障疫苗质量安全。

（三）科学实施药品抽查检验

对药品质量进行抽查检验，是药品监督管理部门对上市后药品质量进行监管的常规手段，抽查检验是行政监管与技术检验的结合，包括制订计划、抽取样品、检验检测、不合格药品处理、信息发布等环节。通过对药品实施抽查检验，可以测试药品质量状况，及时发现质量问题，并可以对药品生产、经营、使用情况进行溯源，制定重点监督检查方案，开展有效监督；抽查检验也为后续开展质量调查，分清责任采取监管措施、排除安全隐患提供技术依据。

抽查检验费用由财政予以保障。《药品管理法》明确规定抽查检验不得收取任何费用、抽样应当购买样品，并明确所需费用按照国务院规定分别由中央和地方财政列支。《药品管理法》规范和约束抽查检验行为，能够更好发挥抽查检验制度对掌握药品质量情况、及时发现问题、保障用药安全的重要作用，也有利于减轻企业负担、防止腐败、增强政府公信力。

为解决药品检验机构与被检验产品生产企业对药品检验结果的分歧，保障当事人权益，《药品管理法》规定了复验程序。当事人对药品检验结果有异议的，可以自收到药品检验结果之日起7日内向原药品检验机构或者上一级药品监督管理部门设置或者指定的药品检验机构申请复验，也可以直接向国务院药品监督管理部门设置或者指定的药品检验机构申请复验。受理复验的药品检验机构应当在国务院药品监督管理部门规定的时间内作出复验结论。

《药品管理法》规定国务院和省、自治区、直辖市人民政府的药品监督管理部门要定期公告质量抽查检验结果，对不合格药品依法采取风险控制措施。

（四）对高风险药品实施重点监督检查

《药品管理法》明确规定，对高风险药品实施重点监督检查。高风险药品存在质量问题、使用错误或不适当时，可能会对人体产生较高的伤害风险，高风险药品一般包括麻醉药品、第一类精神药品、医疗用毒性药品、药品类易制毒化学品、放射性药品、注射剂（含中药注射剂）、含兴奋剂药品、疫苗和血液制品等生物制品。

对于高风险药品应当加强监督检查的力度和频次。省、自治区、直辖市药品监督管理部门应当根据药品品种、剂型、管制类别等特点，结合国家药品安全总体情况、药品安全风险警示信息、重大药品安全事件及其调查处理信息，以及既往检查、检验、不良反应监测、投诉举报等情况确定检查频次：对麻醉药品、第一类精神药品、药品类易制毒化学品生产企业每季度检查不少于一次；对疫苗、血液制品、放射性药品、医疗用毒性药品、无菌药品等高风险药品生产企业，每年不少于一次药品 GMP 符合性检查。

（五）强化对地方政府及监管部门的责任约谈

责任约谈机制是《药品管理法》创新性的监管制度设计。责任约谈是以药品监督管理部门或者地方人民政府为约谈对象，是行政体制内部的层级问责机制，在法律上具有“督查”之意。上级行政机关通过责任约谈对监管履职不到位的下级行政机关进行警示和告诫，可以有效地监督下级机关依法履行职责，防止下级行政机关懒政、怠政、不作为、乱作为。

《药品管理法》在明确建立责任约谈机制的同时，还对约谈的事由、主体、对象、后果均作了明确规定。药品监督管理部门未能落实监管责任，及时发现药品安全系统性风险，未及时消除监管区域内药品安全隐患的，本级人民政府或者上级人民政府药品监督管理部门应当对其主要负责人进行约谈；地方人民政府未履行药品安全职责，未及时消除区域性重大药品安全风险的，上级人民政府或者上级人民政府药品监督管理部门应当对其主要负责人进行约谈。被约谈的药品监督管理部门和地方人民政府应当立即采取措施，对药品监管工作进行整改，消除药品安全隐患。同时，进行约谈的情况和被约谈行政机关的整改情况应当记入有关部门和地方人民政府药品监管工作评议、考核记录。

三、丰富行政处理措施

监督检查中，对有证据证明可能存在安全隐患的药品，药品监督管理部门应当及时采取相应的行政处理措施，消除隐患、控制风险、保障药品安全。根据监督检查发现的安全隐患程度高低，可采取包括告诫、约谈、限期整改，以及暂停生产、销售、使用、进口和查封扣押等行政处理措施。可能造成危害公众安全事件的，应当采取果断有效的应急处置措施，防止危害的扩大和蔓延。严重违法犯罪的，依法启动“行刑衔接”程序，让违法当事人受到应有的惩戒。

（一）优化告诫约谈等制度督促企业完成整改

告诫、约谈是药品监督检查或者抽查检验发现风险后一种相对柔和的监督管理措施，目的是教育引导相关责任主体主动消除安全隐患。

告诫，意即警示、劝诫；约谈，意即在确定的时间、地点与管理相对人就其存在的特定问题进行面对面沟通，给予提醒、警示。告诫和约谈均为非强制性的行政行为，在药品监管过程中，对药品上市许可持有人、药品生产企业、药品经营企业、药品研制机构以及药物临床试验机构的药品研制、生产、经营等活动基本符合相关质量管理规范，但有证据证明可能存在一定安全隐患的情形，药品监督管理部门可以告诫、约谈单位的法定代表人、主要负责人等，要求其及时采取有效措施，消除或者控制可能的安全隐患。

限期整改，是指药品监督管理部门对有违法行为的药品上市许可持有人或药品生产企业、经营企业、使用单位采取的行政监管措施，即要求其在规定期限内必须查清风险隐患，识别问题根源，采取纠正和预防措施，符合法律法规、标准和规范的要求。限期整改的目的在于敦促药品上市许可持有人、药品生产企业、药品经营企业、药品使用单位等在药品监督管理部门规定的期限内自行纠正，消除安全隐患，恢复到持续符合法定要求的状态。逾期不改的，药品监督管理部门可采取进一步处理措施，包括依法予以处罚。

查封、扣押

查封、扣押，是指行政机关直接对当事人的场所、设施或者财物予以暂时性控制的行政强制措施。查封、扣押适用于为制止违法行为、防止证据损毁、避免危害发生或者防止危害扩大。其中查封一般是原地封存，扣押一般是异地扣留保管。

对有证据证明可能危害人体健康的药品及其有关材料，药品监督管理部门可以查封、扣押。查封、扣押属于行政强制措施，有着严格的程序要求，只能由药品监管部门具备资格的行政执法人员实施，其他人员不得实施。查封、扣押也不能委托其他单位实施。采取查封扣押的行政强制措施，后续有两种可能：一种是经查证确实危害人体健康的，应当依法处理，该没收的没收，该销毁的销毁；另一种是经查证不存在危害或者无法证明危害确实存在的，应当解除查封、扣押。

（二）构建信用监管机制

党的十八届四中全会指出，要加强社会诚信建设，健全公民和组织守法信用记录，完善守法诚信褒奖机制和违法失信行为惩戒机制，使尊法守法成为全体人民的共同追求和自觉行动。《药品管理法》强调行业的诚信自律，明确要求建立药品安全信用档案。

药品安全信用档案是记录许可颁发、日常监督检查结果、违法行为查处等情况的文档性数据库。许可颁发情况，是药品安全信用档案的基础内容，表明该主体是否取得、何时取得、取得何种药品相关许可。日常监督检查结果、违法行为查处等情况是信用档案的重要内容，动态记录了相关主体的监督检查结果以及有过何种违法行为，是相关主体药品安全信用情况的直接体现，也是监管部门采取有针对性的监管措施的依据。

《药品管理法》明确了药品安全信用档案的有效运用，包括以下三个方面：一是实行分类分级和动态监管。通过信用档案记录的内容分析相关主体的风险高低，并根据其风险确定监管类别，明确检查频次和力度，同时实行动态调整，提升监管效能。二是按照国家规定实施联合惩戒。通过多个政府部门共同对失信主体进行约束和惩罚，让失信主体“一处失信，处处受限”，保障监管效果。三是作为社会监督重要途径。药品安全信用档案直接影响相关主体的公众形象和社会信赖度，通过药品安全信用档案的公开和更新，引起媒体及公众对相关主体信用情况的持续关注和监督，强化责任主体行为自律。

（三）及时采取暂停生产等紧急控制措施

《药品管理法》规定，对有证据证明可能存在安全隐患的，药品监督管理部门根据监督检查情况，应当采取告诫、约谈、限期整改以及暂停生产、销售、使用、进口等措施，并及时公布检查处理结果。

对有证据证明可能存在安全隐患的药品，尚未最终认定违法行为存在，为了避免药品安全风险扩大，药品上市许可持有人、药品生产企业、经营企业、医疗机构应当主动暂停生产、销售、使用、进口，或者由药品监督管理部门发出暂停生产、销售、使用、进口的通知，相关单位应当认真履行。

暂停生产、销售、使用、进口并非行政处罚措施，而是临时性监管措施，如果调查和检查结果认为药品安全隐患不存在，应当恢复药品的生产、销售、使用和进口。同时，药品监督管理部门应当做好信息公开，避免引起不必要的恐慌，恢复生产、销售、使用和进口也应当公布，并说明理由，以便消除社会的恐慌和质疑。

（四）妥善实施药品安全事件处置

药品安全事件，是指由药品风险隐患未得到有效预防和控制而导致的公共安全事件。药品安全事件处置对于有效降低事件所带来的负面影响有着至关重要的作用。药品安全事件应对包括事前预防的应急预案程序和事件发生后的处置两个阶段内容。

应急预案，是指各级人民政府及其部门为依法、迅速、科学、有序应对突发事件，最大限度减少突发事件及其造成的损害而预先制定的工作方案。县级以上人民政府应当制定药品安全事件应急预案。药品上市许可持有人、药品生产企业、药品经营企业和医疗机构等应当制定本单位的药品安全事件处置方案，并组织开展培训和应急演练。发生药品安全事件，县级以上人民政府应当按照应急预案立即组织开展应对工作；有关单位应当立即采取有效措施进行处置，防止危害扩大。

发生药品安全事件，应当按照应急预案关于事故分级和响应级别的规定开展应急处置，相关地方人民政府应当按照应急预案规定的处置原则和程序，立即组织相关机构，开展应急保障、监测预警、报告与评估、应急响应、后期处置等工作。各有关单位应当立即按照处置方案，采取有效措施，如药品上市许可持有人、生产企业、经营企业应当视安全事件情况采取停止生产经营、召回药品等措施，医疗机构应当立即停止使用可能导致安全事件的问题药品，对受害者实施救治，防止危害扩大。

（五）加强行刑衔接

《药品管理法》规定药品监督管理部门发现药品违法行为涉嫌犯罪的，应当及时将案件移送公安机关。禁止有案不移、以罚代刑。另外，对依法不需要追究刑事责任或者免予刑事处罚，但应当追究行政责任的，公安机关、人民检察院、人民法院应当及时将案件移送药品监督管理部门。双向移送制度，可以确保药品案件得到及时有效的处理，避免药品监督管理部门、公安机关、人民检察院、人民法院等因工作衔接不畅出现违法行为漏处理、轻处理或者不能及时处理的情况。《药品管理法》还就行政机关为司法机关提供协助、支持提出明确要求，公安机关、人民检察院、人民法院商请药品监督管理部门、生态环境主管部门等提供检验结论、认定意见以及对涉案药品进行无害化处理等协助的，有关部门应当及时提供，予以协助。

四、调整假劣药定义

（一）科学合理界定假劣药范围

打击假劣药品违法行为一直是各国药品监管机构关注的重点。1984 年《药品管理法》规定了假药、按假药处理和劣药三种情形，明确了生产销售假劣药行政处罚的基本要求，确立了打击假劣药的监管基础。2001 年修订的《药品管理法》把原来的三种情形调整为假药、按假药论处、劣药、按劣药论处四种情形。2011 年《刑法修正案（八）》删除了生产销售假药罪中的“足以严重危害人体健康的”前置条件，将生产销售假药罪从危险犯改为行为犯，有力地打击了假劣药违法犯罪行为。

但是，监管实践中也出现假劣药范围比较宽泛、标准不够统一、法律规定的假劣药与人民群众的朴素认知不相符等问题，不利于案件查处，也不利于精准惩治违法行为。新《药品管理法》回应社会关切，重新界定假劣药，主要以药品质量功效为标准，回归假劣药本质，删去了“按假药论处”“按劣药论处”的分类，将违反药品管理秩序的行为单独规定，保留原有药品所含成份与国家药品标准规定的成份不符、以非药品冒充药品或者以他种药品冒充此种药品两种假药情形；对原有按假药论处的七种情形进行梳理，把与质量功效密切相关的变质的药品、所标明的适应症或者功能主治超出规定范围的药品纳入假药范围，把其他几项分别归入劣药或者违反药品管理秩序行为。

在劣药条款的修改上，保留原属于劣药的药品成份的含量不符合国家药品标准的情形；将原按假药论处的被污染的药品纳入劣药；原按劣药论处的直接接触药品的包装材料和容器未经批准调整为违反药品管理秩序行为，形成了药品成份的含量不符合国家药品标准，被污染的药品，未标明或者更改有效期的药品，未注明或者更改产品批号的药品，超过有效期的药品，擅自添加防腐剂、辅料的药品，其他不符合药品标准的药品七种劣药情形。

（二）准确把握假劣药与违反药品管理秩序行为

新《药品管理法》将原按假药论处的国务院药品监督管理部门规定禁止使用的药品，必须批准而未经批准生产、进口的药品或者必须检验而未经检验即销售的药品，使用必须取得批准文号而未取得批准文号的原料药生产的药品三种情形，以及原按劣药论处的直接接触药品的包装材料和容器未经批准的药品，不再作为假劣药，而是作为违反药品管理秩序行为。这些情形虽然不再属于假劣药范畴，但其行为仍然具有危害性，按照从严监管、从严处罚原则，“两法”在法律责任部分设定其处罚幅度与假药的处罚幅度一致，也体现了过罚相当的原则。

“未取得药品批准证明文件生产、进口药品”虽然未再列为假药情形，但在执法实践中，发现此类行为的，应当结合药品质量、违法情形等因素综合判断，如其生产、进口的药品符合假药、劣药规定，应当按照假劣药认定，构成犯罪的，应当及时移送，而不能简单地理解为未取得批准证明文件的药品一律不再属于假药。对于无证“黑窝点”生产的宣称药品功效的产品，符合非药品冒充药品的情形的，应当认定为假药，及时移交公安机关依法处理。

五、加强信息共享

（一）依法做好药品监管信息公开

政府信息公开，是指政府主动或者依申请将在公共事务管理领域中掌握的公共信息依照法定的程序、范围、方式、时间向社会公开，以便社会成员能够方便地获取和使用这些信息的制度。对于在药品监督管理过程产生的大量信息，如药品申报及审评审批信息、监督检查信息、行政处罚信息、药品安全信息等，药品监督管理部门应当按照法律法规的规定，依照法定程序，做好信息公开工作。

《药品管理法》规定批准上市药品的审评结论、依据及行政处罚信息应当依法公开，接受社会监督。法律也同时规定应当保护企业的商业秘密，保护个人隐私。

（二）统一发布药品安全信息

“两法”明确规定国家实行药品、疫苗安全信息统一发布制度。国家药品安全总体情况、药品安全风险警示信息、重大药品安全事件及其调查处理信息和国务院确定需要统一公布的其他信息由国务院药品监督管理部门统一公布。药品安全风险警示信息和重大药品安全事件及其调查处理信息的影响限于特定区域的，也可以由有关省、自治区、直辖市人民政府药品监督管理部门公布。未经授权不得发布上述信息。

药品安全信息统一发布的“统一”体现在“公布部门统一”，统一发布的部门主要是国家药监局。省、自治区、直辖市人民政府药品监督管理部门在特定情形下也可作为公布部门，公布“影响限于特定区域”，即影响未超出其行政区域范围的药品安全风险警示信息和重大药品安全事件及其调查处理信息。除上述部门外，未经授权，任何单位或者个人不得发布。

在互联网时代，信息的发布和获取变得更加便捷，公众、媒体在行使正当的舆论监督权利、参与药品安全社会共治的同时，必须遵守法律规定，不造谣、不传谣，不得扰乱社会秩序。《药品管理法》规定，任何单位和个人不得编造、散布虚假药品安全信息，并在法律责任中明确设定了编造、散布虚假药品安全信息的处罚。药品监督管理部门发现虚假药品安全信息的，应当及时核实、分析，查清信息的来源、辨别真伪，并通过发布准确、权威信息，澄清事实，降低和消除负面影响。

（三）建立疫苗相关信息共享交流机制

《疫苗管理法》要求相关部门建立疫苗质量、预防接种等信息共享机制，开展疫苗质量和预防接种信息交流。疫苗全生命周期管理涉及药品监管、卫生健康等部门，需要不同监管部门之间信息共享，强化部门之间协同，形成监管合力。

参加疫苗信息交流的主体应当包括主管部门、疫苗上市许可持有人、疾病预防控制机构、接种单位、新闻媒体、科研单位等。信息交流的范围包括疫苗质量和预防接种等信息。信息交流应当遵循科学、客观、及时、公开的原则。

（四）保障公众参与发挥社会监督作用

重视、鼓励、支持公众参与，可以发挥各方力量，有效加强药品管理。为保障公众参与，“两法”从法律层面明确了公众参与药品监管、监管部门接受公众监督的基本要求。一是药品监督管理部门应当积极、认真接受、核实、处理相关咨询、投诉和举报，并按规定予以答复、解释、说明，回应社会和公众关切；还要认真研究相关单位、个人提出的意见、建议，及时解决人民群众关心关注的问题。二是药品监督管理部门在接受、办理举报时，应当依法依纪保守秘密，不得泄露举报内容和举报人的相关信息，更不得通风报信，让被举报单位或者个人事先准备、销毁证据、逃避查处，甚至打击报复。三是查实举报后，要对举报人给予一定奖励，引导和鼓励企业内部工作人员参与药品安全监管，如实、客观反映问题线索。四是被举报单位不得以任何形式对举报人进行打击报复，进一步强调对举报人合法权益的保护。

在监管实践中，对投诉举报信息应当按程序进行深入查证、分析，并根据核实结果依法处理。一方面，药品监督管理部门支持和鼓励举报人从保障公众用药安全角度，客观、真实地反映问题，提供准确清晰的线索。药品监督管理部门将根据举报问题和线索，精准查处和打击药品违法违规行为，并依法保护举报人合法权益，按规定给予奖励。另一方面，药品监督管理部门、政府机关反对为了谋取不正当的商业利益，不实举报、恶意攻讦，扰乱正常的药品监管秩序。经核实属于此类举报的，应当依法追究其法律责任。

六、强化监管能力建设

（一）提升监管队伍素质

提升监管队伍素质是提高药品监管能力和水平，实施最严格监管的重要基础。一方面，要强化专业监管要求，严把监管人员选拔任用关，优化年龄、专业结构。另一方面，要加大培养力度，有计划重点培养高层次审评员、检查员，加强国际化人才培养，实现核心监管人才数量、质量“双提升”。其中，建立职业化专业化药品检查员队伍，是当前乃至今后一段时期的一项急迫任务。

职业化专业化药品检查员，是指经药品监督管理部门认定，依法对行政相对人从事药品研制、生产、经营、使用等活动进行检查，以便作出合规确认和风险研判的专业人员。检查员是药品检查的执行者，是药品质量安全的守门人。职业化专业化药品检查员队伍是建立科学高效药品监管体系的重要支撑力量，是适应新时代医药行业发展和药品监管工作需要的重要人力资源保障。2019 年 7 月，国务院办公厅《关于建立职业化专业化药品检查员队伍的意见》（国办发〔2019〕36 号）对职业化专业化药品检查员队伍建设作出整体部署，要求构建起基本满足药品监管要求的职业化专业化药品检查员队伍体系。“两法”将职业化专业化药品检查员队伍的建立作为药品监督管理的一项基本制度加以明确。

目前，职业化专业化药品检查员队伍建设正在有序开展，并取得初步成效，但检查员队伍数量还有待增加，其检查能力和水平还有待进一步提升，还需要在药品监管实践中强化培训培养，提高实践能力。为适应新形势，满足药品监管工作需要，尤其针对新冠肺炎疫情防控和重大案件查办中暴露的突出问题，各省、自治区、直辖市要结合本地实际情况，依托现有资源加强药品检查机构建设，充实检查员队伍，完善检查员遴选聘用、考核评价、调配使用等工作机制，提高监管能力和水平。

（二）完善监管纪律要求

行政机关是社会管理者，法律在要求其有效行使行政管理权力的同时，也对其有相应约束和限制。“两法”明确了监管部门的职责与权力，同时也规定了“所不为”的内容。

《药品管理法》明确禁止地方保护。药品作为一种商品，其流通应当符合社会主义市场经济的一般规律。商品的自由流通是构建统一开放、竞争有序市场体系的前提条件，是实现市场在资源配置中发挥决定性作用的基础。《药品管理法》明确规定地方人民政府及其药品监督管理部门不得以要求实施药品检验、审批等手段限制或者排斥非本地区药品上市许可持有人、药品生产企业生产的药品进入本地区，以构建全国统一、公平竞争的药品市场，清理妨碍公平竞争的各种限制。

《药品管理法》还明确了对监管部门及其技术机构的纪律规定。禁止药品监督管理部门及其设置或者指定的药品专业技术机构参与药品生产经营活动或者以其名义推荐、监制、监销药品；明确禁止药品监督管理部门及其设置或者指定的药品专业技术机构的工作人员参与药品生产经营活动。这是保证监管部门依法、公正履行监管职责的必然要求。

（三）建设智慧监管体系

建设药品智慧监管体系是推动药品监管体系和能力现代化建设的重要抓手，也是药品监管工作的创新支撑。推进智慧监管体系建设，要把握新形势，承担新使命，面对新要求。重点是要做好五个坚持：一要坚持加强顶层设计，下好规划“先手棋”，确保

“十四五”智慧监管工作起好步、开好局。二要坚持全面视野，统筹考虑全国药品监管系统，切实发挥大数据在风险防控中的作用，形成全国药品智慧监管“一盘棋”。三要坚持智慧服务监管，密切关注法规制度体系新变化，完善智慧监管体系的设计和建设，唱响智慧与监管的“奏鸣曲”。四要坚持智慧监管服务产业发展，大力推进“互联网+”服务，切实提升药品监管政务服务能力和水平，当好产业发展“助推器”。五要坚持智慧监管服务公众健康，为公众提供权威的信息获取渠道，实现智慧监管切实面向人民群众需求，当好满足人民群众需求的“及时雨”。

推进智慧监管体系建设，完善信息化追溯是重中之重。要完善信息化追溯，就需要构建全国药品追溯协同平台，实现药品来源可查、去向可追，切实落实药品上市许可持有人追溯责任，并发挥追溯数据在风险防控、产品召回、应急处置等工作中的作用，提升监管精细化水平。

同时，推进药品全生命周期数字化管理和提升“互联网+”药品监管应用服务水平，也是推进药品智慧监管体系建设的重要任务。前者要求加强药品监管大数据应用，提升从实验室到终端用户全生命周期数据汇集、关联融通、风险研判、信息共享等能力，研究探索基于大数据的关键共性技术与应用，推进监管和产业数字化升级。后者要求推进药品审评审批和证照管理数字化、网络化，并推进各层级、各单位监管业务系统互联互通、共享共用，逐步实现“一网通办”“跨省通办”。

七、积极应对药品监管新挑战

“两法”的实施，对新时代药品监管工作提出了新要求，各级药品监督管理部门需要深刻领会和准确把握药品监管面对的新情况、新问题，顺应监管变革需求，创新监管机制，提升监管能力，切实为广大人民群众严把用药质量和安全关。

（一）统筹基层监管资源形成监管合力

新时期的药品监管面临诸多严峻的挑战，如何统筹基层监管资源，形成药品监管合力，保证基层一线药品监管资源的科学配置和有效使用是监管实践中无法回避的问题。一方面要发挥药品监管的层级协调和联动，形成新体制框架内的“上下一盘棋”；另一方面要切实提升基层队伍的监管能力，保证监管队伍的专业性和稳定性。

长期以来，我国药品监管是以行政区域管辖为基础的事权管理模式，这一体制在有利于充分调动地方行政资源的同时，相当程度上也存在恪守属地监管职责，却疏于考虑监管全局的问题，尤其在跨区域协同监管方面始终是其最突出的“短板”。在《药品管理法》建立的药品上市许可持有人制度下，跨省委托、多点委托生产和销售等将带来异地监管、多点监管的新态势，监管主体、监管程序、监管方式和监管责任等都面临新的变化和挑战。近年来，长三角等地监管部门率先探索跨省委托监管的互通互联机制，尝试在信息公开和联合执法方面协调监管。在全国范围内推进和实施监管协同，需要各方积极探索和大胆实践。

2021年4月，国务院办公厅发布《关于全面加强药品监管能力建设的实施意见》（国办发〔2021〕16号），提出要“加强跨区域跨层级药品监管协同指导，强化国家、省、市、县四级负责药品监管的部门在药品全生命周期的监管协同”。这是国家发展战略对完善药品监管机制的要求，也是新时代赋予药品监管改革的历史使命。为此，需要在大市场组织架构内，进一步构建起人力协调机制、应急指挥机制、绩效考核机制、队伍培训机制等。各地药品监督管理部门要积极探索，加强沟通，积累经验，促进药品监管资源的集聚和融合。

（二）适应制度变革提升药品执法水平

“两法”的监管理念变革与监管机制创新，对药品监管提出了新的要求，如药品GMP和GSP由静态认证调整为动态持续合规，约谈、告诫、联合惩戒、信用档案等监管新措施等，都意味着传统的药品监管模式必须实现转型，药品监管程序和方式必须有新的转变和调整。

“两法”实施还与其他法律法规有着密切联系，应当融会贯通，深入学习领会法律之间的逻辑联系，以便更好依法行政。《刑法修正案（十一）》进一步强化了对监管渎职行为的责任追究；2021年修订的《行政处罚法》完善了行政处罚和刑事司法衔接机制，细化了过罚相当原则，明确“主观无过错不罚”等新的处罚原则。各级药品监督管理部门需要认真学习、深刻理解和严格遵循法律的新要求，严格依法履职，规范监管行为，切实将法律要求落实到位。

（三）细化延伸检查机制和程序

传统的药品监管模式主要是针对已核发许可证企业依法实施监管。随着经济的发展，药品产业不断发生转型和分化，药品供应链多向延伸，生产、经营活动的相关主体日趋复杂。为了适应药品产业变革的新态势，《药品管理法》创设了“延伸监管”的新机制。可以预见，在未来药品监管中，延伸检查将是日常监督检查不可或缺的方式。由于延伸检查是新的监管领域，延伸检查的被检查对象一般也不属于直接被监管主体，如何在监管实践中有效实施延伸检查，如何与其他部门和区域的监管机构进行联合执法，如何对违法责任主体实施有效惩戒，如何通过延伸检查进一步强化药品上市许可持有人责任意识等，是近阶段药品监管实践需要研究面对的新问题。此外，“延伸检查”中跨部门、跨区域的协同和联动也是一个需要探索的问题。

第十章

构建系统完备的法律责任制度

《药品管理法》贯彻落实“四个最严”的要求，全面加大对违法行为的处罚力度，明确规定首负责任制和惩罚性赔偿。《疫苗管理法》全面规定了最严格的法律责任。“两法”通过设定严格的法律责任，完善行政处罚制度，落实违法行为“处罚到人”，提高违法成本，为坚决守住公共安全底线、维护人民群众身体健康和生命安全提供了强有力的法律武器。

一、设定更严格的药品安全法律责任

（一）坚决落实药品安全“四个最严”要求

“两法”在设立法律责任时，坚持严惩重处，大幅提高违法成本，体现了“最严厉的处罚”。具体表现在：

第一，突出对犯罪行为依法追究刑事责任。旗帜鲜明地保持对药品安全犯罪行为的高压态势，把刑事责任放在所有法律责任的首位。《药品管理法》“法律责任”章的首条就明确规定，“违反本法规定，构成犯罪的，依法追究刑事责任”。《疫苗管理法》在“法律责任”章的第一条也明确规定，“违反本法规定，构成犯罪的，依法从重追究刑事责任”。

第二，加大对违法行为的财产罚力度。大幅提高对药品安全违法行为的罚款数额，将原《药品管理法》规定的对违法行为处以货值金额数倍的罚款，提高到数十倍。一般药品最高可处以货值金额30倍的罚款；生产、销售的疫苗属于假药的，最高罚款数额为货值金额的50倍。

第三，明确货值金额计算的下限。原《药品管理法》对无证生产经营药品、生产销售假劣药等违法行为，只规定了按照货值金额处以一定倍数的罚款，并没有规定罚款的下限。实践中对一些生产销售量较大，但产品价格低廉的违法行为，出现罚款几千元甚至几百元的现象，既不严肃，也达不到惩戒效果。对这些违法行为，“两法”明确规定了货值金额计算的最低数额，确定了罚款的下限。

第四，加大资格罚和行为罚力度。对使用假劣药或者未经批准的药品情节严重的使用单位，吊销相关责任人员的执业证书。对假劣药违法行为责任人的行为罚由原来的10年禁业提高到终身禁业，对生产、销售假药被吊销许可证的企业，10年内不受理其相关的申请。同时，增加了对伪造变造许可证、骗取许可证、严重违反质量管理规范行为的责任人的行为罚。

第五，增加人身罚手段。对生产、销售假药或生产、销售劣药且情节严重的，伪造、变造许可证、骗取许可等情节恶劣的行为，可以由公安机关对相关责任人处5日至15日行政拘留。

第六，落实违法行为“处罚到人”要求。对有严重违法行为的企业，在处罚企业的同时，对企业的法定代表人、主要负责人、直接负责的主管人员和其他责任人给予一定的处罚，包括财产罚、资格罚、自由罚等。

第七，建立惩罚性赔偿制度。生产假劣药或者明知是假劣药仍然销售、使用的，受害人或者其近亲属除请求赔偿损失外，还可以请求支付价款10倍或者损失3倍的赔偿金；增加赔偿的金额不足1000元的，为1000元。

（二）深刻汲取长春长生问题疫苗案件教训

长春长生问题疫苗案件发生后，党中央、国务院高度重视，习近平总书记、李克强总理多次作出重要指示批示，要求加快完善疫苗药品监管长效机制，完善法律法规和制度规则。中共中央政治局常务委员会2018年8月16日召开会议，听取关于吉林长春长生公司问题疫苗案件调查及有关问责情况的汇报。会议强调，疫苗关系人民群众健康，关系公共卫生安全和国家安全。要深刻汲取教训，举一反三，重典治乱，去疴除弊，加快完善疫苗药品监管长效机制，坚决守住公共安全底线，坚决维护最广大人民身体健康。要提高违法成本，对那些利欲熏心、无视规则的不法企业，对那些挑战道德和良知底线的人，要严厉打击，从严重判，决不姑息。

《疫苗管理法》将习近平总书记对疫苗药品管理的重要指示批示和党中央关于疫苗管理的重大改革决策部署转化为法律，成为国家意志，对疫苗实行最严格的管理制度，对疫苗研制、生产、流通、预防接种全过程提出严格要求，对疫苗上市前和上市后管理作出全面规定，对疫苗违法行为实行最严厉的处罚，并强化信用监管，对严重失信行为实施联合惩戒。新《药品管理法》同样严格贯彻中央要求，吸收借鉴《疫苗管理法》成果，全面强化药品全生命周期管理，明确地方政府、监管部门、药品上市许可持有人及其主要负责人的责任，从行政、刑事、民事方面进一步作出具体规定，加大违法行为惩处力度，严格责任追究，堵塞漏洞，为进一步加强药品安全监管提供强有力的法治保障。

二、综合运用行政、刑事、民事手段

（一）适应药品监管规律需要“多管齐下”

适应药品作为健康产品的严格监管要求。药品用之得当，可以治病救人；用之不当，将危及健康。药品安全是人民群众最关心、最直接、最现实的利益问题，是需要常抓不懈、不可有丝毫放松的重大民生问题。《药品管理法》第一条明确立法目的是“加强药品管理，保证药品质量，保障公众用药安全和合法权益，保护和促进公众健康”。在现代社会中，公众对药品安全有更高的期望，因此需要多管齐下，通过不同法律责任机制的协同，来维护药品市场秩序，捍卫公众健康。

适应药品作为高风险产品的监管实际需要。药品作为一种特殊商品，存在固有的风险。药品的风险只能被控制、被削减，而无法完全消除，不存在“零风险”的药品。药品的研制、生产、经营、使用各个环节，都可能存在风险。“两法”贯彻风险治理理念，系统构建药品风险评估、风险管理、风险警示、风险监管等制度，并通过行政、刑事、民事责任多管齐下，有效防范药品风险。

药品安全监管，需要对全过程进行严格规范，严格控制风险。这对各个环节的具体管理提出明确要求。相对应地，需要明确违反相应管理要求的法律责任。行政责任追究具有高效、便捷的特点，在药品安全监管中发挥着重要作用。对于严重的药品安全违法行为，及时追究刑事责任，通过最严厉的制裁，可以有效惩戒违法犯罪分子，对其形成震慑。药品安全风险可能是散状的，波及面广，还有可能和其他安全、健康风险叠加，构成复合风险。患者积极主张民事权利，直接让药品生产经营企业或者使用单位承担相应责任，既能切实维护自身权益，也能有效督促相关方严格履行法定义务，全面加强各环节的药品安全管理。

适应疫苗管理的特殊性。疫苗是将病原微生物及其代谢产物，经过人工减毒、灭活或利用基因工程等方法制成的用于预防传染病的自动免疫制剂。疫苗主要应用于健康人群，接种人体后刺激机体免疫系统产生特异性体液免疫、细胞免疫应答，使人体获得对相应病原体的免疫力，以预防、控制传染病的发生、流行。疫苗预防接种制度是保障公众健康的基础性制度。面对全球非传统安全，疫苗在维护国家安全和社会稳定方面发挥了不可替代的作用。

疫苗作为用于健康人的特殊产品，对其安全性的要求是第一位的。基于疫苗的特殊性，需通过设定更为严格的行政、刑事和民事法律责任，对其实施最严格的监管，全方位地保障疫苗安全，打击违法犯罪行为。在行政责任上，《疫苗管理法》对生产、销售假劣疫苗和数据造假等违法行为，设定比《药品管理法》更为严厉的行政处罚。在刑事责任上，明确对违反《疫苗管理法》构成犯罪的，从重追究刑事责任。在民事责任上，既规定疫苗存在质量问题或者违反预防接种相关要求造成损害的，疫苗上市许可持有人、疾病预防控制机构、接种单位应依法承担民事责任，也规定了预防接种异常反应的补偿。

（二）发挥行政法律责任的高效惩处作用

相对于司法程序，行政程序更为直接、快捷和高效。因此，在我国各个领域的监管中，行政管理发挥着重要作用。由于药品领域的相对专业性、技术性，行政管理在规范药品行为、惩治违法、保障药品安全中更是发挥着极为重要的作用。行政法律责任具有惩罚、教育、预防和补救等功能，通过追究行政责任，不仅能惩戒已经发生的违法行为，还能威慑潜在违法者，并教育、引导企业依法规范生产经营。通过依法设定和按程序追究行政法律责任，可以有效规范药品市场秩序，高效惩处违法行为，保障行政机关有效实施行政管理，更好地维护患者权益、公众健康和公共安全。

行政处罚包括申诫罚、财产罚、资格罚、行为罚、人身罚等。2021 年新修改的《行政处罚法》第九条以明示的方式列出了 13 种行政处罚。“两法”充分发挥行政处罚的作用，对各类行政处罚手段均有规定，为行政处罚制度的丰富和完善积累了经验。

申诫罚包括警告和通报批评。其中，警告，是指行政机关对公民、法人或者其他组织违反行政管理法律规范行为的谴责和警示。“两法”都针对违法行为设定了警告。

财产罚包括罚款、没收违法所得、没收非法财物等。在设定药品行政法律责任时，法律加大了对生产、销售假劣药的财产罚力度，提高了罚款倍数和最低罚款数额，以解决违法成本低、处罚力度弱的问题。

资格罚包括暂扣许可证件、降低资质等级、吊销许可证件。法律针对违反药品管理法律规范的行为，设定了吊销药品批准证明文件、药品生产许可证、药品经营许可证、医疗机构制剂许可证或者吊销执业证书的处罚。

行为罚包括限制开展生产经营活动、责令停产停业、责令关闭、限制从业等。针对生产、销售假劣药等违法行为，法律设定了“责令停产停业整顿”；针对未取得许可证生产、经营药品的行为，设定了“责令关闭”。同时也加大了限制从业的力度，对假劣药违法行为责任人，由原来的 10 年禁业提高到终身禁业；对生产、销售假药被吊销许可证的企业，10 年内不受理其相关的申请；生产、销售假药的药品上市许可持有人为境外企业的，10 年内禁止其药品进口。

人身罚主要是行政拘留，是公安机关对违反治安管理法律法规的公民，在短期内限制其人身自由的一种处罚措施，是治安管理处罚中最严厉的一种。《药品管理法》第一百一十八条、第一百二十二条、第一百二十三条、第一百二十四条和《疫苗管理法》第八十条、第八十一条设定了人身罚制度，规定对法定代表人、主要负责人、直接负责的主管人员和其他责任人员，可以由公安机关处以 5 日以上 15 日以下行政拘留。

（三）发挥刑事法律责任的严厉制裁作用

刑法的任务在于用刑罚手段，惩治严重的违法行为，以保护公民人身权利和其他权利，维护社会秩序、经济秩序。刑罚针对的是严重的违法行为。相比于民事责任和行政责任，刑事责任是最严厉的制裁，具有程序严格、惩戒严厉、处理严重、结果严肃等特点。药品安全事关人民群众身体健康和社会公共安全，刑法积极介入，对严重违反药品安全管理要求、构成犯罪的违法行为予以及时惩处，能有效保障社会安全和保护人民群众利益。在 2020 年 12 月 26 日通过的《刑法修正案（十一）》中，对药品安全犯罪有关内容进行了修改完善。

《刑法修正案（十一）》将“生产、销售假药罪”罪名调整为“生产、销售、提供假药罪”，将“生产、销售劣药罪”罪名调整为“生产、销售、提供劣药罪”，增设“妨害药品管理罪”。这些调整，在《药品管理法》对假药、劣药范围进行调整后，继续保持对涉药品犯罪的惩治力度不减。总结长春长生问题疫苗案件经验教训，未取得药品批准证明文件生产、进口药品，以及编造生产检验记录等严重违法行为，被纳入妨害药品管理罪，加大打击力度，优化了药品刑事责任制度，有效保障广大人民群众用药安全。

（四）发挥民事法律责任的直接维权作用

民法是中国特色社会主义法律体系的重要组成部分，是民事领域的基础性、综合性法律，涉及社会和经济生活的方方面面。2020年，我国颁布了《中华人民共和国民法典》（以下简称《民法典》）。《民法典》在中国特色社会主义法律体系中具有重要地位，是一部固根本、稳预期、利长远的基础性法律。药品管理领域同样要贯彻实施《民法典》。《民法典》就药品安全管理有关内容直接作出了规定，如人体基因和胚胎科研活动、生物安全、伦理审查、产品侵权责任等。民事主体依照法律规定或者按照当事人约定履行民事义务，不按照规定履行义务的须依法承担民事责任。民事责任追究在药品安全管理中同样发挥着重要作用。“两法”就损害赔偿责任、首负责任、惩罚性赔偿等也作出明确规定。通过并用《民法典》与药品法律规范中的民事法律规范，督促药品市场主体依法履行民事义务，承担民事责任，以充分保护药品活动中各主体的合法权益，积极维护药品市场秩序。

三、严惩重处药品安全违法行为

（一）大力强化行政法律责任

大幅提高行政罚款数额。药品领域的违法行为多为逐利型，违法者试图通过规避法律、实施不法行为，来攫取高昂的非法经济利益。因此，罚款是药品安全监管中最常用的行政处罚，对违法者剥夺一定的经济利益，以示惩戒。“两法”大幅提高了行政罚款的数额。

一是提高罚款倍数。在药品管理中，对于能确定货值金额、违法所得等基数，且社会危害相对较大，违法行为性质较为恶劣的牟利型违法行为，通常以区间倍率方式设定行政罚款。《药品管理法》大幅度提高了罚款的倍数。例如，对无证生产经营药品的违法行为，将罚款幅度由违法生产、销售药品货值金额的 2 倍至 5 倍提高到货值金额的 15 倍至 30 倍；对生产、销售假药的行为，罚款幅度由违法生产、销售的药品货值金额 2 倍以上 5 倍以下提高到货值金额 15 倍以上 30 倍以下；对生产、销售劣药的行为，将罚款幅度由违法生产、销售的药品货值金额 1 倍以上 3 倍以下提高到货值金额 10 倍以上 20 倍以下。

二是明确最低罚款数额。当以区间倍率方式设定行政罚款时，所选择的基准多为“货值金额”。为了更有效打击违法行为，法律明确了货值金额计算的下限。例如，对无证生产经营以及违法生产、销售假药的违法行为，货值金额不足 10 万元的，按 10 万元计算。违法生产、批发劣药，货值金额不足 10 万元的，按 10 万元计算；违法零售劣药，货值金额不足 1 万元的，按 1 万元计算。生产、销售的疫苗属于假药或者劣药，货值金额不足 50 万元的，按 50 万元计算。

落实违法行为“处罚到人”要求。药品研制、生产、经营、使用等活动的专业性、技术性较高，对活动主体的组织行为和结构要求也较高，通常都是以单位的形式实施。与刑事领域通常是追究直接行为人的刑事责任不同，在行政管理中，对于单位实施的违法行为，通常是将单位作为责任追究的对象。

单位是由人组成的，由自然人进行管理和组织运行；单位的意志，也是通过自然人的行为来体现和表达的。特别是单位的法定代表人、主要负责人、相关的主管人员，对单位的意志表达和行为实施，发挥决定性作用；某项行为实施的具体责任人，也直接影响单位行为的实施。单位违法具有双重性质。首先，单位违法是单位作为一个整体实施的违法行为，违法主体是单位。其次，单位的行为需要由单位的法定代表人、主管人员、直接责任人员等具体人员实施，对于单位的违法行为，这些人员负有不可推卸的责任。

对于部分社会危害程度较高的单位违法行为，不仅应当对单位进行行政处罚，还应当对在单位违法中负有直接责任的单位成员予以惩处。这有利于有效惩罚违法行为，预防单位违法。

“两法”严格贯彻党中央部署要求，对生产销售假劣药、骗取许可证、编造生产检验记录等恶劣违法行为，情节严重的，在对单位予以处罚的同时，对单位的法定代表人、主要责任人、直接负责的主管人员和其他责任人员也予以严厉处罚，包括没收违法行为发生期间所获收入、最高达违法行为实施期间个人收入3倍的罚款和一定期限甚至终身禁止从事药品生产经营活动的处罚。为填补原法律对药品使用单位责任追究的不足，《药品管理法》加强了药品使用单位的责任，在违法行为“处罚到人”方面，规定对有相关违法行为的药品使用单位，还可吊销相关责任人员的执业资格。

系统规定限制从业制度。限制从业，是指根据法律规定，在一定期限内直至终身禁止行政相对人从事某种业务或活动。限制从业制度的思路是，相对人实施了情节严重的违法行为，不再具备从事特定业务活动所需具备的基本信誉或者能力。药品管理领域的限制从业，是指禁止从事药品生产经营活动，既包括对自然人的限制从业，也包括对相关单位一定期限内不受理其相关许可申请、禁止境外企业的药品进口等。

2021 年修订的《行政处罚法》明确将“限制从业”列为行政处罚类型。《药品管理法》第一百一十六条、第一百一十八条、第一百二十二条、第一百二十三条、第一百二十四条、第一百二十五条、第一百二十六条、第一百四十一条和《疫苗管理法》第八十条、第八十一条、第八十二条、第八十六条、第八十七条、第八十八条中，都规定了限制从业的处罚，拓宽了限制从业的范围，增加了限制从业的时间，该时间包括 5 年、10 年直至终身。

为了保障从业限制规定能得以有效实施，《药品管理法》第一百四十条规定，药品上市许可持有人、药品生产企业、药品经营企业或者医疗机构违反本法规定聘用人员的，由药品监督管理部门或者卫生健康主管部门责令解聘，处 5 万元以上 20 万元以下的罚款。

引入行政拘留制度。行政拘留属于人身罚，是由法定的行政机关依法对违反行政法律规范的自然人，在短期内限制人身自由的一种行政处罚。根据《行政处罚法》和相关法律规定，行政拘留只能由法律设定，且在一般治安管理中，行政拘留只能由公安机关实施。

“两法”对生产销售假劣药，伪造、变造或者非法买卖许可证件，骗取许可，生产、进口未获得批准证明文件的药品等违法行为，都规定了对相关责任人员的行政拘留。拘留对象是违法市场主体的“法定代表人、主要负责人、直接负责的主管人员和其他责任人员”，拘留期限是 5 日以上 15 日以下。

强化信用联合惩戒。对失信行为的行政性约束和惩戒方式包括纳入失信记录、提醒告诫、列为重点监管对象、从严审核行政许可、限制获得财政资金和经济支持等公共资源或政策扶持、公开失信信息等。力图通过强化失信惩戒，综合发挥行政监管的协同优势，弥补现有法律约束的不足，促进法律的贯彻实施。

《药品管理法》第一百零五条、《疫苗管理法》第七十二条规定了药品安全信用记录和信用惩戒制度。药品监督管理部门建立药品安全信用档案和信用记录；依法向社会公布药品安全信用档案并及时更新；对疫苗上市许可持有人及其相关人员的严重失信信息加以公示；根据信用记录情况进行分类分级监管；对有不良信用记录的市场主体，依法增加监督检查频次，按照国家规定实施联合惩戒。

（二）调整完善刑事法律责任

1. 将生产、销售假药罪调整为生产、销售、提供假药罪

虽然在行政管理中，对药品使用单位使用假劣药有明确的处罚规定，但是《刑法》对药品使用单位人员的刑事责任约束相对不足。司法机关司法解释将医疗机构及其工作人员明知是假劣药而有偿提供的行为认定为“销售”。《刑法修正案（十一）》中，对涉药犯罪罪名名称和内容进行了修正，将《刑法》第一百四十一条规定的“生产、销售假药罪”调整为“生产、销售、提供假药罪”。明确规定，“药品使用单位的人员明知是假药而提供给他人使用的，依照前款的规定处罚”。

2. 将生产、销售劣药罪调整为生产、销售、提供劣药罪

《刑法修正案（十一）》将《刑法》第一百四十二条规定的“生产、销售劣药罪”，调整为“生产、销售、提供劣药罪”。与《刑法》第一百四十一条第二款类似，《刑法》第一百四十二条第二

款新设规定，“药品使用单位的人员明知是劣药而提供给他人使用的，依照前款的规定处罚”。

3. 增设妨害药品管理罪

《药品管理法》对假药、劣药的定义和范围作了调整，删除了“按假药论处”“按劣药论处”的分类，将药品质量功效作为定义假劣药的主要标准，对违反药品管理秩序未经批准生产、进口药品等，不再以假药论处，而是规定了另外的法律责任。这一修改直接影响了刑法相关规定的适用。之前“按假药论处”“按劣药论处”的情形，如国务院药品监督管理部门禁止使用的药品、必须批准而未经批准生产进口的药品、必须检验而未经检验即销售的药品、使用必须批准而未经批准的原料药生产的药品、使用未经批准的直接接触药品的包装材料和容器生产的药品等，如何追究刑事责任，在刑法上留下了空白。需要对违反药品管理秩序的行为明确刑法适用。为与修订后的《药品管理法》相衔接，同时总结长春长生问题疫苗案件经验教训，《刑法修正案（十一）》将一些此前以假药论处的情形以及社会危害性相对较高的行为单独规定为一类犯罪，即妨害药品管理罪。

《刑法》第一百四十二条之一第一款规定，违反药品管理法规，有下列情形之一，足以严重危害人体健康的，处3年以下有期徒刑或者拘役，并处或者单处罚金；对人体健康造成严重危害或者有其他严重情节的，处3年以上7年以下有期徒刑，并处罚金：（1）生产、销售国务院药品监督管理部门禁止使用的药品的；（2）未取得药品相关批准证明文件生产、进口药品或者明知是上述药品而销售的；（3）药品申请注册中提供虚假的证明、数据、资料、样品或者采取其他欺骗手段的；（4）编造生产、检验记录的。

2020年《刑法》第一百四十二条之一规定的犯罪情形中，有的属于原《药品管理法》“按假药论处”的情形，在《刑法》修正和《药品管理法》修订前，当发生这些行为时，适用“生产、销售假药罪”，为行为犯，只要有行为发生，即至少处3年以下有期徒刑或者拘役，并处罚金，致人死亡或者有其他特别严重情节的，处10年以上有期徒刑、无期徒刑或者死刑，并处罚金或者没收财产。《刑法》第一百四十二条之一第一款规定，将法定刑设置为两档：一档是3年以下有期徒刑或者拘役，并处或者单处罚金，以“足以严重危害人体健康”为条件，系危险犯；另一档是3年以上7年以下有期徒刑，并处罚金，则以“对人体健康造成严重危害或者有其他严重情节的”为条件，系结果犯。相较之前生产、销售假药罪，由此前的行为犯变为危险犯或结果犯，构成犯罪的门槛提高，对犯罪的量刑也减轻，刑期相对较短。对于法律修改前实施的这些行为，按照从旧兼从轻的原则，若不再构成生产、销售假药罪，符合妨害药品管理罪构成要件的，应按妨害药品管理罪追究刑事责任。

但是这些行为有可能同时也构成生产、销售假药或者劣药罪。《刑法》第一百四十二条之一第二款规定，“有前款行为，同时又构成本法第一百四十一条、第一百四十二条规定之罪或者其他犯罪的，依照处罚较重的规定定罪处罚”。当涉及的药品经鉴定属于假药、劣药的，应当在生产、销售假药罪或者生产、销售劣药罪与妨害药品管理罪中从一重罪处罚。

4. 对疫苗犯罪从重追究刑事责任

2014年最高人民法院、最高人民检察院《关于办理危害药品安全刑事案件适用法律若干问题的解释》（法释〔2014〕14号）明确规定，生产、销售的假药属于疫苗的，应当“酌情从重处罚”。《疫苗管理法》对生产、销售假劣疫苗等行为，除规定比一般药品违法行为更严厉的行政处罚外，明确规定，构成犯罪的，依法从重追究刑事责任。因此，对违反《疫苗管理法》，构成犯罪的行为，在刑法规定的定罪量刑幅度内，应当依法从重追究刑事责任。

（三）健全民事法律责任

1. 完善损害赔偿责任

《药品管理法》第一百四十四条第一款规定，药品上市许可持有人、药品生产企业、药品经营企业或者医疗机构违反本法规定，给用药者造成损害的，依法承担赔偿责任。在药品损害赔偿责任的认定中，应适用《民法典》关于损害赔偿责任和赔偿方式的规定。

作为药品管理的特别法律规范，《疫苗管理法》第九十六条规定了疫苗损害赔偿责任。因疫苗质量问题造成受种者损害的，疫苗上市许可持有人应当依法承担赔偿责任；疾病预防控制机构、接种单位因违反预防接种工作规范、免疫程序、疫苗使用指导原则、接种方案，造成受种者损害的，应当依法承担赔偿责任。与此同时，其第六十八条明确实行疫苗责任强制保险制度，疫苗上市许可持有人应当按照规定投保疫苗责任强制保险，因疫苗质量问题造成受种者损害的，保险公司在承保责任限额内予以赔付。

2. 明确首负责任制

《药品管理法》第一百四十四条第二款规定，因药品质量问题受到损害的，受害人可以向药品上市许可持有人、药品生产企业请求赔偿损失，也可以向药品经营企业、医疗机构请求赔偿损失。接到受害人赔偿请求的，应当实行首负责任制，先行赔付；先行赔付后，可以依法追偿。首负责任制的目的在于便利受害人求偿，防止药品上市许可持有人、药品生产企业、药品经营企业、医疗机构之间相互推诿，也有助于督促药品全生命周期各环节的主体依法履行质量管理职责。

首负责任者先行赔付，并不意味着其要承担最终的赔偿责任。先行赔付后，相关主体可以依法向负有最终责任的主体进行追偿。《民法典》第一千二百零三条第二款规定："产品缺陷由生产者造成的，销售者赔偿后，有权向生产者追偿。因销售者的过错使产品存在缺陷的，生产者赔偿后，有权向销售者追偿。"

3. 建立惩罚性赔偿制度

惩罚性赔偿，是指赔偿数额超出实际损害数额的赔偿，是与补偿性赔偿相对应的一项特殊民事赔偿制度。在药品管理领域，针对特定违法行为引入惩罚性赔偿，有助于弥补公共资源的不足，发挥个体维护自身权益的优势，在维护患者自身权益的同时，对违法者予以一定的惩罚。

《民法典》第一千二百零七条规定："明知产品存在缺陷仍然生产、销售，或者没有依据前条规定采取有效补救措施，造成他人死亡或者健康严重损害的，被侵权人有权请求相应的惩罚性赔偿。"《药品管理法》对药品领域的惩罚性赔偿予以了进一步明确。第一，惩罚性赔偿针对的对象是"生产假药、劣药或者明知是假药、劣药仍然销售、使用的"法人、其他组织或者自然人。第二，请求惩罚性赔偿的主体为受害人或者其近亲属。第三，惩罚性赔偿的赔偿金计算方式是选择式的，可以请求支付价款 10 倍或者损失 3 倍的赔偿金；增加赔偿的金额不足 1000 元的，为 1000 元。药品领域的惩罚性赔偿，以存在相应违法行为为前提，但不以实际损害后果的发生为要件。

四、明确各种违法行为的行政责任

法律责任是行为规范的“牙齿”，未设定相应法律责任的行为规范将丧失其强制力与威慑力。《药品管理法》近乎无疏漏地针对义务性行为规范设定了相应的法律责任。

（一）无证生产、销售药品行为的法律责任

《药品管理法》第四十一条、第五十一条和第七十四条分别规定了药品生产许可证制度、药品经营许可证制度、医疗机构制剂许可证制度。第一百一十五条对应规定了无证生产、销售药品行为的法律责任，行政处罚类型包括责令关闭、没收和罚款。对未取得药品生产许可证、药品经营许可证或者医疗机构制剂许可证生产、销售药品的，应当责令关闭其“黑工厂”“黑窝点”，没收违法生产、销售的药品和违法所得，并处违法生产、销售的药品（包括已售出和未售出的药品，下同）货值金额15倍以上30倍以下的罚款；货值金额不足10万元的，按10万元计算。

（二）生产、销售、使用假劣药等行为的法律责任

新《药品管理法》删除了“按假药论处”“按劣药论处”的分类，主要以药品质量功效为标准，回归假劣药的本质，并设定了相应法律责任。

1. 生产、销售假药行为的法律责任

根据《药品管理法》第九十八条的规定，假药包括四种情形：药品所含成份与国家药品标准规定的成份不符、以非药品冒充药品或者以他种药品冒充此种药品、变质的药品、药品所标明的适应症或者功能主治超出规定范围的药品。《药品管理法》第一百一十六条、第一百一十八条规定了生产、销售假药行为的法律责任，行政处罚类型包括没收、罚款、资格罚、责令停产停业、限制从业、人身罚，并且明确违法行为“处罚到人”。生产、销售假药的，没收违法生产、销售的药品和违法所得，责令停产停业整顿，吊销药品批准证明文件，并处违法生产、销售的药品货值金额 15 倍以上 30 倍以下的罚款；货值金额不足 10 万元的，按 10 万元计算；情节严重的，吊销药品生产许可证、药品经营许可证或者医疗机构制剂许可证，10 年内不受理其相应申请；药品上市许可持有人为境外企业的，10 年内禁止其药品进口。对法定代表人、主要负责人、直接负责的主管人员和其他责任人员，没收违法行为发生期间自本单位所获收入，并处所获收入 30% 以上 3 倍以下的罚款，终身禁止从事药品生产经营活动，并可由公安机关处 5 日以上 15 日以下的拘留。

2. 生产、销售劣药行为的法律责任

与劣药对应的应当是合格药品，即质量与药品标准要求一致的药品，因此，劣药是指质量不符合药品标准的药品。《药品管理法》规定的劣药包括七种情形：药品成份的含量不符合国家药品标准；被污染的药品；未标明或者更改有效期的药品；未注明或者更改产品批号的药品；超过有效期的药品；擅自添加防腐剂、辅料的药品；其他不符合药品标准的药品。

《药品管理法》第一百一十七条第一款、第一百一十八条规定了生产、销售劣药行为的法律责任，行政处罚类型包括没收、罚款、资格罚、责令停产停业、限制从业、人身罚，并且明确违法行为“处罚到人”。生产、销售劣药的，没收违法生产、销售的药品和违法所得，并处违法生产、销售的药品货值金额 10 倍以上 20 倍以下的罚款；违法生产、批发的药品货值金额不足 10 万元的，按 10 万元计算，违法零售的药品货值金额不足 1 万元的，按 1 万元计算；情节严重的，责令停产停业整顿直至吊销药品批准证明文件、药品生产许可证、药品经营许可证或者医疗机构制剂许可证。生产、销售劣药且情节严重的，对法定代表人、主要负责人、直接负责的主管人员和其他责任人员，没收违法行为发生期间自本单位所获收入，并处所获收入 30% 以上 3 倍以下的罚款，终身禁止从事药品生产经营活动，并可由公安机关处 5 日以上 15 日以下的拘留。

3. 药品使用单位使用假劣药的法律责任

《药品管理法》第一百一十九条规定了药品使用单位使用假劣药的法律责任。药品使用单位包括医疗机构、戒毒所等使用药品的单位。《药品管理法》第六章对医疗机构药事管理作了规定。药品使用单位使用假药的，按照销售假药的规定处罚，适用《药品管理法》第一百一十六条、第一百一十八条等规定；药品使用单位使用劣药的，按照零售劣药的规定处罚，适用《药品管理法》第一百一十七条、第一百一十八条等规定，违法零售的药品货值金额不足 1 万元的，按 1 万元计算。

4. 为生产、销售假劣药等提供便利行为的法律责任

《药品管理法》第一百二十条规定了为生产、销售假劣药等提

供便利的违法行为法律责任。需要指出的是，在行政处罚时，应当考虑当事人的主观状态，即要求行为人知道或者应当知道属于违法的药品。为药品生产经营者等提供储存、运输等服务的单位或者个人，不知道所储存、运输药品为假劣药的，应当区别对待。

对于主观上知道或者应当知道属于假药、劣药或者《药品管理法》第一百二十四条第一款第一项至第五项规定的药品，而为其提供储存、运输等便利条件的，处罚包括没收全部储存、运输收入，并处违法收入 1 倍以上 5 倍以下的罚款；情节严重的，并处违法收入 5 倍以上 15 倍以下的罚款；违法收入不足 5 万元的，按 5 万元计算。与修订前按违法收入的 50% 以上 3 倍以下处以罚款相比，此次修订大幅提高了罚款幅度。

（三）针对违法行为设定相应法律责任

对违反行为规范的行为设定相应法律责任，可以实现特别威慑和一般威慑的结合。特别威慑，是指通过对违法行为的处罚，使违法者难以再次违反行政法上的义务；一般威慑，是指通过对违法行为的处罚，使其他同样从事相应生产经营活动的市场主体，感受到违法行为可能带来的不利后果，进而减少未来发生违法行为的概率。

《药品管理法》第一百二十二条针对伪造、变造、出租、出借、非法买卖许可证或者药品批准证明文件的行为，设定了法律责任，包括一般情况下对单位的处罚，以及情节严重情况下对单位及其责任人员的处罚。

《药品管理法》第一百二十三条针对提供虚假的证明、数据、资料、样品或者采取其他手段骗取临床试验许可、药品生产许可、药品经营许可、医疗机构制剂许可或者药品注册等许可的违法行为，规定撤销相关许可，并追究相应法律责任。

《药品管理法》第一百二十四条规定了对七种违法行为的处罚。包括:（1）未取得药品批准证明文件生产、进口药品，对应第九十八条禁止未取得药品批准证明文件生产、进口药品的义务规定;（2）使用采取欺骗手段取得的药品批准证明文件生产、进口药品，对应第二十四条“申请药品注册，应当提供真实、充分、可靠的证据”的规定;（3）使用未经审评审批的原料药生产药品，对应第九十八条“禁止使用未按照规定审评、审批的原料药……生产药品”的规定;（4）应当检验而未经检验即销售药品，对应第六十八条相关药品应当经指定药品检验机构检验的规定;（5）生产、销售国务院药品监督管理部门禁止使用的药品，对应第六十七条、第八十三条中对禁止使用药品的规定;（6）编造生产、检验记录，对应第四十四条第一款“生产、检验记录应当完整准确，不得编造”的规定;（7）未经批准在药品生产过程中进行重大变更，对应第七十九条“重大变更的，应当经国务院药品监督管理部门批准”的规定。

《药品管理法》第一百二十五条规定了未经批准开展药物临床试验，使用未经审评的直接接触药品的包装材料或者容器生产药品或者销售该类药品，使用未经核准的标签、说明书等三种违法行为的法律责任。分别对应第十九条关于药物临床试验审批的规定，第二十五条直接接触药品的包装材料和容器需一并审评的规定，以及第九十八条禁止使用未按照规定审评审批的包装材料和容器生产药品的规定，第二十五条关于药品标签、说明书核准的规定。

《药品管理法》第十七条、第四十二条、第四十三条、第五十二条、第五十三条，分别规定了药物非临床研究质量管理规范、药物临床试验质量管理规范、药品生产质量管理规范、药品经营质量管理规范，并将这些质量管理规范作为药品相关活动的基本遵循。《药品管理法》第一百二十六条对未遵守这些质量管理规范的行为，设定了相应的法律责任。

此外，《药品管理法》第一百二十七条对开展生物等效性试验未备案等 7 种违法行为设定法律责任。第一百二十八条就药品包装未按照规定印有、贴有标签或者附有说明书，标签、说明书未按照规定注明相关信息或者印有规定标志的行为，设定了法律责任。第一百二十九条规定了相关主体未从合法渠道购进药品的法律责任。第一百三十条对购销药品未按照规定进行记录，零售药品未正确说明用法、用量等事项，未按照规定调剂处方的违法行为，设定了法律责任。第一百三十一条针对药品网络交易第三方平台提供者未履行资质审核义务、报告义务和停止提供网络交易平台服务义务的违法行为，设定了法律责任。第一百三十二条规定了进口药品未按照规定备案的法律责任。第一百三十三条规定了医疗机构将配制制剂在市场上销售的法律责任。第一百三十四条就未按规定开展药品不良反应监测或报告疑似药品不良反应，设定了法律责任。第一百三十五条就拒不召回存在质量问题或其他安全隐患药品的行为，设定了法律责任。

五、破解法律责任制度落实重点难点问题

（一）进一步完善行刑衔接机制

建立行政执法与刑事司法的有效衔接，可以使违法犯罪行为得

到应有、充分的惩罚。《行政处罚法》明确规定禁止以罚代刑，第八条第二款规定“违法行为构成犯罪，应当依法追究刑事责任的，不得以行政处罚代替刑事处罚”。

《药品管理法》第一百一十三条对药品监管行刑衔接作出明确规定，对行政机关为司法机关提供协助、支持提出明确要求。这些规定，对案件移交程序、违法案件信息共享机制、行政机关办案标准、证据转化、涉案物品处置等提出了新的、更高的要求。未来应当进一步规范案件移送程序，药品监管部门、公安机关、人民检察院应当积极协作，建设行政执法与刑事司法衔接信息共享平台，逐步实现涉嫌犯罪案件的网上移送、网上受理、网上监督。药品监管部门还要提高案件办理水平，细化调查取证要求，严格证据获取程序，确保行政执法中依法收集的物证、书证、视听资料、电子数据、检验报告、鉴定意见、勘验笔录、检查笔录等证据材料在司法程序中的证明效力。

（二）准确理解质量检验结论在假劣药处罚中的证据地位

原《药品管理法》规定，对假药、劣药的处罚通知，必须载明药品检验机构的质量检验结果，但是原《药品管理法》第四十八条第三款第一项、第二项、第五项、第六项和第四十九条第三款规定的情形除外，即国务院药品监督管理部门规定禁止使用的药品，依照法律必须批准而未经批准生产进口的药品、必须检验而未经检验即销售的药品、使用依法必须取得批准文号而未取得批准文号的原料药生产的药品、所标明的适应症或者功能主治超出规定范围的药品，以及按劣药论处的药品，这些情形无须载明质量检验结果。原因是，这些假药、劣药是不需要经过检验即可判定的。

《药品管理法》第一百二十一条规定，“对假药、劣药的处罚决定，应当依法载明药品检验机构的质量检验结论”。法律颁布后，有观点认为，按照这一规定，所有假劣药的处罚决定，都要载明质量检验结论。这种观点割裂了案件查办对证据的基本要求和假劣药处罚的证据要求，是片面的、不准确的。载明质量检验结论，旨在切实保护相对人的合法权益，保证行政处罚的准确、公正，质量检验结论属于证据，但并不是唯一的证据。“依法载明”，是依据《行政处罚法》对证据的基本要求，以及相关法律、法规、规章的规定。最高人民法院、最高人民检察院《关于办理危害药品安全刑事案件适用法律若干问题的解释》（法释〔2014〕14号）第十四条规定：是否属于假药、劣药难以确定的，司法机关可以根据地市级以上药品监督管理部门出具的认定意见等相关材料进行认定；必要时，可以委托省级以上药品监督管理部门设置或者确定的药品检验机构进行检验。

对《药品管理法》第九十八条第二款第四项“药品所标明的适应症或者功能主治超出规定范围”以及第九十八条第三款第三项至第五项“未标明或更改有效期的药品”“未注明或更改产品批号的药品”“超过有效期的药品”，这些情形非常直观，只需要事实认定，不需要对涉案药品进行检验，处罚决定无须载明质量检验结论。对于假劣药的其他情形，在行政处罚过程中，应当依法开展调查和取证工作，通过原材料采购记录、投料记录等能充分证明，准确认定事实的，也可以不经检验。2020年7月国家药监局综合司《关于假药劣药认定有关问题的复函》（药监综法函〔2020〕431号），明确了假劣药认定的有关问题。

总之，对违法行为的事实认定，应当以合法、有效、充分的证据为基础，药品质量检验结论并非认定违法行为的必要证据，除非法律、法规、规章等明确规定对涉案药品依法进行检验并根据质量检验结论才能认定违法事实，或者不对涉案药品依法进行检验就无法对案件所涉事实予以认定。如对“黑窝点”生产的药品，是否需要进行质量检验，应当根据案件调查取证的情况具体案件具体分析。这对药品监管部门在案件查办中的调查取证工作提出了更高的要求，需要着力提高执法人员办案水平。

（三）科学把握对中药饮片不符合药品标准的处罚

国家药品标准和省级药品监督管理部门依法制定的地方中药饮片炮制规范作为药品标准，都是强制性标准。《药品管理法》第四十四条第二款规定，中药饮片不符合国家药品标准，或者不按照省级药品监督管理部门制定的炮制规范炮制的，不得出厂、销售。中药饮片是中药的组成部分，在法律修订过程中，相关方面对中药饮片的管理问题高度重视，药品监管部门和立法机关均组织开展了专门的调研论证工作。药品标准中对中药饮片的规定涉及方方面面，有些规定，如性状项的大小、表面色泽，检查项中的水分、灰分等，从规范中药饮片质量角度确有必要，但在一定幅度内，不符合这些要求对中药饮片的质量并没有实质性影响，对这些情形的处理，应当有所区别。但严格来说，这也属于不符合药品标准的要求，一些地方按照法律规定也予以了处理。调研中了解到，在一些地方通过抽检发现的劣药案件中，中药饮片的案件占 80% 以上，其中很大一部分属于不影响中药饮片实质质量的指标不符合要求这种情形。对这些行为的处罚，一方面影响法律的严肃性，另一方面也影响法律的贯彻实施效果。

《药品管理法》充分考虑中药饮片的特点，对中药饮片不符合标准的现象，没有简单地按照生产、销售劣药的行为进行处罚。第一百一十七条第二款明确，生产、销售的中药饮片不符合药品标准，尚不影响安全性、有效性的，责令限期改正，给予警告；可以处 10 万元以上 50 万元以下罚款。

如果中药饮片所含成份与国家药品标准规定成份不符，或者变质、被污染，显然影响中药饮片安全性、有效性，应当按照生产、销售假药或者劣药给予处罚。对于未标明或者更改有效期、未注明或者更改产品批号、超过有效期的，则属于明显违反法律规定的行为，影响中药饮片的安全使用，应当按照生产、销售劣药给予处罚。“不符合药品标准，尚不影响安全性、有效性”，主要是指根据《药品管理法》第九十八条第三款第七项规定的“其他不符合药品标准的情形”。对此行为给予相对较轻的处罚，是考虑我国中药饮片产业的实际情况，也是过罚相当原则的体现。是否对生产、销售中药饮片的相应行为进行罚款，可根据违法情节轻重、影响范围等，结合具体案情决定。这就给药品监管部门的中药饮片监管执法工作带来新的挑战。发现中药饮片质量指标不符合药品标准要求的，需要判断是否影响中药饮片的安全有效。对此，不少地方已经进行了积极探索，需要认真总结，逐步实现统一规范。

（四）严格落实对单位违法的“处罚到人”

通过引入对单位违法的“双罚”制度，实现违法行为“处罚到人”，有助于有效惩罚和预防违法行为。“两法”不仅明确了对单位的处罚，也对法定代表人或者主要负责人、直接负责的主管人员和其他责任人员设定了没收收入、罚款、吊销执业证书、10 年直至终身禁业、行政拘留等处罚。实施违法行为“处罚到人”，要严格按照法律规定，符合规定情形时，对规定范围的自然人予以处罚。

通常“处罚到人”的情形，要求违法行为情节严重，处罚对象为有关责任人员。这要求药品监管部门首先要深入调查，准确认定违法事实和情节，然后要准确界定对违法行为负直接责任的主管人员和具体责任人员。此外，对于行政拘留的实施，还要求与公安机关之间建立有效的衔接机制。虽然法律中只是规定“可以由公安机关”处以拘留，但药品监管部门应当根据相关责任人员在违法行为中起到的具体作用、实施的具体行为，参考治安管理相关规定，对是否应当予以拘留作出初步判定。其认为需要拘留的，应将案件相关材料以及具体建议移交公安机关，由公安机关按程序具体作出和执行行政拘留。

（五）坚持药品上市许可持有人承担主体责任

《药品管理法》系统规定了药品上市许可持有人制度，厘清和落实药品全生命周期中各参与主体的法律责任。药品上市许可持有人依法对药品研制、生产、经营、使用全过程中药品的安全性、有效性和质量可控性负责，对药品的非临床研究、临床试验、生产经营、上市后研究、不良反应监测及报告与处理等承担责任。《药品管理法》对药品上市许可持有人建立质量保证体系、生产药品管理和上市放行、自行或委托销售药品管理、委托储存和运输管理、药品追溯、年度报告等加以系统规定；并明确药品上市许可持有人的法定代表人、主要负责人对药品质量全面负责。

当药品上市许可持有人为境外企业时，由于企业在我国境内没有经营场所、财产，需要有一个我国境内的责任主体来具体履行相应义务。《药品管理法》第三十八条规定，药品上市许可持有人为境外企业的，应当由其指定的在中国境内的企业法人履行药品上市许可持有人义务，与药品上市许可持有人承担连带责任。这有助于强化药品上市许可持有人对药品质量安全的主体责任，有助于形成以药品上市许可持有人为核心的全过程、全链条监管模式，落实对境外药品上市许可持有人履行法律责任的监管要求。

当药品安全性、有效性出现问题时，应当厘清相关主体的责任，坚持落实药品上市许可持有人的主体责任、其他相关主体在各自范围内的相应责任。特别是在委托生产、销售情况下以及境外药品上市许可持有人和其境内代理人的责任认定时，应当明确，主体责任或者最终责任由药品上市许可持有人承担，受委托方存在违反相关质量管理规范或者其他违法行为的，对这些行为依法承担责任。对于进口药品，境内代理人没有履行药品上市许可持有人应当履行的义务的，依法承担责任，但并不能因此免除境外药品上市许可持有人的法律责任。如果境内代理人严格履行了药品上市许可持有人的义务，则不应当承担法律责任。

六、严格规范行政执法行为

“徒善不足以为政，徒法不足以自行。”厉行法治的基本要求是科学立法、严格执法、公正司法、全民守法。法律颁布实施后，必须做到严格执法，切实做到执法必严、违法必究。同时，还应当贯彻行政处罚的基本要求，做到过罚相当、宽严相济，实现保障人民健康、鼓励药物创新、促进产业发展的有机统一。

（一）各部门依法履行职责

《药品管理法》第一百三十九条规定，第一百一十五条至第一百三十八条规定的行政处罚，由县级以上人民政府药品监督管理部门按照职责分工决定。这实际上明确了对这些违法行为的处罚应由药品监管部门实施。第一百四十条至第一百四十三条、第一百四十六条，规定了相关违法行为分别由药品监管部门、卫生健康主管部门、市场监督管理部门、公安机关等实施。

对于由药品监管部门实施的处罚，上下各级应当按照相应的事权来分别具体实施。县级以上人民政府药品监管部门根据“三定”方案和《行政处罚法》等法律、法规、规章有关案件管辖的规定，明确具体职责分工。

根据《行政许可法》的规定，行政机关在作出行政许可决定后，还应当建立健全监督制度，履行监督责任，对被许可人从事行政许可事项的活动实施有效监督。《药品管理法》规定的吊销药品生产许可证、药品经营许可证、医疗机构制剂许可证、药品批准证明文件、药品临床试验许可等，由原批准、发证部门决定。这是“谁审批，谁监管”原则的具体体现。

（二）严格对监管者的责任追究

“两法”不仅进一步明确了药品市场主体的法律责任，还明确了地方政府、药品监管部门、药品专业技术机构以及相应人员的责任，回应了“谁来监管监管者”的问题，完善了监管权力运行制约与监督机制，使行政问责机制制度化、体系化、法治化。

根据《药品管理法》第一百四十八条和《疫苗管理法》第

九十四条的规定，当县级以上地方人民政府有下列情形时，对直接负责的主管人员和其他责任人员可以处以记过、记大过、降级、撤职或者开除处分：（1）瞒报、谎报、缓报、漏报药品安全事件、疫苗安全事件；（2）未及时消除区域性重大药品安全隐患，造成本行政区域内发生特别重大药品安全事件、疫苗安全事故，或者连续发生重大药品安全事件、疫苗安全事故；（3）履行职责不力，造成严重不良影响或者重大损失；（4）干扰、阻碍对疫苗违法行为或者疫苗安全事件的调查。疫苗监管如有上述情形，且造成严重后果的，地方人民政府的主要负责人应当引咎辞职。

《药品管理法》第一百四十七条针对药品监管部门对不符合条件者给予许可的情况，设定了相应法律责任，包括对直接负责的主管人员和其他直接责任人员依法给予处分。《药品管理法》第一百四十九条规定了药品监督管理等部门不履行监督管理职责造成严重影响或者重大损失的法律责任。《疫苗管理法》第九十五条规定了药品监督管理部门、卫生健康主管部门等未履行疫苗监督管理职责行为的法律责任。《药品管理法》第一百五十条规定了药品监督管理人员滥用职权、徇私舞弊、玩忽职守的法律责任，并规定查处假药、劣药违法行为有失职、渎职行为的，对药品监督管理部门直接负责的主管人员和其他直接责任人员依法从重给予处分。上述违法行为，对相关人员可以依法给予记过、记大过、降级、撤职乃至开除等处分。

《药品管理法》第一百四十五条规定了药品专业技术机构及其工作人员参与药品生产经营的法律责任。对于药品专业技术机构参与药品生产经营活动的，由上级主管机关责令改正，没收违法收入，情节严重的，对直接负责的主管人员和其他直接责任人员依法给予处分。第一百三十八条规定了药品检验机构出具虚假检验报告的法律责任，对此违法行为责令改正，给予警告，对单位并处 20 万元以上 100 万元以下的罚款；情节严重的，撤销检验资格；对直接负责的主管人员和其他直接责任人员依法给予降级、撤职、开除处分，没收违法所得，并处 5 万元以下的罚款。药品检验机构出具检验结果不实，造成损失的，应当承担相应赔偿责任。第一百四十六条对药品检验机构在药品监督检验中违法收取检验费用的行为设定法律责任，要求责令退还违法收取的检验费用，对直接负责的主管人员和其他直接责任人员依法给予处分；情节严重的，撤销检验机构的检验资格。

《药品管理法》对药品监管部门及其工作人员的责任追究，是以明确监管职责为基础的，遵循职权法定、权责一致、过罚相当、约束与激励并重、惩戒与教育相结合的原则，做到失职追责、尽职免责。追究药品监管部门及其工作人员责任，要求其主观上具有故意或者重大过失，客观上存在违法履行行政执法职责的行为，造成一定的危害后果，且违法行为与危害后果之间具有因果关系。为激励干部担当作为，国家同时建立了容错纠错机制，对行为本身不违法、不具有因果关系等情形，不构成行政执法过错的，不应追究行政责任。对于改革创新中的容错情形，行为本身可能构成执法过错，但符合法定条件的，免予或者不予追究行政责任。

（三）规范行政处罚的裁量适用

《行政处罚法》第五条第二款规定，设定和实施行政处罚必须以事实为依据，与违法行为的事实、性质、情节以及社会危害程度相当。这就是行政法学上的比例原则。在药品监管行政处罚中，行政机关在决定处罚方式和处罚幅度方面，应当根据案件的具体事实、性质、情节、社会危害，合法合理地确定具体的处罚。因此，各级药品监管部门应当明确行政处罚裁量适用规则，细化从轻处罚、减轻处罚、不予处罚、从重处罚等各类情形，体现过罚相当，更为精准地打击违法犯罪行为，实现法律效果和社会效果的有机统一。

1. 法定与酌定从轻、减轻或者不予处罚的依法减免处罚

从轻处罚，是指行政机关在依法可以选择的处罚方式和处罚幅度内，适用较轻、较少的处罚种类；或者在一种处罚方式内，选择较低的处罚幅度进行处罚。减轻处罚，是指行政机关在法定的处罚方式和处罚幅度最低限度以下，对违法行为人适用处罚。不予处罚，是指因存在法定事由，行政机关对某些违法行为不予追究行为人的法律责任。

从轻、减轻、不予处罚的情形可以分为法定情形和酌定情形。法定情形，是指法律、法规明确规定应当予以从轻、减轻或者不予处罚的情形。当存在这些情形时，行政机关必须在法定处罚幅度内从轻、减轻或者依法不予处罚。酌定情形，是指法律、法规规定可以从轻、减轻或者不予处罚的情形。当出现这些情形时，行政机关根据案件的情节、性质、后果，决定是否予以从轻、减轻或者不予处罚。对于不存在从重处罚情形，案件性质不严重、危害后果不大的，通常予以从轻或者减轻甚至不予处罚。

当事人积极配合行政机关调查，如实陈述事实并主动提供证据材料，在共同违法行为中起次要或辅助作用等情况，可以依法从轻或者减轻行政处罚。尚未完全丧失辨认或者控制自己行为能力的精

神病人、智力残疾人有违法行为的，可以从轻或者减轻行政处罚。初次违法且危害后果轻微并及时纠正的，可以不予行政处罚。《药品管理法》第一百二十四条第三款规定，未经批准进口少量境外已合法上市的药品，情节较轻的，可以依法减轻或者免予处罚。《药品管理法实施条例》规定，药品经营企业、医疗机构没有违反法律法规，并有充分证据证明其不知道所销售或者使用的药品为假劣药的，应当没收其销售或者使用的假劣药和违法所得，但可以免除其他行政处罚。

2. 法定从重处罚的依法从严处罚

从重处罚，是指行政机关在法定的处罚方式和处罚幅度内，对违法行为人选择较重的处罚方式，或者在允许的罚款幅度内选择较高的处罚幅度进行处罚。从重处罚是贯彻“四个最严”的要求，通过实施最严厉的处罚，捍卫公众用药安全。从重处罚应当依法进行，不得超出法定范围。

《药品管理法》第一百三十七条规定，对六种违法行为应当从重处罚。第一，以麻醉药品、精神药品、医疗用毒性药品、放射性药品、药品类易制毒化学品冒充其他药品，或者以其他药品冒充上述药品；第二，生产、销售以孕产妇、儿童为主要使用对象的假药、劣药；第三，生产、销售的生物制品属于假药、劣药；第四，生产、销售假药、劣药，造成人身伤害后果；第五，生产、销售假药、劣药，经处理后再犯；第六，拒绝、逃避监督检查，伪造、销毁、隐匿有关证据材料，或者擅自动用查封、扣押物品。在实施从重处罚时，仍应遵循过罚相当原则，根据案件的具体情节和危害后果等，在法定幅度内依法从重处罚。

3. 明确行政处罚裁量基准

法律中虽然规定了从轻、减轻和从重处罚以及不予处罚，但在具体案件中如何准确理解和适用，需要结合不同领域的特点，考虑地区差别，予以细化规定。

《行政处罚法》第三十四条规定："行政机关可以依法制定行政处罚裁量基准，规范行使行政处罚裁量权。行政处罚裁量基准应当向社会公布。"地方药品监管部门应当积极探索制定裁量基准，明确轻微违法行为不罚的清单，"情节严重""严重后果"等的认定原则，减轻、从轻、一般、从重处罚的裁量情节和处罚幅度等，对情节、性质、事实、后果基本相同或者相似的违法情形，处以基本相同的行政处罚。这有利于行政执法保持相对统一的尺度，维护法律的权威性，精准打击违法行为。

《行政处罚法》主要修订内容

2021 年 1 月 22 日，第十三届全国人民代表大会常务委员会第二十五次会议审议通过新修订的《行政处罚法》，自 2021 年 7 月 15 日起施行。

新修订的《行政处罚法》明确了行政处罚定义，规定行政处罚是"行政机关依法对违反行政管理秩序的公民、法人或者其他组织，以减损权益或者增加义务的方式予以惩戒的行为"，补充列举了"通报批评""暂扣许可证件""降低资质等级""限制开展生产经营活动""责令关闭""限制从业"等行政处罚种类。

增加“无过错不罚”，明确当事人有证据足以证明没有主观过错的，不予行政处罚，法律、行政法规另有规定的，从其规定；增加“首违不罚”，明确初次违法且危害后果轻微并及时改正的，可以不予行政处罚。

延长重点领域违法行为追责期限，规定涉及公民生命健康安全且有危害后果的，行政处罚追责期限由2年延长至5年。

完善行政处罚委托实施的要求，规定委托应当书面并向社会公开，受委托组织应当具有取得行政执法资格的工作人员等。行政处罚应当由具有行政执法资格的执法人员实施，执法人员不得少于两人。

完善没收违法所得规定，明确违法所得是指实施违法行为所得的款项，除依法退赔的外，应当予以没收。

七、准确理解和切实贯彻法律要求

“两法”既贯彻中央“四个最严”要求，又坚持宽严相济、过罚相当，对危害药品安全的行为严惩重处，着力提高违法成本，给违法者以震慑，给被监管者以警示。法律的贯彻实施给监管执法工作带来了新的课题与挑战，各级药品监管部门需要深刻领会、准确理解法律的精神实质，严格贯彻执行，并不断总结完善各项监管执法制度，努力提升监管执法能力和水平。

（一）深刻理解法律的精神内涵

药品管理立法的根本目的在于加强药品管理，保障公众用药安全和合法权益，保护和促进公众健康。各级药品监管部门需要持续深入学习“两法”，深刻领会法律的价值目标、精神内涵和基本原则，准确理解风险管理、全程管控、科学监管、社会共治等重要理念和企业主体责任与药品安全监管责任落实和责任追究等制度要求，全面掌握“两法”的主要内容，提高执法人员依法行政意识和执法水平。需要充分认识“两法”的改革和创新，结合实际，深入学习和认真研究药品监管新制度、新机制、新方式，密切与相关部门沟通交流和协作配合，完善各项监管制度和管理措施，确保药品监管工作符合法律新要求，满足公众用药安全新期待。

（二）严格落实依法行政

保障药品安全，是药品监管部门的重大政治责任。各级药品监管部门需要认真学习领会习近平总书记关于加强新时期药品安全工作的一系列新思想、新论断和新要求，全面贯彻《中共中央关于全面推进依法治国若干重大问题的决定》和《法治政府建设实施纲要（2021—2025 年）》要求，坚持以人民为中心的发展理念，进一步增强政治意识和责任意识，认真贯彻实施“两法”，依法严格履责，积极作为，守住底线，切实做好药品安全监管各项工作。

各级药品监管部门需要依法进一步完善药品监管权力清单和责任清单，细化监管职能、法律依据、实施主体、职责权限、管理流程、监督方式等事项，严格落实“法定职责必须为、法无授权不可为”的要求，按照法定职责、法定程序、法定时限开展监管工作。

加大日常检查力度，及时发现违法违规行为。细化行政执法程序，切实推进行政执法公示、行政执法全过程记录、重大执法决定法制审核三项制度，建立健全行政裁量基准制度，规范自由裁量权。

（三）加强对新情况新问题的研究

立法既是对现实的回应，将现实中成熟的做法加以固化；同时也是对未来的前瞻，引导未来的制度方向，并为未来的制度改革预留空间。法律的生命在于贯彻实施。一方面立法无法解决所有问题，法律出台后，需要具体的执法来予以贯彻执行；另一方面，法律的规定相对比较原则，需要结合具体监管工作具体理解和适用。只有在法律的贯彻实施中不断总结执法经验，才能推动法律的进一步落实和持续完善。

各级药品监管部门在药品监管执法工作中，既要秉承法律精神和立法目的，准确理解和依法行政，也要结合本地区、本部门的实践，深入研究分析。要通过对典型案例的剖析，对特定政策的研究，探索解决法律贯彻实施和监管执法中面临的实际问题。要结合对具体问题的研究分析，准确把握监管规律，研究提炼完善监管制度的方案和路径，提出建设性的意见建议，推动法律制度的持续完善，打造法律、法规、规章的“升级版”，不断提升药品监管法治化、现代化水平。

附　录

中华人民共和国药品管理法

（1984年9月20日第六届全国人民代表大会常务委员会第七次会议通过　2001年2月28日第九届全国人民代表大会常务委员会第二十次会议第一次修订　根据2013年12月28日第十二届全国人民代表大会常务委员会第六次会议《关于修改〈中华人民共和国海洋环境保护法〉等七部法律的决定》第一次修正　根据2015年4月24日第十二届全国人民代表大会常务委员会第十四次会议《关于修改〈中华人民共和国药品管理法〉的决定》第二次修正　2019年8月26日第十三届全国人民代表大会常务委员会第十二次会议第二次修订）

目　录

第一章　总　　则

第一条　为了加强药品管理，保证药品质量，保障公众用药安全和合法权益，保护和促进公众健康，制定本法。

第二条　在中华人民共和国境内从事药品研制、生产、经营、使用和监督管理活动，适用本法。

本法所称药品，是指用于预防、治疗、诊断人的疾病，有目的地调节人的生理机能并规定有适应症或者功能主治、用法和用量的物质，包括中药、化学药和生物制品等。

第三条　药品管理应当以人民健康为中心，坚持风险管理、全程管控、社会共治的原则，建立科学、严格的监督管理制度，全面提升药品质量，保障药品的安全、有效、可及。

第四条　国家发展现代药和传统药，充分发挥其在预防、医疗和保健中的作用。

国家保护野生药材资源和中药品种，鼓励培育道地中药材。

第五条　国家鼓励研究和创制新药，保护公民、法人和其他组织研究、开发新药的合法权益。

第六条　国家对药品管理实行药品上市许可持有人制度。药品上市许可持有人依法对药品研制、生产、经营、使用全过程中药品的安全性、有效性和质量可控性负责。

第七条　从事药品研制、生产、经营、使用活动，应当遵守法律、法规、规章、标准和规范，保证全过程信息真实、准确、完整和可追溯。

第八条　国务院药品监督管理部门主管全国药品监督管理工作。国务院有关部门在各自职责范围内负责与药品有关的监督管理工作。国务院药品监督管理部门配合国务院有关部门，执行国家药品行业发展规划和产业政策。

省、自治区、直辖市人民政府药品监督管理部门负责本行政区域内的药品监督管理工作。设区的市级、县级人民政府承担药品监督管理职责的部门（以下称药品监督管理部门）负责本行政区域内的药品监督管理工作。县级以上地方人民政府有关部门在各自职责范围内负责与药品有关的监督管理工作。

第九条 县级以上地方人民政府对本行政区域内的药品监督管理工作负责，统一领导、组织、协调本行政区域内的药品监督管理工作以及药品安全突发事件应对工作，建立健全药品监督管理工作机制和信息共享机制。

第十条 县级以上人民政府应当将药品安全工作纳入本级国民经济和社会发展规划，将药品安全工作经费列入本级政府预算，加强药品监督管理能力建设，为药品安全工作提供保障。

第十一条 药品监督管理部门设置或者指定的药品专业技术机构，承担依法实施药品监督管理所需的审评、检验、核查、监测与评价等工作。

第十二条 国家建立健全药品追溯制度。国务院药品监督管理部门应当制定统一的药品追溯标准和规范，推进药品追溯信息互通互享，实现药品可追溯。

国家建立药物警戒制度，对药品不良反应及其他与用药有关的有害反应进行监测、识别、评估和控制。

第十三条 各级人民政府及其有关部门、药品行业协会等应当加强药品安全宣传教育，开展药品安全法律法规等知识的普及工作。

新闻媒体应当开展药品安全法律法规等知识的公益宣传，并对药品违法行为进行舆论监督。有关药品的宣传报道应当全面、科学、客观、公正。

第十四条 药品行业协会应当加强行业自律，建立健全行业规范，推动行业诚信体系建设，引导和督促会员依法开展药品生产经营等活动。

第十五条 县级以上人民政府及其有关部门对在药品研制、生产、经营、使用和监督管理工作中做出突出贡献的单位和个人，按照国家有关规定给予表彰、奖励。

第二章　药品研制和注册

第十六条　国家支持以临床价值为导向、对人的疾病具有明确或者特殊疗效的药物创新，鼓励具有新的治疗机理、治疗严重危及生命的疾病或者罕见病、对人体具有多靶向系统性调节干预功能等的新药研制，推动药品技术进步。

国家鼓励运用现代科学技术和传统中药研究方法开展中药科学技术研究和药物开发，建立和完善符合中药特点的技术评价体系，促进中药传承创新。

国家采取有效措施，鼓励儿童用药品的研制和创新，支持开发符合儿童生理特征的儿童用药品新品种、剂型和规格，对儿童用药品予以优先审评审批。

第十七条　从事药品研制活动，应当遵守药物非临床研究质量管理规范、药物临床试验质量管理规范，保证药品研制全过程持续符合法定要求。

药物非临床研究质量管理规范、药物临床试验质量管理规范由国务院药品监督管理部门会同国务院有关部门制定。

第十八条　开展药物非临床研究，应当符合国家有关规定，有与研究项目相适应的人员、场地、设备、仪器和管理制度，保证有关数据、资料和样品的真实性。

第十九条　开展药物临床试验，应当按照国务院药品监督管理部门的规定如实报送研制方法、质量指标、药理及毒理试验结果等有关数据、资料和样品，经国务院药品监督管理部门批准。国务院药品监督管理部门应当自受理临床试验申请之日起六十个工作日内决定是否同意并通知临床试验申办者，逾期未通知的，视为同意。其中，开展生物等效性试验的，报国务院药品监督管理部门备案。

开展药物临床试验，应当在具备相应条件的临床试验机构进行。药物临床试验机构实行备案管理，具体办法由国务院药品监督管理部门、国务院卫生健康主管部门共同制定。

第二十条 开展药物临床试验，应当符合伦理原则，制定临床试验方案，经伦理委员会审查同意。

伦理委员会应当建立伦理审查工作制度，保证伦理审查过程独立、客观、公正，监督规范开展药物临床试验，保障受试者合法权益，维护社会公共利益。

第二十一条 实施药物临床试验，应当向受试者或者其监护人如实说明和解释临床试验的目的和风险等详细情况，取得受试者或者其监护人自愿签署的知情同意书，并采取有效措施保护受试者合法权益。

第二十二条 药物临床试验期间，发现存在安全性问题或者其他风险的，临床试验申办者应当及时调整临床试验方案、暂停或者终止临床试验，并向国务院药品监督管理部门报告。必要时，国务院药品监督管理部门可以责令调整临床试验方案、暂停或者终止临床试验。

第二十三条 对正在开展临床试验的用于治疗严重危及生命且尚无有效治疗手段的疾病的药物，经医学观察可能获益，并且符合伦理原则的，经审查、知情同意后可以在开展临床试验的机构内用于其他病情相同的患者。

第二十四条 在中国境内上市的药品，应当经国务院药品监督管理部门批准，取得药品注册证书；但是，未实施审批管理的中药材和中药饮片除外。实施审批管理的中药材、中药饮片品种目录由国务院药品监督管理部门会同国务院中医药主管部门制定。

申请药品注册，应当提供真实、充分、可靠的数据、资料和样品，证明药品的安全性、有效性和质量可控性。

第二十五条 对申请注册的药品，国务院药品监督管理部门应当组织药学、医学和其他技术人员进行审评，对药品的安全性、有效性和质量可控性以及申请人的质量管理、风险防控和责任赔偿等能力进行审查；符合条件的，颁发药品注册证书。

国务院药品监督管理部门在审批药品时，对化学原料药一并审评审批，对相关辅料、直接接触药品的包装材料和容器一并审评，对药品的质量标准、生产工艺、标签和说明书一并核准。

本法所称辅料，是指生产药品和调配处方时所用的赋形剂和附加剂。

第二十六条　对治疗严重危及生命且尚无有效治疗手段的疾病以及公共卫生方面急需的药品，药物临床试验已有数据显示疗效并能预测其临床价值的，可以附条件批准，并在药品注册证书中载明相关事项。

第二十七条　国务院药品监督管理部门应当完善药品审评审批工作制度，加强能力建设，建立健全沟通交流、专家咨询等机制，优化审评审批流程，提高审评审批效率。

批准上市药品的审评结论和依据应当依法公开，接受社会监督。对审评审批中知悉的商业秘密应当保密。

第二十八条　药品应当符合国家药品标准。经国务院药品监督管理部门核准的药品质量标准高于国家药品标准的，按照经核准的药品质量标准执行；没有国家药品标准的，应当符合经核准的药品质量标准。

国务院药品监督管理部门颁布的《中华人民共和国药典》和药品标准为国家药品标准。

国务院药品监督管理部门会同国务院卫生健康主管部门组织药典委员会，负责国家药品标准的制定和修订。

国务院药品监督管理部门设置或者指定的药品检验机构负责标定国家药品标准品、对照品。

第二十九条　列入国家药品标准的药品名称为药品通用名称。已经作为药品通用名称的，该名称不得作为药品商标使用。

第三章　药品上市许可持有人

第三十条　药品上市许可持有人是指取得药品注册证书的企业或者药品研制机构等。

药品上市许可持有人应当依照本法规定，对药品的非临床研究、临床试验、生产经营、上市后研究、不良反应监测及报告与处理等承担责任。其他从事药品研制、生产、经营、储存、运输、使用等活动的单位和个人依法承担相应责任。

药品上市许可持有人的法定代表人、主要负责人对药品质量全面负责。

第三十一条 药品上市许可持有人应当建立药品质量保证体系，配备专门人员独立负责药品质量管理。

药品上市许可持有人应当对受托药品生产企业、药品经营企业的质量管理体系进行定期审核，监督其持续具备质量保证和控制能力。

第三十二条 药品上市许可持有人可以自行生产药品，也可以委托药品生产企业生产。

药品上市许可持有人自行生产药品的，应当依照本法规定取得药品生产许可证；委托生产的，应当委托符合条件的药品生产企业。药品上市许可持有人和受托生产企业应当签订委托协议和质量协议，并严格履行协议约定的义务。

国务院药品监督管理部门制定药品委托生产质量协议指南，指导、监督药品上市许可持有人和受托生产企业履行药品质量保证义务。

血液制品、麻醉药品、精神药品、医疗用毒性药品、药品类易制毒化学品不得委托生产；但是，国务院药品监督管理部门另有规定的除外。

第三十三条 药品上市许可持有人应当建立药品上市放行规程，对药品生产企业出厂放行的药品进行审核，经质量受权人签字后方可放行。不符合国家药品标准的，不得放行。

第三十四条 药品上市许可持有人可以自行销售其取得药品注册证书的药品，也可以委托药品经营企业销售。药品上市许可持有人从事药品零售活动的，应当取得药品经营许可证。

药品上市许可持有人自行销售药品的，应当具备本法第五十二条规定的条件；委托销售的，应当委托符合条件的药品经营企业。药品上市许可持有人和受托经营企业应当签订委托协议，并严格履行协议约定的义务。

第三十五条 药品上市许可持有人、药品生产企业、药品经营企业委托储存、运输药品的，应当对受托方的质量保证能力和风险管理能力进行评估，与其签订委托协议，约定药品质量责任、操作规程等内容，并对受托方进行监督。

第三十六条 药品上市许可持有人、药品生产企业、药品经营企业和医疗机构应当建立并实施药品追溯制度，按照规定提供追溯信息，保证药品可追溯。

第三十七条 药品上市许可持有人应当建立年度报告制度，每年将药品生产销售、上市后研究、风险管理等情况按照规定向省、自治区、直辖市人民政府药品监督管理部门报告。

第三十八条 药品上市许可持有人为境外企业的，应当由其指定的在中国境内的企业法人履行药品上市许可持有人义务，与药品上市许可持有人承担连带责任。

第三十九条 中药饮片生产企业履行药品上市许可持有人的相关义务，对中药饮片生产、销售实行全过程管理，建立中药饮片追溯体系，保证中药饮片安全、有效、可追溯。

第四十条 经国务院药品监督管理部门批准，药品上市许可持有人可以转让药品上市许可。受让方应当具备保障药品安全性、有效性和质量可控性的质量管理、风险防控和责任赔偿等能力，履行药品上市许可持有人义务。

第四章 药品生产

第四十一条 从事药品生产活动，应当经所在地省、自治区、直辖市人民政府药品监督管理部门批准，取得药品生产许可证。无药品生产许可证的，不得生产药品。

药品生产许可证应当标明有效期和生产范围，到期重新审查发证。

第四十二条 从事药品生产活动，应当具备以下条件：

（一）有依法经过资格认定的药学技术人员、工程技术人员及相应的技术工人；

（二）有与药品生产相适应的厂房、设施和卫生环境；

（三）有能对所生产药品进行质量管理和质量检验的机构、人员及必要的仪器设备；

（四）有保证药品质量的规章制度，并符合国务院药品监督管理部门依据本法制定的药品生产质量管理规范要求。

第四十三条 从事药品生产活动，应当遵守药品生产质量管理规范，建立健全药品生产质量管理体系，保证药品生产全过程持续符合法定要求。

药品生产企业的法定代表人、主要负责人对本企业的药品生产活动全面负责。

第四十四条 药品应当按照国家药品标准和经药品监督管理部门核准的生产工艺进行生产。生产、检验记录应当完整准确，不得编造。

中药饮片应当按照国家药品标准炮制；国家药品标准没有规定的，应当按照省、自治区、直辖市人民政府药品监督管理部门制定的炮制规范炮制。省、自治区、直辖市人民政府药品监督管理部门制定的炮制规范应当报国务院药品监督管理部门备案。不符合国家药品标准或者不按照省、自治区、直辖市人民政府药品监督管理部门制定的炮制规范炮制的，不得出厂、销售。

第四十五条 生产药品所需的原料、辅料，应当符合药用要求、药品生产质量管理规范的有关要求。

生产药品，应当按照规定对供应原料、辅料等的供应商进行审核，保证购进、使用的原料、辅料等符合前款规定要求。

第四十六条 直接接触药品的包装材料和容器，应当符合药用要求，符合保障人体健康、安全的标准。

对不合格的直接接触药品的包装材料和容器，由药品监督管理部门责令停止使用。

第四十七条 药品生产企业应当对药品进行质量检验。不符合国家药品标准的，不得出厂。

药品生产企业应当建立药品出厂放行规程，明确出厂放行的标准、条件。符合标准、条件的，经质量受权人签字后方可放行。

第四十八条　药品包装应当适合药品质量的要求，方便储存、运输和医疗使用。

发运中药材应当有包装。在每件包装上，应当注明品名、产地、日期、供货单位，并附有质量合格的标志。

第四十九条　药品包装应当按照规定印有或者贴有标签并附有说明书。

标签或者说明书应当注明药品的通用名称、成份、规格、上市许可持有人及其地址、生产企业及其地址、批准文号、产品批号、生产日期、有效期、适应症或者功能主治、用法、用量、禁忌、不良反应和注意事项。标签、说明书中的文字应当清晰，生产日期、有效期等事项应当显著标注，容易辨识。

麻醉药品、精神药品、医疗用毒性药品、放射性药品、外用药品和非处方药的标签、说明书，应当印有规定的标志。

第五十条　药品上市许可持有人、药品生产企业、药品经营企业和医疗机构中直接接触药品的工作人员，应当每年进行健康检查。患有传染病或者其他可能污染药品的疾病的，不得从事直接接触药品的工作。

第五章　药品经营

第五十一条　从事药品批发活动，应当经所在地省、自治区、直辖市人民政府药品监督管理部门批准，取得药品经营许可证。从事药品零售活动，应当经所在地县级以上地方人民政府药品监督管理部门批准，取得药品经营许可证。无药品经营许可证的，不得经营药品。

药品经营许可证应当标明有效期和经营范围，到期重新审查发证。

药品监督管理部门实施药品经营许可，除依据本法第五十二条规定的条件外，还应当遵循方便群众购药的原则。

第五十二条　从事药品经营活动应当具备以下条件：

（一）有依法经过资格认定的药师或者其他药学技术人员；

（二）有与所经营药品相适应的营业场所、设备、仓储设施和卫生环境；

（三）有与所经营药品相适应的质量管理机构或者人员；

（四）有保证药品质量的规章制度，并符合国务院药品监督管理部门依据本法制定的药品经营质量管理规范要求。

第五十三条　从事药品经营活动，应当遵守药品经营质量管理规范，建立健全药品经营质量管理体系，保证药品经营全过程持续符合法定要求。

国家鼓励、引导药品零售连锁经营。从事药品零售连锁经营活动的企业总部，应当建立统一的质量管理制度，对所属零售企业的经营活动履行管理责任。

药品经营企业的法定代表人、主要负责人对本企业的药品经营活动全面负责。

第五十四条　国家对药品实行处方药与非处方药分类管理制度。具体办法由国务院药品监督管理部门会同国务院卫生健康主管部门制定。

第五十五条　药品上市许可持有人、药品生产企业、药品经营企业和医疗机构应当从药品上市许可持有人或者具有药品生产、经营资格的企业购进药品；但是，购进未实施审批管理的中药材除外。

第五十六条　药品经营企业购进药品，应当建立并执行进货检查验收制度，验明药品合格证明和其他标识；不符合规定要求的，不得购进和销售。

第五十七条　药品经营企业购销药品，应当有真实、完整的购销记录。购销记录应当注明药品的通用名称、剂型、规格、产品批号、有效期、上市许可持有人、生产企业、购销单位、购销数量、购销价格、购销日期及国务院药品监督管理部门规定的其他内容。

第五十八条 药品经营企业零售药品应当准确无误，并正确说明用法、用量和注意事项；调配处方应当经过核对，对处方所列药品不得擅自更改或者代用。对有配伍禁忌或者超剂量的处方，应当拒绝调配；必要时，经处方医师更正或者重新签字，方可调配。

药品经营企业销售中药材，应当标明产地。

依法经过资格认定的药师或者其他药学技术人员负责本企业的药品管理、处方审核和调配、合理用药指导等工作。

第五十九条 药品经营企业应当制定和执行药品保管制度，采取必要的冷藏、防冻、防潮、防虫、防鼠等措施，保证药品质量。

药品入库和出库应当执行检查制度。

第六十条 城乡集市贸易市场可以出售中药材，国务院另有规定的除外。

第六十一条 药品上市许可持有人、药品经营企业通过网络销售药品，应当遵守本法药品经营的有关规定。具体管理办法由国务院药品监督管理部门会同国务院卫生健康主管部门等部门制定。

疫苗、血液制品、麻醉药品、精神药品、医疗用毒性药品、放射性药品、药品类易制毒化学品等国家实行特殊管理的药品不得在网络上销售。

第六十二条 药品网络交易第三方平台提供者应当按照国务院药品监督管理部门的规定，向所在地省、自治区、直辖市人民政府药品监督管理部门备案。

第三方平台提供者应当依法对申请进入平台经营的药品上市许可持有人、药品经营企业的资质等进行审核，保证其符合法定要求，并对发生在平台的药品经营行为进行管理。

第三方平台提供者发现进入平台经营的药品上市许可持有人、药品经营企业有违反本法规定行为的，应当及时制止并立即报告所在地县级人民政府药品监督管理部门；发现严重违法行为的，应当立即停止提供网络交易平台服务。

第六十三条　新发现和从境外引种的药材，经国务院药品监督管理部门批准后，方可销售。

第六十四条　药品应当从允许药品进口的口岸进口，并由进口药品的企业向口岸所在地药品监督管理部门备案。海关凭药品监督管理部门出具的进口药品通关单办理通关手续。无进口药品通关单的，海关不得放行。

口岸所在地药品监督管理部门应当通知药品检验机构按照国务院药品监督管理部门的规定对进口药品进行抽查检验。

允许药品进口的口岸由国务院药品监督管理部门会同海关总署提出，报国务院批准。

第六十五条　医疗机构因临床急需进口少量药品的，经国务院药品监督管理部门或者国务院授权的省、自治区、直辖市人民政府批准，可以进口。进口的药品应当在指定医疗机构内用于特定医疗目的。

个人自用携带入境少量药品，按照国家有关规定办理。

第六十六条　进口、出口麻醉药品和国家规定范围内的精神药品，应当持有国务院药品监督管理部门颁发的进口准许证、出口准许证。

第六十七条　禁止进口疗效不确切、不良反应大或者因其他原因危害人体健康的药品。

第六十八条　国务院药品监督管理部门对下列药品在销售前或者进口时，应当指定药品检验机构进行检验；未经检验或者检验不合格的，不得销售或者进口：

（一）首次在中国境内销售的药品；

（二）国务院药品监督管理部门规定的生物制品；

（三）国务院规定的其他药品。

第六章　医疗机构药事管理

第六十九条　医疗机构应当配备依法经过资格认定的药师或者其他药学技术人员，负责本单位的药品管理、处方审核和调配、合理用药指导等工作。非药学技术人员不得直接从事药剂技术工作。

第七十条 医疗机构购进药品，应当建立并执行进货检查验收制度，验明药品合格证明和其他标识；不符合规定要求的，不得购进和使用。

第七十一条 医疗机构应当有与所使用药品相适应的场所、设备、仓储设施和卫生环境，制定和执行药品保管制度，采取必要的冷藏、防冻、防潮、防虫、防鼠等措施，保证药品质量。

第七十二条 医疗机构应当坚持安全有效、经济合理的用药原则，遵循药品临床应用指导原则、临床诊疗指南和药品说明书等合理用药，对医师处方、用药医嘱的适宜性进行审核。

医疗机构以外的其他药品使用单位，应当遵守本法有关医疗机构使用药品的规定。

第七十三条 依法经过资格认定的药师或者其他药学技术人员调配处方，应当进行核对，对处方所列药品不得擅自更改或者代用。对有配伍禁忌或者超剂量的处方，应当拒绝调配；必要时，经处方医师更正或者重新签字，方可调配。

第七十四条 医疗机构配制制剂，应当经所在地省、自治区、直辖市人民政府药品监督管理部门批准，取得医疗机构制剂许可证。无医疗机构制剂许可证的，不得配制制剂。

医疗机构制剂许可证应当标明有效期，到期重新审查发证。

第七十五条 医疗机构配制制剂，应当有能够保证制剂质量的设施、管理制度、检验仪器和卫生环境。

医疗机构配制制剂，应当按照经核准的工艺进行，所需的原料、辅料和包装材料等应当符合药用要求。

第七十六条 医疗机构配制的制剂，应当是本单位临床需要而市场上没有供应的品种，并应当经所在地省、自治区、直辖市人民政府药品监督管理部门批准；但是，法律对配制中药制剂另有规定的除外。

医疗机构配制的制剂应当按照规定进行质量检验；合格的，凭医师处方在本单位使用。经国务院药品监督管理部门或者省、自治区、直辖市人民政府药品监督管理部门批准，医疗机构配制的制剂可以在指定的医疗机构之间调剂使用。

医疗机构配制的制剂不得在市场上销售。

第七章　药品上市后管理

第七十七条　药品上市许可持有人应当制定药品上市后风险管理计划，主动开展药品上市后研究，对药品的安全性、有效性和质量可控性进行进一步确证，加强对已上市药品的持续管理。

第七十八条　对附条件批准的药品，药品上市许可持有人应当采取相应风险管理措施，并在规定期限内按照要求完成相关研究；逾期未按照要求完成研究或者不能证明其获益大于风险的，国务院药品监督管理部门应当依法处理，直至注销药品注册证书。

第七十九条　对药品生产过程中的变更，按照其对药品安全性、有效性和质量可控性的风险和产生影响的程度，实行分类管理。属于重大变更的，应当经国务院药品监督管理部门批准，其他变更应当按照国务院药品监督管理部门的规定备案或者报告。

药品上市许可持有人应当按照国务院药品监督管理部门的规定，全面评估、验证变更事项对药品安全性、有效性和质量可控性的影响。

第八十条　药品上市许可持有人应当开展药品上市后不良反应监测，主动收集、跟踪分析疑似药品不良反应信息，对已识别风险的药品及时采取风险控制措施。

第八十一条　药品上市许可持有人、药品生产企业、药品经营企业和医疗机构应当经常考察本单位所生产、经营、使用的药品质量、疗效和不良反应。发现疑似不良反应的，应当及时向药品监督管理部门和卫生健康主管部门报告。具体办法由国务院药品监督管理部门会同国务院卫生健康主管部门制定。

对已确认发生严重不良反应的药品，由国务院药品监督管理部门或者省、自治区、直辖市人民政府药品监督管理部门根据实际情况采取停止生产、销售、使用等紧急控制措施，并应当在五日内组织鉴定，自鉴定结论作出之日起十五日内依法作出行政处理决定。

第八十二条　药品存在质量问题或者其他安全隐患的，药品上市许可持有人应当立即停止销售，告知相关药品经营企业和医疗机构停止销售和使用，召回已销售的药品，及时公开召回信息，必要时应当立即停止生产，并将药品召回和处理情况向省、自治区、直辖市人民政府药品监督管理部门和卫生健康主管部门报告。药品生产企业、药品经营企业和医疗机构应当配合。

药品上市许可持有人依法应当召回药品而未召回的，省、自治区、直辖市人民政府药品监督管理部门应当责令其召回。

第八十三条　药品上市许可持有人应当对已上市药品的安全性、有效性和质量可控性定期开展上市后评价。必要时，国务院药品监督管理部门可以责令药品上市许可持有人开展上市后评价或者直接组织开展上市后评价。

经评价，对疗效不确切、不良反应大或者因其他原因危害人体健康的药品，应当注销药品注册证书。

已被注销药品注册证书的药品，不得生产或者进口、销售和使用。

已被注销药品注册证书、超过有效期等的药品，应当由药品监督管理部门监督销毁或者依法采取其他无害化处理等措施。

第八章　药品价格和广告

第八十四条　国家完善药品采购管理制度，对药品价格进行监测，开展成本价格调查，加强药品价格监督检查，依法查处价格垄断、哄抬价格等药品价格违法行为，维护药品价格秩序。

第八十五条　依法实行市场调节价的药品，药品上市许可持有人、药品生产企业、药品经营企业和医疗机构应当按照公平、合理和诚实信用、质价相符的原则制定价格，为用药者提供价格合理的药品。

药品上市许可持有人、药品生产企业、药品经营企业和医疗机构应当遵守国务院药品价格主管部门关于药品价格管理的规定，制定和标明药品零售价格，禁止暴利、价格垄断和价格欺诈等行为。

第八十六条　药品上市许可持有人、药品生产企业、药品经营企业和医疗机构应当依法向药品价格主管部门提供其药品的实际购销价格和购销数量等资料。

第八十七条　医疗机构应当向患者提供所用药品的价格清单，按照规定如实公布其常用药品的价格，加强合理用药管理。具体办法由国务院卫生健康主管部门制定。

第八十八条　禁止药品上市许可持有人、药品生产企业、药品经营企业和医疗机构在药品购销中给予、收受回扣或者其他不正当利益。

禁止药品上市许可持有人、药品生产企业、药品经营企业或者代理人以任何名义给予使用其药品的医疗机构的负责人、药品采购人员、医师、药师等有关人员财物或者其他不正当利益。禁止医疗机构的负责人、药品采购人员、医师、药师等有关人员以任何名义收受药品上市许可持有人、药品生产企业、药品经营企业或者代理人给予的财物或者其他不正当利益。

第八十九条　药品广告应当经广告主所在地省、自治区、直辖市人民政府确定的广告审查机关批准；未经批准的，不得发布。

第九十条　药品广告的内容应当真实、合法，以国务院药品监督管理部门核准的药品说明书为准，不得含有虚假的内容。

药品广告不得含有表示功效、安全性的断言或者保证；不得利用国家机关、科研单位、学术机构、行业协会或者专家、学者、医师、药师、患者等的名义或者形象作推荐、证明。

非药品广告不得有涉及药品的宣传。

第九十一条　药品价格和广告，本法未作规定的，适用《中华人民共和国价格法》、《中华人民共和国反垄断法》、《中华人民共和国反不正当竞争法》、《中华人民共和国广告法》等的规定。

第九章　药品储备和供应

第九十二条　国家实行药品储备制度，建立中央和地方两级药品储备。

发生重大灾情、疫情或者其他突发事件时，依照《中华人民共和国突发事件应对法》的规定，可以紧急调用药品。

第九十三条　国家实行基本药物制度，遴选适当数量的基本药物品种，加强组织生产和储备，提高基本药物的供给能力，满足疾病防治基本用药需求。

第九十四条　国家建立药品供求监测体系，及时收集和汇总分析短缺药品供求信息，对短缺药品实行预警，采取应对措施。

第九十五条　国家实行短缺药品清单管理制度。具体办法由国务院卫生健康主管部门会同国务院药品监督管理部门等部门制定。

药品上市许可持有人停止生产短缺药品的，应当按照规定向国务院药品监督管理部门或者省、自治区、直辖市人民政府药品监督管理部门报告。

第九十六条　国家鼓励短缺药品的研制和生产，对临床急需的短缺药品、防治重大传染病和罕见病等疾病的新药予以优先审评审批。

第九十七条　对短缺药品，国务院可以限制或者禁止出口。必要时，国务院有关部门可以采取组织生产、价格干预和扩大进口等措施，保障药品供应。

药品上市许可持有人、药品生产企业、药品经营企业应当按照规定保障药品的生产和供应。

第十章　监督管理

第九十八条　禁止生产（包括配制，下同）、销售、使用假药、劣药。

有下列情形之一的，为假药：

（一）药品所含成份与国家药品标准规定的成份不符；

（二）以非药品冒充药品或者以他种药品冒充此种药品；

（三）变质的药品；

（四）药品所标明的适应症或者功能主治超出规定范围。

有下列情形之一的，为劣药：

（一）药品成份的含量不符合国家药品标准；

（二）被污染的药品；

（三）未标明或者更改有效期的药品；

（四）未注明或者更改产品批号的药品；

（五）超过有效期的药品；

（六）擅自添加防腐剂、辅料的药品；

（七）其他不符合药品标准的药品。

禁止未取得药品批准证明文件生产、进口药品；禁止使用未按照规定审评、审批的原料药、包装材料和容器生产药品。

第九十九条　药品监督管理部门应当依照法律、法规的规定对药品研制、生产、经营和药品使用单位使用药品等活动进行监督检查，必要时可以对为药品研制、生产、经营、使用提供产品或者服务的单位和个人进行延伸检查，有关单位和个人应当予以配合，不得拒绝和隐瞒。

药品监督管理部门应当对高风险的药品实施重点监督检查。

对有证据证明可能存在安全隐患的，药品监督管理部门根据监督检查情况，应当采取告诫、约谈、限期整改以及暂停生产、销售、使用、进口等措施，并及时公布检查处理结果。

药品监督管理部门进行监督检查时，应当出示证明文件，对监督检查中知悉的商业秘密应当保密。

第一百条　药品监督管理部门根据监督管理的需要，可以对药品质量进行抽查检验。抽查检验应当按照规定抽样，并不得收取任何费用；抽样应当购买样品。所需费用按照国务院规定列支。

对有证据证明可能危害人体健康的药品及其有关材料，药品监督管理部门可以查封、扣押，并在七日内作出行政处理决定；药品需要检验的，应当自检验报告书发出之日起十五日内作出行政处理决定。

第一百零一条　国务院和省、自治区、直辖市人民政府的药品监督管理部门应当定期公告药品质量抽查检验结果；公告不当的，应当在原公告范围内予以更正。

第一百零二条　当事人对药品检验结果有异议的，可以自收到药品检验结果之日起七日内向原药品检验机构或者上一级药品监督管理部门设置或者指定的药品检验机构申请复验，也可以直接向国务院药品监督管理部门设置或者指定的药品检验机构申请复验。受理复验的药品检验机构应当在国务院药品监督管理部门规定的时间内作出复验结论。

第一百零三条　药品监督管理部门应当对药品上市许可持有人、药品生产企业、药品经营企业和药物非临床安全性评价研究机构、药物临床试验机构等遵守药品生产质量管理规范、药品经营质量管理规范、药物非临床研究质量管理规范、药物临床试验质量管理规范等情况进行检查，监督其持续符合法定要求。

第一百零四条　国家建立职业化、专业化药品检查员队伍。检查员应当熟悉药品法律法规，具备药品专业知识。

第一百零五条　药品监督管理部门建立药品上市许可持有人、药品生产企业、药品经营企业、药物非临床安全性评价研究机构、药物临床试验机构和医疗机构药品安全信用档案，记录许可颁发、日常监督检查结果、违法行为查处等情况，依法向社会公布并及时更新；对有不良信用记录的，增加监督检查频次，并可以按照国家规定实施联合惩戒。

第一百零六条　药品监督管理部门应当公布本部门的电子邮件地址、电话，接受咨询、投诉、举报，并依法及时答复、核实、处理。对查证属实的举报，按照有关规定给予举报人奖励。

药品监督管理部门应当对举报人的信息予以保密，保护举报人的合法权益。举报人举报所在单位的，该单位不得以解除、变更劳动合同或者其他方式对举报人进行打击报复。

第一百零七条　国家实行药品安全信息统一公布制度。国家药品安全总体情况、药品安全风险警示信息、重大药品安全事件及其调查处理信息和国务院确定需要统一公布的其他信息由国务院药品监督管理部门统一公布。药品安全风险警示信息和重大药品安全事件及其调查处理信息的影响限于特定区域的，也可以由有关省、自治区、直辖市人民政府药品监督管理部门公布。未经授权不得发布上述信息。

公布药品安全信息，应当及时、准确、全面，并进行必要的说明，避免误导。

任何单位和个人不得编造、散布虚假药品安全信息。

第一百零八条　县级以上人民政府应当制定药品安全事件应急预案。药品上市许可持有人、药品生产企业、药品经营企业和医疗机构等应当制定本单位的药品安全事件处置方案，并组织开展培训和应急演练。

发生药品安全事件，县级以上人民政府应当按照应急预案立即组织开展应对工作；有关单位应当立即采取有效措施进行处置，防止危害扩大。

第一百零九条　药品监督管理部门未及时发现药品安全系统性风险，未及时消除监督管理区域内药品安全隐患的，本级人民政府或者上级人民政府药品监督管理部门应当对其主要负责人进行约谈。

地方人民政府未履行药品安全职责，未及时消除区域性重大药品安全隐患的，上级人民政府或者上级人民政府药品监督管理部门应当对其主要负责人进行约谈。

被约谈的部门和地方人民政府应当立即采取措施，对药品监督管理工作进行整改。

约谈情况和整改情况应当纳入有关部门和地方人民政府药品监督管理工作评议、考核记录。

第一百一十条　地方人民政府及其药品监督管理部门不得以要求实施药品检验、审批等手段限制或者排斥非本地区药品上市许可持有人、药品生产企业生产的药品进入本地区。

第一百一十一条　药品监督管理部门及其设置或者指定的药品专业技术机构不得参与药品生产经营活动，不得以其名义推荐或者监制、监销药品。

药品监督管理部门及其设置或者指定的药品专业技术机构的工作人员不得参与药品生产经营活动。

第一百一十二条　国务院对麻醉药品、精神药品、医疗用毒性药品、放射性药品、药品类易制毒化学品等有其他特殊管理规定的，依照其规定。

第一百一十三条　药品监督管理部门发现药品违法行为涉嫌犯罪的，应当及时将案件移送公安机关。

对依法不需要追究刑事责任或者免予刑事处罚，但应当追究行政责任的，公安机关、人民检察院、人民法院应当及时将案件移送药品监督管理部门。

公安机关、人民检察院、人民法院商请药品监督管理部门、生态环境主管部门等部门提供检验结论、认定意见以及对涉案药品进行无害化处理等协助的，有关部门应当及时提供，予以协助。

第十一章　法律责任

第一百一十四条　违反本法规定，构成犯罪的，依法追究刑事责任。

第一百一十五条　未取得药品生产许可证、药品经营许可证或者医疗机构制剂许可证生产、销售药品的，责令关闭，没收违法生产、销售的药品和违法所得，并处违法生产、销售的药品（包括已售出和未售出的药品，下同）货值金额十五倍以上三十倍以下的罚款；货值金额不足十万元的，按十万元计算。

第一百一十六条　生产、销售假药的，没收违法生产、销售的药品和违法所得，责令停产停业整顿，吊销药品批准证明文件，并处违法生产、销售的药品货值金额十五倍以上三十倍以下的罚款；货值金额不足十万元的，按十万元计算；情节严重的，吊销药品生产许可证、药品经营许可证或者医疗机构制剂许可证，十年内不受理其相应申请；药品上市许可持有人为境外企业的，十年内禁止其药品进口。

第一百一十七条　生产、销售劣药的，没收违法生产、销售的药品和违法所得，并处违法生产、销售的药品货值金额十倍以上二十倍以下的罚款；违法生产、批发的药品货值金额不足十万元的，按十万元计算，违法零售的药品货值金额不足一万元的，按一万元计算；情节严重的，责令停产停业整顿直至吊销药品批准证明文件、药品生产许可证、药品经营许可证或者医疗机构制剂许可证。

生产、销售的中药饮片不符合药品标准，尚不影响安全性、有效性的，责令限期改正，给予警告；可以处十万元以上五十万元以下的罚款。

第一百一十八条　生产、销售假药，或者生产、销售劣药且情节严重的，对法定代表人、主要负责人、直接负责的主管人员和其他责任人员，没收违法行为发生期间自本单位所获收入，并处所获收入百分之三十以上三倍以下的罚款，终身禁止从事药品生产经营活动，并可以由公安机关处五日以上十五日以下的拘留。

对生产者专门用于生产假药、劣药的原料、辅料、包装材料、生产设备予以没收。

第一百一十九条　药品使用单位使用假药、劣药的，按照销售假药、零售劣药的规定处罚；情节严重的，法定代表人、主要负责人、直接负责的主管人员和其他责任人员有医疗卫生人员执业证书的，还应当吊销执业证书。

第一百二十条　知道或者应当知道属于假药、劣药或者本法第一百二十四条第一款第一项至第五项规定的药品，而为其提供储存、运输等便利条件的，没收全部储存、运输收入，并处违法收入一倍以上五倍以下的罚款；情节严重的，并处违法收入五倍以上十五倍以下的罚款；违法收入不足五万元的，按五万元计算。

第一百二十一条　对假药、劣药的处罚决定，应当依法载明药品检验机构的质量检验结论。

第一百二十二条　伪造、变造、出租、出借、非法买卖许可证或者药品批准证明文件的，没收违法所得，并处违法所得一倍以上五倍以下的罚款；情节严重的，并处违法所得五倍以上十五倍以下的罚款，吊销药品生产许可证、药品经营许可证、医疗机构制剂许可证或者药品批准证明文件，对法定代表人、主要负责人、直接负责的主管人员和其他责任人员，处二万元以上二十万元以下的罚款，十年内禁止从事药品生产经营活动，并可以由公安机关处五日以上十五日以下的拘留；违法所得不足十万元的，按十万元计算。

第一百二十三条　提供虚假的证明、数据、资料、样品或者采取其他手段骗取临床试验许可、药品生产许可、药品经营许可、医疗机构制剂许可或者药品注册等许可的，撤销相关许可，十年内不受理其相应申请，并处五十万元以上五百万元以下的罚款；情节严重的，对法定代表人、主要负责人、直接负责的主管人员和其他责任人员，处二万元以上二十万元以下的罚款，十年内禁止从事药品生产经营活动，并可以由公安机关处五日以上十五日以下的拘留。

第一百二十四条　违反本法规定，有下列行为之一的，没收违法生产、进口、销售的药品和违法所得以及专门用于违法生产的原料、辅料、包装材料和生产设备，责令停产停业整顿，并处违法生产、进口、销售的药品货值金额十五倍以上三十倍以下的罚款；货值金额不足十万元的，按十万元计算；情节严重的，吊销药品批准证明文件直至吊销药品生产许可证、药品经营许可证或者医疗机构制剂许可证，对法定代表人、主要负责人、直接负责的主管人员和其他责任人员，没收违法行为发生期间自本单位所获收入，并处所获收入百分之三十以上三倍以下的罚款，十年直至终身禁止从事药品生产经营活动，并可以由公安机关处五日以上十五日以下的拘留：

（一）未取得药品批准证明文件生产、进口药品；

（二）使用采取欺骗手段取得的药品批准证明文件生产、进口药品；

（三）使用未经审评审批的原料药生产药品；

（四）应当检验而未经检验即销售药品；

（五）生产、销售国务院药品监督管理部门禁止使用的药品；

（六）编造生产、检验记录；

（七）未经批准在药品生产过程中进行重大变更。

销售前款第一项至第三项规定的药品，或者药品使用单位使用前款第一项至第五项规定的药品的，依照前款规定处罚；情节严重的，药品使用单位的法定代表人、主要负责人、直接负责的主管人员和其他责任人员有医疗卫生人员执业证书的，还应当吊销执业证书。

未经批准进口少量境外已合法上市的药品，情节较轻的，可以依法减轻或者免予处罚。

第一百二十五条　违反本法规定，有下列行为之一的，没收违法生产、销售的药品和违法所得以及包装材料、容器，责令停产停业整顿，并处五十万元以上五百万元以下的罚款；情节严重的，吊销药品批准证明文件、药品生产许可证、药品经营许可证，对法定代表人、主要负责人、直接负责的主管人员和其他责任人员处二万元以上二十万元以下的罚款，十年直至终身禁止从事药品生产经营活动：

（一）未经批准开展药物临床试验；

（二）使用未经审评的直接接触药品的包装材料或者容器生产药品，或者销售该类药品；

（三）使用未经核准的标签、说明书。

第一百二十六条　除本法另有规定的情形外，药品上市许可持有人、药品生产企业、药品经营企业、药物非临床安全性评价研究机构、药物临床试验机构等未遵守药品生产质量管理规范、药品经营质量管理规范、药物非临床研究质量管理规范、药物临床试验质量管理规范等的，责令限期改正，给予警告；逾期不改正的，处十万元以上五十万元以下的罚款；情节严重的，处五十万元以上二百万元以下的罚款，责令停产停业整顿直至吊销药品批准证明文件、药品生产许可证、药品经营许可证等，药物非临床安全性评价研究机构、药物临床试验机构等五年内不得开展药物非临床安全性评价研究、药物临床试验，对法定代表人、主要负责人、直接负责的主管人员和其他责任人员，没收违法行为发生期间自本单位所获收入，并处所获收入百分之十以上百分之五十以下的罚款，十年直至终身禁止从事药品生产经营等活动。

第一百二十七条　违反本法规定，有下列行为之一的，责令限期改正，给予警告；逾期不改正的，处十万元以上五十万元以下的罚款：

（一）开展生物等效性试验未备案；

（二）药物临床试验期间，发现存在安全性问题或者其他风险，临床试验申办者未及时调整临床试验方案、暂停或者终止临床试验，或者未向国务院药品监督管理部门报告；

（三）未按照规定建立并实施药品追溯制度；

（四）未按照规定提交年度报告；

（五）未按照规定对药品生产过程中的变更进行备案或者报告；

（六）未制定药品上市后风险管理计划；

（七）未按照规定开展药品上市后研究或者上市后评价。

第一百二十八条　除依法应当按照假药、劣药处罚的外，药品包装未按照规定印有、贴有标签或者附有说明书，标签、说明书未按照规定注明相关信息或者印有规定标志的，责令改正，给予警告；情节严重的，吊销药品注册证书。

第一百二十九条　违反本法规定，药品上市许可持有人、药品生产企业、药品经营企业或者医疗机构未从药品上市许可持有人或者具有药品生产、经营资格的企业购进药品的，责令改正，没收违法购进的药品和违法所得，并处违法购进药品货值金额二倍以上十倍以下的罚款；情节严重的，并处货值金额十倍以上三十倍以下的罚款，吊销药品批准证明文件、药品生产许可证、药品经营许可证或者医疗机构执业许可证；货值金额不足五万元的，按五万元计算。

第一百三十条　违反本法规定，药品经营企业购销药品未按照规定进行记录，零售药品未正确说明用法、用量等事项，或者未按照规定调配处方的，责令改正，给予警告；情节严重的，吊销药品经营许可证。

第一百三十一条　违反本法规定，药品网络交易第三方平台提供者未履行资质审核、报告、停止提供网络交易平台服务等义务的，责令改正，没收违法所得，并处二十万元以上二百万元以下的罚款；情节严重的，责令停业整顿，并处二百万元以上五百万元以下的罚款。

第一百三十二条　进口已获得药品注册证书的药品，未按照规定向允许药品进口的口岸所在地药品监督管理部门备案的，责令限期改正，给予警告；逾期不改正的，吊销药品注册证书。

第一百三十三条　违反本法规定，医疗机构将其配制的制剂在市场上销售的，责令改正，没收违法销售的制剂和违法所得，并处违法销售制剂货值金额二倍以上五倍以下的罚款；情节严重的，并处货值金额五倍以上十五倍以下的罚款；货值金额不足五万元的，按五万元计算。

第一百三十四条　药品上市许可持有人未按照规定开展药品不良反应监测或者报告疑似药品不良反应的，责令限期改正，给予警告；逾期不改正的，责令停产停业整顿，并处十万元以上一百万元以下的罚款。

药品经营企业未按照规定报告疑似药品不良反应的，责令限期改正，给予警告；逾期不改正的，责令停产停业整顿，并处五万元以上五十万元以下的罚款。

医疗机构未按照规定报告疑似药品不良反应的，责令限期改正，给予警告；逾期不改正的，处五万元以上五十万元以下的罚款。

第一百三十五条　药品上市许可持有人在省、自治区、直辖市人民政府药品监督管理部门责令其召回后，拒不召回的，处应召回药品货值金额五倍以上十倍以下的罚款；货值金额不足十万元的，按十万元计算；情节严重的，吊销药品批准证明文件、药品生产许可证、药品经营许可证，对法定代表人、主要负责人、直接负责的主管人员和其他责任人员，处二万元以上二十万元以下的罚款。药品生产企业、药品经营企业、医疗机构拒不配合召回的，处十万元以上五十万元以下的罚款。

第一百三十六条　药品上市许可持有人为境外企业的，其指定的在中国境内的企业法人未依照本法规定履行相关义务的，适用本法有关药品上市许可持有人法律责任的规定。

第一百三十七条　有下列行为之一的，在本法规定的处罚幅度内从重处罚：

（一）以麻醉药品、精神药品、医疗用毒性药品、放射性药品、药品类易制毒化学品冒充其他药品，或者以其他药品冒充上述药品；

（二）生产、销售以孕产妇、儿童为主要使用对象的假药、劣药；

（三）生产、销售的生物制品属于假药、劣药；

（四）生产、销售假药、劣药，造成人身伤害后果；

（五）生产、销售假药、劣药，经处理后再犯；

（六）拒绝、逃避监督检查，伪造、销毁、隐匿有关证据材料，或者擅自动用查封、扣押物品。

第一百三十八条　药品检验机构出具虚假检验报告的，责令改正，给予警告，对单位并处二十万元以上一百万元以下的罚款；对直接负责的主管人员和其他直接责任人员依法给予降级、撤职、开除处分，没收违法所得，并处五万元以下的罚款；情节严重的，撤销其检验资格。药品检验机构出具的检验结果不实，造成损失的，应当承担相应的赔偿责任。

第一百三十九条　本法第一百一十五条至第一百三十八条规定的行政处罚，由县级以上人民政府药品监督管理部门按照职责分工决定；撤销许可、吊销许可证件的，由原批准、发证的部门决定。

第一百四十条　药品上市许可持有人、药品生产企业、药品经营企业或者医疗机构违反本法规定聘用人员的，由药品监督管理部门或者卫生健康主管部门责令解聘，处五万元以上二十万元以下的罚款。

第一百四十一条　药品上市许可持有人、药品生产企业、药品经营企业或者医疗机构在药品购销中给予、收受回扣或者其他不正当利益的，药品上市许可持有人、药品生产企业、药品经营企业或者代理人给予使用其药品的医疗机构的负责人、药品采购人员、医师、药师等有关人员财物或者其他不正当利益的，由市场监督管理部门没收违法所得，并处三十万元以上三百万元以下的罚款；情节严重的，吊销药品上市许可持有人、药品生产企业、药品经营企业营业执照，并由药品监督管理部门吊销药品批准证明文件、药品生产许可证、药品经营许可证。

药品上市许可持有人、药品生产企业、药品经营企业在药品研制、生产、经营中向国家工作人员行贿的，对法定代表人、主要负责人、直接负责的主管人员和其他责任人员终身禁止从事药品生产经营活动。

第一百四十二条 药品上市许可持有人、药品生产企业、药品经营企业的负责人、采购人员等有关人员在药品购销中收受其他药品上市许可持有人、药品生产企业、药品经营企业或者代理人给予的财物或者其他不正当利益的，没收违法所得，依法给予处罚；情节严重的，五年内禁止从事药品生产经营活动。

医疗机构的负责人、药品采购人员、医师、药师等有关人员收受药品上市许可持有人、药品生产企业、药品经营企业或者代理人给予的财物或者其他不正当利益的，由卫生健康主管部门或者本单位给予处分，没收违法所得；情节严重的，还应当吊销其执业证书。

第一百四十三条 违反本法规定，编造、散布虚假药品安全信息，构成违反治安管理行为的，由公安机关依法给予治安管理处罚。

第一百四十四条 药品上市许可持有人、药品生产企业、药品经营企业或者医疗机构违反本法规定，给用药者造成损害的，依法承担赔偿责任。

因药品质量问题受到损害的，受害人可以向药品上市许可持有人、药品生产企业请求赔偿损失，也可以向药品经营企业、医疗机构请求赔偿损失。接到受害人赔偿请求的，应当实行首负责任制，先行赔付；先行赔付后，可以依法追偿。

生产假药、劣药或者明知是假药、劣药仍然销售、使用的，受害人或者其近亲属除请求赔偿损失外，还可以请求支付价款十倍或者损失三倍的赔偿金；增加赔偿的金额不足一千元的，为一千元。

第一百四十五条　药品监督管理部门或者其设置、指定的药品专业技术机构参与药品生产经营活动的，由其上级主管机关责令改正，没收违法收入；情节严重的，对直接负责的主管人员和其他直接责任人员依法给予处分。

药品监督管理部门或者其设置、指定的药品专业技术机构的工作人员参与药品生产经营活动的，依法给予处分。

第一百四十六条　药品监督管理部门或者其设置、指定的药品检验机构在药品监督检验中违法收取检验费用的，由政府有关部门责令退还，对直接负责的主管人员和其他直接责任人员依法给予处分；情节严重的，撤销其检验资格。

第一百四十七条　违反本法规定，药品监督管理部门有下列行为之一的，应当撤销相关许可，对直接负责的主管人员和其他直接责任人员依法给予处分：

（一）不符合条件而批准进行药物临床试验；

（二）对不符合条件的药品颁发药品注册证书；

（三）对不符合条件的单位颁发药品生产许可证、药品经营许可证或者医疗机构制剂许可证。

第一百四十八条　违反本法规定，县级以上地方人民政府有下列行为之一的，对直接负责的主管人员和其他直接责任人员给予记过或者记大过处分；情节严重的，给予降级、撤职或者开除处分：

（一）瞒报、谎报、缓报、漏报药品安全事件；

（二）未及时消除区域性重大药品安全隐患，造成本行政区域内发生特别重大药品安全事件，或者连续发生重大药品安全事件；

（三）履行职责不力，造成严重不良影响或者重大损失。

第一百四十九条　违反本法规定，药品监督管理等部门有下列行为之一的，对直接负责的主管人员和其他直接责任人员给予记过或者记大过处分；情节较重的，给予降级或者撤职处分；情节严重的，给予开除处分：

（一）瞒报、谎报、缓报、漏报药品安全事件；

（二）对发现的药品安全违法行为未及时查处；

（三）未及时发现药品安全系统性风险，或者未及时消除监督管理区域内药品安全隐患，造成严重影响；

（四）其他不履行药品监督管理职责，造成严重不良影响或者重大损失。

第一百五十条　药品监督管理人员滥用职权、徇私舞弊、玩忽职守的，依法给予处分。

查处假药、劣药违法行为有失职、渎职行为的，对药品监督管理部门直接负责的主管人员和其他直接责任人员依法从重给予处分。

第一百五十一条　本章规定的货值金额以违法生产、销售药品的标价计算；没有标价的，按照同类药品的市场价格计算。

第十二章　附　　则

第一百五十二条　中药材种植、采集和饲养的管理，依照有关法律、法规的规定执行。

第一百五十三条　地区性民间习用药材的管理办法，由国务院药品监督管理部门会同国务院中医药主管部门制定。

第一百五十四条　中国人民解放军和中国人民武装警察部队执行本法的具体办法，由国务院、中央军事委员会依据本法制定。

第一百五十五条　本法自2019年12月1日起施行。

中华人民共和国疫苗管理法

（2019 年 6 月 29 日第十三届全国人民代表大会常务委员会第十一次会议通过）

目　　录

第一章　总　　则

第一条　为了加强疫苗管理，保证疫苗质量和供应，规范预防接种，促进疫苗行业发展，保障公众健康，维护公共卫生安全，制定本法。

第二条　在中华人民共和国境内从事疫苗研制、生产、流通和预防接种及其监督管理活动，适用本法。本法未作规定的，适用《中华人民共和国药品管理法》、《中华人民共和国传染病防治法》等法律、行政法规的规定。

本法所称疫苗，是指为预防、控制疾病的发生、流行，用于人体免疫接种的预防性生物制品，包括免疫规划疫苗和非免疫规划疫苗。

第三条　国家对疫苗实行最严格的管理制度，坚持安全第一、风险管理、全程管控、科学监管、社会共治。

第四条　国家坚持疫苗产品的战略性和公益性。

国家支持疫苗基础研究和应用研究，促进疫苗研制和创新，将预防、控制重大疾病的疫苗研制、生产和储备纳入国家战略。

国家制定疫苗行业发展规划和产业政策，支持疫苗产业发展和结构优化，鼓励疫苗生产规模化、集约化，不断提升疫苗生产工艺和质量水平。

第五条　疫苗上市许可持有人应当加强疫苗全生命周期质量管理，对疫苗的安全性、有效性和质量可控性负责。

从事疫苗研制、生产、流通和预防接种活动的单位和个人，应当遵守法律、法规、规章、标准和规范，保证全过程信息真实、准确、完整和可追溯，依法承担责任，接受社会监督。

第六条　国家实行免疫规划制度。

居住在中国境内的居民，依法享有接种免疫规划疫苗的权利，履行接种免疫规划疫苗的义务。政府免费向居民提供免疫规划疫苗。

县级以上人民政府及其有关部门应当保障适龄儿童接种免疫规划疫苗。监护人应当依法保证适龄儿童按时接种免疫规划疫苗。

第七条　县级以上人民政府应当将疫苗安全工作和预防接种工作纳入本级国民经济和社会发展规划，加强疫苗监督管理能力建设，建立健全疫苗监督管理工作机制。

县级以上地方人民政府对本行政区域疫苗监督管理工作负责，统一领导、组织、协调本行政区域疫苗监督管理工作。

第八条　国务院药品监督管理部门负责全国疫苗监督管理工作。国务院卫生健康主管部门负责全国预防接种监督管理工作。国务院其他有关部门在各自职责范围内负责与疫苗有关的监督管理工作。

省、自治区、直辖市人民政府药品监督管理部门负责本行政区域疫苗监督管理工作。设区的市级、县级人民政府承担药品监督管理职责的部门（以下称药品监督管理部门）负责本行政区域疫苗监督管理工作。县级以上地方人民政府卫生健康主管部门负责本行政区域预防接种监督管理工作。县级以上地方人民政府其他有关部门在各自职责范围内负责与疫苗有关的监督管理工作。

第九条 国务院和省、自治区、直辖市人民政府建立部门协调机制，统筹协调疫苗监督管理有关工作，定期分析疫苗安全形势，加强疫苗监督管理，保障疫苗供应。

第十条 国家实行疫苗全程电子追溯制度。

国务院药品监督管理部门会同国务院卫生健康主管部门制定统一的疫苗追溯标准和规范，建立全国疫苗电子追溯协同平台，整合疫苗生产、流通和预防接种全过程追溯信息，实现疫苗可追溯。

疫苗上市许可持有人应当建立疫苗电子追溯系统，与全国疫苗电子追溯协同平台相衔接，实现生产、流通和预防接种全过程最小包装单位疫苗可追溯、可核查。

疾病预防控制机构、接种单位应当依法如实记录疫苗流通、预防接种等情况，并按照规定向全国疫苗电子追溯协同平台提供追溯信息。

第十一条 疫苗研制、生产、检验等过程中应当建立健全生物安全管理制度，严格控制生物安全风险，加强菌毒株等病原微生物的生物安全管理，保护操作人员和公众的健康，保证菌毒株等病原微生物用途合法、正当。

疫苗研制、生产、检验等使用的菌毒株和细胞株，应当明确历史、生物学特征、代次，建立详细档案，保证来源合法、清晰、可追溯；来源不明的，不得使用。

第十二条 各级人民政府及其有关部门、疾病预防控制机构、接种单位、疫苗上市许可持有人和疫苗行业协会等应当通过全国儿童预防接种日等活动定期开展疫苗安全法律、法规以及预防接种知识等的宣传教育、普及工作。

新闻媒体应当开展疫苗安全法律、法规以及预防接种知识等的公益宣传，并对疫苗违法行为进行舆论监督。有关疫苗的宣传报道应当全面、科学、客观、公正。

第十三条 疫苗行业协会应当加强行业自律，建立健全行业规范，推动行业诚信体系建设，引导和督促会员依法开展生产经营等活动。

第二章 疫苗研制和注册

第十四条 国家根据疾病流行情况、人群免疫状况等因素，制定相关研制规划，安排必要资金，支持多联多价等新型疫苗的研制。

国家组织疫苗上市许可持有人、科研单位、医疗卫生机构联合攻关，研制疾病预防、控制急需的疫苗。

第十五条 国家鼓励疫苗上市许可持有人加大研制和创新资金投入，优化生产工艺，提升质量控制水平，推动疫苗技术进步。

第十六条 开展疫苗临床试验，应当经国务院药品监督管理部门依法批准。

疫苗临床试验应当由符合国务院药品监督管理部门和国务院卫生健康主管部门规定条件的三级医疗机构或者省级以上疾病预防控制机构实施或者组织实施。

国家鼓励符合条件的医疗机构、疾病预防控制机构等依法开展疫苗临床试验。

第十七条 疫苗临床试验申办者应当制定临床试验方案，建立临床试验安全监测与评价制度，审慎选择受试者，合理设置受试者群体和年龄组，并根据风险程度采取有效措施，保护受试者合法权益。

第十八条 开展疫苗临床试验，应当取得受试者的书面知情同意；受试者为无民事行为能力人的，应当取得其监护人的书面知情同意；受试者为限制民事行为能力人的，应当取得本人及其监护人的书面知情同意。

第十九条 在中国境内上市的疫苗应当经国务院药品监督管理部门

批准，取得药品注册证书；申请疫苗注册，应当提供真实、充分、可靠的数据、资料和样品。

对疾病预防、控制急需的疫苗和创新疫苗，国务院药品监督管理部门应当予以优先审评审批。

第二十条　应对重大突发公共卫生事件急需的疫苗或者国务院卫生健康主管部门认定急需的其他疫苗，经评估获益大于风险的，国务院药品监督管理部门可以附条件批准疫苗注册申请。

出现特别重大突发公共卫生事件或者其他严重威胁公众健康的紧急事件，国务院卫生健康主管部门根据传染病预防、控制需要提出紧急使用疫苗的建议，经国务院药品监督管理部门组织论证同意后可以在一定范围和期限内紧急使用。

第二十一条　国务院药品监督管理部门在批准疫苗注册申请时，对疫苗的生产工艺、质量控制标准和说明书、标签予以核准。

国务院药品监督管理部门应当在其网站上及时公布疫苗说明书、标签内容。

第三章　疫苗生产和批签发

第二十二条　国家对疫苗生产实行严格准入制度。

从事疫苗生产活动，应当经省级以上人民政府药品监督管理部门批准，取得药品生产许可证。

从事疫苗生产活动，除符合《中华人民共和国药品管理法》规定的从事药品生产活动的条件外，还应当具备下列条件：

（一）具备适度规模和足够的产能储备；

（二）具有保证生物安全的制度和设施、设备；

（三）符合疾病预防、控制需要。

疫苗上市许可持有人应当具备疫苗生产能力；超出疫苗生产能力确需委托生产的，应当经国务院药品监督管理部门批准。接受委托生产的，应当遵守本法规定和国家有关规定，保证疫苗质量。

第二十三条 疫苗上市许可持有人的法定代表人、主要负责人应当具有良好的信用记录，生产管理负责人、质量管理负责人、质量受权人等关键岗位人员应当具有相关专业背景和从业经历。

疫苗上市许可持有人应当加强对前款规定人员的培训和考核，及时将其任职和变更情况向省、自治区、直辖市人民政府药品监督管理部门报告。

第二十四条 疫苗应当按照经核准的生产工艺和质量控制标准进行生产和检验，生产全过程应当符合药品生产质量管理规范的要求。

疫苗上市许可持有人应当按照规定对疫苗生产全过程和疫苗质量进行审核、检验。

第二十五条 疫苗上市许可持有人应当建立完整的生产质量管理体系，持续加强偏差管理，采用信息化手段如实记录生产、检验过程中形成的所有数据，确保生产全过程持续符合法定要求。

第二十六条 国家实行疫苗批签发制度。

每批疫苗销售前或者进口时，应当经国务院药品监督管理部门指定的批签发机构按照相关技术要求进行审核、检验。符合要求的，发给批签发证明；不符合要求的，发给不予批签发通知书。

不予批签发的疫苗不得销售，并应当由省、自治区、直辖市人民政府药品监督管理部门监督销毁；不予批签发的进口疫苗应当由口岸所在地药品监督管理部门监督销毁或者依法进行其他处理。

国务院药品监督管理部门、批签发机构应当及时公布上市疫苗批签发结果，供公众查询。

第二十七条 申请疫苗批签发应当按照规定向批签发机构提供批生产及检验记录摘要等资料和同批号产品等样品。进口疫苗还应当提供原产地证明、批签发证明；在原产地免予批签发的，应当提供免予批签发证明。

第二十八条 预防、控制传染病疫情或者应对突发事件急需的疫苗，经国务院药品监督管理部门批准，免予批签发。

第二十九条　疫苗批签发应当逐批进行资料审核和抽样检验。疫苗批签发检验项目和检验频次应当根据疫苗质量风险评估情况进行动态调整。

对疫苗批签发申请资料或者样品的真实性有疑问，或者存在其他需要进一步核实的情况的，批签发机构应当予以核实，必要时应当采用现场抽样检验等方式组织开展现场核实。

第三十条　批签发机构在批签发过程中发现疫苗存在重大质量风险的，应当及时向国务院药品监督管理部门和省、自治区、直辖市人民政府药品监督管理部门报告。

接到报告的部门应当立即对疫苗上市许可持有人进行现场检查，根据检查结果通知批签发机构对疫苗上市许可持有人的相关产品或者所有产品不予批签发或者暂停批签发，并责令疫苗上市许可持有人整改。疫苗上市许可持有人应当立即整改，并及时将整改情况向责令其整改的部门报告。

第三十一条　对生产工艺偏差、质量差异、生产过程中的故障和事故以及采取的措施，疫苗上市许可持有人应当如实记录，并在相应批产品申请批签发的文件中载明；可能影响疫苗质量的，疫苗上市许可持有人应当立即采取措施，并向省、自治区、直辖市人民政府药品监督管理部门报告。

第四章　疫苗流通

第三十二条　国家免疫规划疫苗由国务院卫生健康主管部门会同国务院财政部门等组织集中招标或者统一谈判，形成并公布中标价格或者成交价格，各省、自治区、直辖市实行统一采购。

国家免疫规划疫苗以外的其他免疫规划疫苗、非免疫规划疫苗由各省、自治区、直辖市通过省级公共资源交易平台组织采购。

第三十三条　疫苗的价格由疫苗上市许可持有人依法自主合理制定。疫苗的价格水平、差价率、利润率应当保持在合理幅度。

第三十四条 省级疾病预防控制机构应当根据国家免疫规划和本行政区域疾病预防、控制需要，制定本行政区域免疫规划疫苗使用计划，并按照国家有关规定向组织采购疫苗的部门报告，同时报省、自治区、直辖市人民政府卫生健康主管部门备案。

第三十五条 疫苗上市许可持有人应当按照采购合同约定，向疾病预防控制机构供应疫苗。

疾病预防控制机构应当按照规定向接种单位供应疫苗。

疾病预防控制机构以外的单位和个人不得向接种单位供应疫苗，接种单位不得接收该疫苗。

第三十六条 疫苗上市许可持有人应当按照采购合同约定，向疾病预防控制机构或者疾病预防控制机构指定的接种单位配送疫苗。

疫苗上市许可持有人、疾病预防控制机构自行配送疫苗应当具备疫苗冷链储存、运输条件，也可以委托符合条件的疫苗配送单位配送疫苗。

疾病预防控制机构配送非免疫规划疫苗可以收取储存、运输费用，具体办法由国务院财政部门会同国务院价格主管部门制定，收费标准由省、自治区、直辖市人民政府价格主管部门会同财政部门制定。

第三十七条 疾病预防控制机构、接种单位、疫苗上市许可持有人、疫苗配送单位应当遵守疫苗储存、运输管理规范，保证疫苗质量。

疫苗在储存、运输全过程中应当处于规定的温度环境，冷链储存、运输应当符合要求，并定时监测、记录温度。

疫苗储存、运输管理规范由国务院药品监督管理部门、国务院卫生健康主管部门共同制定。

第三十八条 疫苗上市许可持有人在销售疫苗时，应当提供加盖其印章的批签发证明复印件或者电子文件；销售进口疫苗的，还应当提供加盖其印章的进口药品通关单复印件或者电子文件。

疾病预防控制机构、接种单位在接收或者购进疫苗时，应当索取前款规定的证明文件，并保存至疫苗有效期满后不少于五年备查。

第三十九条 疫苗上市许可持有人应当按照规定，建立真实、准确、完整的销售记录，并保存至疫苗有效期满后不少于五年备查。

疾病预防控制机构、接种单位、疫苗配送单位应当按照规定，建立真实、准确、完整的接收、购进、储存、配送、供应记录，并保存至疫苗有效期满后不少于五年备查。

疾病预防控制机构、接种单位接收或者购进疫苗时，应当索取本次运输、储存全过程温度监测记录，并保存至疫苗有效期满后不少于五年备查；对不能提供本次运输、储存全过程温度监测记录或者温度控制不符合要求的，不得接收或者购进，并应当立即向县级以上地方人民政府药品监督管理部门、卫生健康主管部门报告。

第四十条　疾病预防控制机构、接种单位应当建立疫苗定期检查制度，对存在包装无法识别、储存温度不符合要求、超过有效期等问题的疫苗，采取隔离存放、设置警示标志等措施，并按照国务院药品监督管理部门、卫生健康主管部门、生态环境主管部门的规定处置。疾病预防控制机构、接种单位应当如实记录处置情况，处置记录应当保存至疫苗有效期满后不少于五年备查。

第五章　预防接种

第四十一条　国务院卫生健康主管部门制定国家免疫规划；国家免疫规划疫苗种类由国务院卫生健康主管部门会同国务院财政部门拟订，报国务院批准后公布。

国务院卫生健康主管部门建立国家免疫规划专家咨询委员会，并会同国务院财政部门建立国家免疫规划疫苗种类动态调整机制。

省、自治区、直辖市人民政府在执行国家免疫规划时，可以根据本行政区域疾病预防、控制需要，增加免疫规划疫苗种类，报国务院卫生健康主管部门备案并公布。

第四十二条　国务院卫生健康主管部门应当制定、公布预防接种工作规范，强化预防接种规范化管理。

国务院卫生健康主管部门应当制定、公布国家免疫规划疫苗的免疫程序和非免疫规划疫苗的使用指导原则。

省、自治区、直辖市人民政府卫生健康主管部门应当结合本行政区域实际情况制定接种方案，并报国务院卫生健康主管部门备案。

第四十三条　各级疾病预防控制机构应当按照各自职责，开展与预防接种相关的宣传、培训、技术指导、监测、评价、流行病学调查、应急处置等工作。

第四十四条　接种单位应当具备下列条件：

（一）取得医疗机构执业许可证；

（二）具有经过县级人民政府卫生健康主管部门组织的预防接种专业培训并考核合格的医师、护士或者乡村医生；

（三）具有符合疫苗储存、运输管理规范的冷藏设施、设备和冷藏保管制度。

县级以上地方人民政府卫生健康主管部门指定符合条件的医疗机构承担责任区域内免疫规划疫苗接种工作。符合条件的医疗机构可以承担非免疫规划疫苗接种工作，并应当报颁发其医疗机构执业许可证的卫生健康主管部门备案。

接种单位应当加强内部管理，开展预防接种工作应当遵守预防接种工作规范、免疫程序、疫苗使用指导原则和接种方案。

各级疾病预防控制机构应当加强对接种单位预防接种工作的技术指导和疫苗使用的管理。

第四十五条　医疗卫生人员实施接种，应当告知受种者或者其监护人所接种疫苗的品种、作用、禁忌、不良反应以及现场留观等注意事项，询问受种者的健康状况以及是否有接种禁忌等情况，并如实记录告知和询问情况。受种者或者其监护人应当如实提供受种者的健康状况和接种禁忌等情况。有接种禁忌不能接种的，医疗卫生人员应当向受种者或者其监护人提出医学建议，并如实记录提出医学建议情况。

医疗卫生人员在实施接种前，应当按照预防接种工作规范的要求，检查受种者健康状况、核查接种禁忌，查对预防接种证，检查疫苗、注射器的外观、批号、有效期，核对受种者的姓名、年龄和疫苗的品名、规格、剂量、接种部位、接种途径，做到受种者、预防接种证和疫苗信息相一致，确认无误后方可实施接种。

医疗卫生人员应当对符合接种条件的受种者实施接种。受种者在现场留观期间出现不良反应的，医疗卫生人员应当按照预防接种工作规范的要求，及时采取救治等措施。

第四十六条 医疗卫生人员应当按照国务院卫生健康主管部门的规定，真实、准确、完整记录疫苗的品种、上市许可持有人、最小包装单位的识别信息、有效期、接种时间、实施接种的医疗卫生人员、受种者等接种信息，确保接种信息可追溯、可查询。接种记录应当保存至疫苗有效期满后不少于五年备查。

第四十七条 国家对儿童实行预防接种证制度。在儿童出生后一个月内，其监护人应当到儿童居住地承担预防接种工作的接种单位或者出生医院为其办理预防接种证。接种单位或者出生医院不得拒绝办理。监护人应当妥善保管预防接种证。

预防接种实行居住地管理，儿童离开原居住地期间，由现居住地承担预防接种工作的接种单位负责对其实施接种。

预防接种证的格式由国务院卫生健康主管部门规定。

第四十八条 儿童入托、入学时，托幼机构、学校应当查验预防接种证，发现未按照规定接种免疫规划疫苗的，应当向儿童居住地或者托幼机构、学校所在地承担预防接种工作的接种单位报告，并配合接种单位督促其监护人按照规定补种。疾病预防控制机构应当为托幼机构、学校查验预防接种证等提供技术指导。

儿童入托、入学预防接种证查验办法由国务院卫生健康主管部门会同国务院教育行政部门制定。

第四十九条 接种单位接种免疫规划疫苗不得收取任何费用。

接种单位接种非免疫规划疫苗，除收取疫苗费用外，还可以收取接种服务费。接种服务费的收费标准由省、自治区、直辖市人民政府价格主管部门会同财政部门制定。

第五十条 县级以上地方人民政府卫生健康主管部门根据传染病监测和预警信息，为预防、控制传染病暴发、流行，报经本级人民政府决定，并报省级以上人民政府卫生健康主管部门备案，可以在本行政区域进行群体性预防接种。

需要在全国范围或者跨省、自治区、直辖市范围内进行群体性预防接种的，应当由国务院卫生健康主管部门决定。

作出群体性预防接种决定的县级以上地方人民政府或者国务院卫生健康主管部门应当组织有关部门做好人员培训、宣传教育、物资调用等工作。

任何单位和个人不得擅自进行群体性预防接种。

第五十一条 传染病暴发、流行时，县级以上地方人民政府或者其卫生健康主管部门需要采取应急接种措施的，依照法律、行政法规的规定执行。

第六章 异常反应监测和处理

第五十二条 预防接种异常反应，是指合格的疫苗在实施规范接种过程中或者实施规范接种后造成受种者机体组织器官、功能损害，相关各方均无过错的药品不良反应。

下列情形不属于预防接种异常反应：

（一）因疫苗本身特性引起的接种后一般反应；

（二）因疫苗质量问题给受种者造成的损害；

（三）因接种单位违反预防接种工作规范、免疫程序、疫苗使用指导原则、接种方案给受种者造成的损害；

（四）受种者在接种时正处于某种疾病的潜伏期或者前驱期，接种后偶合发病；

（五）受种者有疫苗说明书规定的接种禁忌，在接种前受种者或者其监护人未如实提供受种者的健康状况和接种禁忌等情况，接种后受种者原有疾病急性复发或者病情加重；

（六）因心理因素发生的个体或者群体的心因性反应。

第五十三条 国家加强预防接种异常反应监测。预防接种异常反应监测方案由国务院卫生健康主管部门会同国务院药品监督管理部门制定。

第五十四条 接种单位、医疗机构等发现疑似预防接种异常反应的，应当按照规定向疾病预防控制机构报告。

疫苗上市许可持有人应当设立专门机构，配备专职人员，主动收集、跟踪分析疑似预防接种异常反应，及时采取风险控制措施，将疑似预防接种异常反应向疾病预防控制机构报告，将质量分析报告提交省、自治区、直辖市人民政府药品监督管理部门。

第五十五条 对疑似预防接种异常反应，疾病预防控制机构应当按照规定及时报告，组织调查、诊断，并将调查、诊断结论告知受种者或者其监护人。对调查、诊断结论有争议的，可以根据国务院卫生健康主管部门制定的鉴定办法申请鉴定。

因预防接种导致受种者死亡、严重残疾，或者群体性疑似预防接种异常反应等对社会有重大影响的疑似预防接种异常反应，由设区的市级以上人民政府卫生健康主管部门、药品监督管理部门按照各自职责组织调查、处理。

第五十六条 国家实行预防接种异常反应补偿制度。实施接种过程中或者实施接种后出现受种者死亡、严重残疾、器官组织损伤等损害，属于预防接种异常反应或者不能排除的，应当给予补偿。补偿范围实行目录管理，并根据实际情况进行动态调整。

接种免疫规划疫苗所需的补偿费用，由省、自治区、直辖市人民政府财政部门在预防接种经费中安排；接种非免疫规划疫苗所需的补偿费用，由相关疫苗上市许可持有人承担。国家鼓励通过商业保险等多种形式对预防接种异常反应受种者予以补偿。

预防接种异常反应补偿应当及时、便民、合理。预防接种异常反应补偿范围、标准、程序由国务院规定，省、自治区、直辖市制定具体实施办法。

第七章　疫苗上市后管理

第五十七条　疫苗上市许可持有人应当建立健全疫苗全生命周期质量管理体系，制定并实施疫苗上市后风险管理计划，开展疫苗上市后研究，对疫苗的安全性、有效性和质量可控性进行进一步确证。

对批准疫苗注册申请时提出进一步研究要求的疫苗，疫苗上市许可持有人应当在规定期限内完成研究；逾期未完成研究或者不能证明其获益大于风险的，国务院药品监督管理部门应当依法处理，直至注销该疫苗的药品注册证书。

第五十八条　疫苗上市许可持有人应当对疫苗进行质量跟踪分析，持续提升质量控制标准，改进生产工艺，提高生产工艺稳定性。

生产工艺、生产场地、关键设备等发生变更的，应当进行评估、验证，按照国务院药品监督管理部门有关变更管理的规定备案或者报告；变更可能影响疫苗安全性、有效性和质量可控性的，应当经国务院药品监督管理部门批准。

第五十九条　疫苗上市许可持有人应当根据疫苗上市后研究、预防接种异常反应等情况持续更新说明书、标签，并按照规定申请核准或者备案。

国务院药品监督管理部门应当在其网站上及时公布更新后的疫苗说明书、标签内容。

第六十条　疫苗上市许可持有人应当建立疫苗质量回顾分析和风险报告制度，每年将疫苗生产流通、上市后研究、风险管理等情况按照规定如实向国务院药品监督管理部门报告。

第六十一条　国务院药品监督管理部门可以根据实际情况，责令疫苗上市许可持有人开展上市后评价或者直接组织开展上市后评价。

对预防接种异常反应严重或者其他原因危害人体健康的疫苗，国务院药品监督管理部门应当注销该疫苗的药品注册证书。

第六十二条　国务院药品监督管理部门可以根据疾病预防、控制需要和疫苗行业发展情况，组织对疫苗品种开展上市后评价，发现该疫苗品种的产品设计、生产工艺、安全性、有效性或者质量可控性明显劣于预防、控制同种疾病的其他疫苗品种的，应当注销该品种所有疫苗的药品注册证书并废止相应的国家药品标准。

第八章　保障措施

第六十三条　县级以上人民政府应当将疫苗安全工作、购买免疫规划疫苗和预防接种工作以及信息化建设等所需经费纳入本级政府预算，保证免疫规划制度的实施。

县级人民政府按照国家有关规定对从事预防接种工作的乡村医生和其他基层医疗卫生人员给予补助。

国家根据需要对经济欠发达地区的预防接种工作给予支持。省、自治区、直辖市人民政府和设区的市级人民政府应当对经济欠发达地区的县级人民政府开展与预防接种相关的工作给予必要的经费补助。

第六十四条　省、自治区、直辖市人民政府根据本行政区域传染病流行趋势，在国务院卫生健康主管部门确定的传染病预防、控制项目范围内，确定本行政区域与预防接种相关的项目，并保证项目的实施。

第六十五条　国务院卫生健康主管部门根据各省、自治区、直辖市国家免疫规划疫苗使用计划，向疫苗上市许可持有人提供国家免疫规划疫苗需求信息，疫苗上市许可持有人根据疫苗需求信息合理安排生产。

疫苗存在供应短缺风险时，国务院卫生健康主管部门、国务院药品监督管理部门提出建议，国务院工业和信息化主管部门、国务院财政部门应当采取有效措施，保障疫苗生产、供应。

疫苗上市许可持有人应当依法组织生产，保障疫苗供应；疫苗上市许可持有人停止疫苗生产的，应当及时向国务院药品监督管理部门或者省、自治区、直辖市人民政府药品监督管理部门报告。

第六十六条　国家将疫苗纳入战略物资储备，实行中央和省级两级储备。

国务院工业和信息化主管部门、财政部门会同国务院卫生健康主管部门、公安部门、市场监督管理部门和药品监督管理部门，根据疾病预防、控制和公共卫生应急准备的需要，加强储备疫苗的产能、产品管理，建立动态调整机制。

第六十七条　各级财政安排用于预防接种的经费应当专款专用，任何单位和个人不得挪用、挤占。

有关单位和个人使用预防接种的经费应当依法接受审计机关的审计监督。

第六十八条　国家实行疫苗责任强制保险制度。

疫苗上市许可持有人应当按照规定投保疫苗责任强制保险。因疫苗质量问题造成受种者损害的，保险公司在承保的责任限额内予以赔付。

疫苗责任强制保险制度的具体实施办法，由国务院药品监督管理部门会同国务院卫生健康主管部门、保险监督管理机构等制定。

第六十九条　传染病暴发、流行时，相关疫苗上市许可持有人应当及时生产和供应预防、控制传染病的疫苗。交通运输单位应当优先运输预防、控制传染病的疫苗。县级以上人民政府及其有关部门应当做好组织、协调、保障工作。

第九章　监督管理

第七十条　药品监督管理部门、卫生健康主管部门按照各自职责对疫苗研制、生产、流通和预防接种全过程进行监督管理，监督疫苗上市许可持有人、疾病预防控制机构、接种单位等依法履行义务。

药品监督管理部门依法对疫苗研制、生产、储存、运输以及预防接种中的疫苗质量进行监督检查。卫生健康主管部门依法对免疫规划制度的实施、预防接种活动进行监督检查。

药品监督管理部门应当加强对疫苗上市许可持有人的现场检查；必要时，可以对为疫苗研制、生产、流通等活动提供产品或者服务的单位和个人进行延伸检查；有关单位和个人应当予以配合，不得拒绝和隐瞒。

第七十一条　国家建设中央和省级两级职业化、专业化药品检查员队伍，加强对疫苗的监督检查。

省、自治区、直辖市人民政府药品监督管理部门选派检查员入驻疫苗上市许可持有人。检查员负责监督检查药品生产质量管理规范执行情况，收集疫苗质量风险和违法违规线索，向省、自治区、直辖市人民政府药品监督管理部门报告情况并提出建议，对派驻期间的行为负责。

第七十二条　疫苗质量管理存在安全隐患，疫苗上市许可持有人等未及时采取措施消除的，药品监督管理部门可以采取责任约谈、限期整改等措施。

严重违反药品相关质量管理规范的，药品监督管理部门应当责令暂停疫苗生产、销售、配送，立即整改；整改完成后，经药品监督管理部门检查符合要求的，方可恢复生产、销售、配送。

药品监督管理部门应当建立疫苗上市许可持有人及其相关人员信用记录制度，纳入全国信用信息共享平台，按照规定公示其严重失信信息，实施联合惩戒。

第七十三条　疫苗存在或者疑似存在质量问题的，疫苗上市许可持有人、疾病预防控制机构、接种单位应当立即停止销售、配送、使用，必要时立即停止生产，按照规定向县级以上人民政府药品监督管理部门、卫生健康主管部门报告。卫生健康主管部门应当立即组织疾病预防控制机构和接种单位采取必要的应急处置措施，同时向上级人民政府卫生健康主管部门报告。药品监督管理部门应当依法采取查封、扣押等措施。对已经销售的疫苗，疫苗上市许可持有人应当及时通知相关疾病预防控制机构、疫苗配送单位、接种单位，按照规定召回，如实记录召回和通知情况，疾病预防控制机构、疫苗配送单位、接种单位应当予以配合。

未依照前款规定停止生产、销售、配送、使用或者召回疫苗的，县级以上人民政府药品监督管理部门、卫生健康主管部门应当按照各自职责责令停止生产、销售、配送、使用或者召回疫苗。

疫苗上市许可持有人、疾病预防控制机构、接种单位发现存在或者疑似存在质量问题的疫苗，不得瞒报、谎报、缓报、漏报，不得隐匿、伪造、毁灭有关证据。

第七十四条　疫苗上市许可持有人应当建立信息公开制度，按照规定在其网站上及时公开疫苗产品信息、说明书和标签、药品相关质量管理规范执行情况、批签发情况、召回情况、接受检查和处罚情况以及投保疫苗责任强制保险情况等信息。

第七十五条　国务院药品监督管理部门会同国务院卫生健康主管部门等建立疫苗质量、预防接种等信息共享机制。

省级以上人民政府药品监督管理部门、卫生健康主管部门等应当按照科学、客观、及时、公开的原则，组织疫苗上市许可持有人、疾病预防控制机构、接种单位、新闻媒体、科研单位等，就疫苗质量和预防接种等信息进行交流沟通。

第七十六条　国家实行疫苗安全信息统一公布制度。

疫苗安全风险警示信息、重大疫苗安全事故及其调查处理信息和国务院确定需要统一公布的其他疫苗安全信息，由国务院药品监督管理部门会同有关部门公布。全国预防接种异常反应报告情况，由国务院卫生健康主管部门会同国务院药品监督管理部门统一公布。未经授权不得发布上述信息。公布重大疫苗安全信息，应当及时、准确、全面，并按照规定进行科学评估，作出必要的解释说明。

县级以上人民政府药品监督管理部门发现可能误导公众和社会舆论的疫苗安全信息，应当立即会同卫生健康主管部门及其他有关部门、专业机构、相关疫苗上市许可持有人等进行核实、分析，并及时公布结果。

任何单位和个人不得编造、散布虚假疫苗安全信息。

第七十七条　任何单位和个人有权依法了解疫苗信息，对疫苗监督管理工作提出意见、建议。

任何单位和个人有权向卫生健康主管部门、药品监督管理部门等部门举报疫苗违法行为，对卫生健康主管部门、药品监督管理部门等部门及其工作人员未依法履行监督管理职责的情况有权向本级或者上级人民政府及其有关部门、监察机关举报。有关部门、机关应当及时核实、处理；对查证属实的举报，按照规定给予举报人奖励；举报人举报所在单位严重违法行为，查证属实的，给予重奖。

第七十八条 县级以上人民政府应当制定疫苗安全事件应急预案，对疫苗安全事件分级、处置组织指挥体系与职责、预防预警机制、处置程序、应急保障措施等作出规定。

疫苗上市许可持有人应当制定疫苗安全事件处置方案，定期检查各项防范措施的落实情况，及时消除安全隐患。

发生疫苗安全事件，疫苗上市许可持有人应当立即向国务院药品监督管理部门或者省、自治区、直辖市人民政府药品监督管理部门报告；疾病预防控制机构、接种单位、医疗机构应当立即向县级以上人民政府卫生健康主管部门、药品监督管理部门报告。药品监督管理部门应当会同卫生健康主管部门按照应急预案的规定，成立疫苗安全事件处置指挥机构，开展医疗救治、风险控制、调查处理、信息发布、解释说明等工作，做好补种等善后处置工作。因质量问题造成的疫苗安全事件的补种费用由疫苗上市许可持有人承担。

有关单位和个人不得瞒报、谎报、缓报、漏报疫苗安全事件，不得隐匿、伪造、毁灭有关证据。

第十章 法律责任

第七十九条 违反本法规定，构成犯罪的，依法从重追究刑事责任。

第八十条 生产、销售的疫苗属于假药的，由省级以上人民政府药品监督管理部门没收违法所得和违法生产、销售的疫苗以及专门用于违法生产疫苗的原料、辅料、包装材料、设备等物品，责令停产停业整顿，吊销药品注册证书，直至吊销药品生产许可证等，并处违法生产、销售疫苗货值金额十五倍以上五十倍以下的罚款，货值金额不足五十万元的，按五十万元计算。

生产、销售的疫苗属于劣药的，由省级以上人民政府药品监督管理部门没收违法所得和违法生产、销售的疫苗以及专门用于违法生产疫苗的原料、辅料、包装材料、设备等物品，责令停产停业整顿，并处违法生产、销售疫苗货值金额十倍以上三十倍以下的罚款，货值金额不足五十万元的，按五十万元计算；情节严重的，吊销药品注册证书，直至吊销药品生产许可证等。

生产、销售的疫苗属于假药，或者生产、销售的疫苗属于劣药且情节严重的，由省级以上人民政府药品监督管理部门对法定代表人、主要负责人、直接负责的主管人员和关键岗位人员以及其他责任人员，没收违法行为发生期间自本单位所获收入，并处所获收入一倍以上十倍以下的罚款，终身禁止从事药品生产经营活动，由公安机关处五日以上十五日以下拘留。

第八十一条　有下列情形之一的，由省级以上人民政府药品监督管理部门没收违法所得和违法生产、销售的疫苗以及专门用于违法生产疫苗的原料、辅料、包装材料、设备等物品，责令停产停业整顿，并处违法生产、销售疫苗货值金额十五倍以上五十倍以下的罚款，货值金额不足五十万元的，按五十万元计算；情节严重的，吊销药品相关批准证明文件，直至吊销药品生产许可证等，对法定代表人、主要负责人、直接负责的主管人员和关键岗位人员以及其他责任人员，没收违法行为发生期间自本单位所获收入，并处所获收入百分之五十以上十倍以下的罚款，十年内直至终身禁止从事药品生产经营活动，由公安机关处五日以上十五日以下拘留：

（一）申请疫苗临床试验、注册、批签发提供虚假数据、资料、样品或者有其他欺骗行为；

（二）编造生产、检验记录或者更改产品批号；

（三）疾病预防控制机构以外的单位或者个人向接种单位供应疫苗；

（四）委托生产疫苗未经批准；

（五）生产工艺、生产场地、关键设备等发生变更按照规定应当经批准而未经批准；

（六）更新疫苗说明书、标签按照规定应当经核准而未经核准。

第八十二条　除本法另有规定的情形外，疫苗上市许可持有人或者其他单位违反药品相关质量管理规范的，由县级以上人民政府药品监督管理部门责令改正，给予警告；拒不改正的，处二十万元以上五十万元以下的罚款；情节严重的，处五十万元以上三百万元以下的罚款，责令停产停业整顿，直至吊销药品相关批准证明文件、药品生产许可证等，对法定代表人、主要负责人、直接负责的主管人员和关键岗位人员以及其他责任人员，没收违法行为发生期间自本单位所获收入，并处所获收入百分之五十以上五倍以下的罚款，十年内直至终身禁止从事药品生产经营活动。

第八十三条　违反本法规定，疫苗上市许可持有人有下列情形之一的，由省级以上人民政府药品监督管理部门责令改正，给予警告；拒不改正的，处二十万元以上五十万元以下的罚款；情节严重的，责令停产停业整顿，并处五十万元以上二百万元以下的罚款：

（一）未按照规定建立疫苗电子追溯系统；

（二）法定代表人、主要负责人和生产管理负责人、质量管理负责人、质量受权人等关键岗位人员不符合规定条件或者未按照规定对其进行培训、考核；

（三）未按照规定报告或者备案；

（四）未按照规定开展上市后研究，或者未按照规定设立机构、配备人员主动收集、跟踪分析疑似预防接种异常反应；

（五）未按照规定投保疫苗责任强制保险；

（六）未按照规定建立信息公开制度。

第八十四条　违反本法规定，批签发机构有下列情形之一的，由国务院药品监督管理部门责令改正，给予警告，对主要负责人、直接负责的主管人员和其他直接责任人员依法给予警告直至降级处分：

（一）未按照规定进行审核和检验；

（二）未及时公布上市疫苗批签发结果；

（三）未按照规定进行核实；

（四）发现疫苗存在重大质量风险未按照规定报告。

违反本法规定，批签发机构未按照规定发给批签发证明或者不予批签发通知书的，由国务院药品监督管理部门责令改正，给予警告，对主要负责人、直接负责的主管人员和其他直接责任人员依法给予降级或者撤职处分；情节严重的，对主要负责人、直接负责的主管人员和其他直接责任人员依法给予开除处分。

第八十五条　疾病预防控制机构、接种单位、疫苗上市许可持有人、疫苗配送单位违反疫苗储存、运输管理规范有关冷链储存、运输要求的，由县级以上人民政府药品监督管理部门责令改正，给予警告，对违法储存、运输的疫苗予以销毁，没收违法所得；拒不改正的，对接种单位、疫苗上市许可持有人、疫苗配送单位处二十万元以上一百万元以下的罚款；情节严重的，对接种单位、疫苗上市许可持有人、疫苗配送单位处违法储存、运输疫苗货值金额十倍以上三十倍以下的罚款，货值金额不足十万元的，按十万元计算，责令疫苗上市许可持有人、疫苗配送单位停产停业整顿，直至吊销药品相关批准证明文件、药品生产许可证等，对疫苗上市许可持有人、疫苗配送单位的法定代表人、主要负责人、直接负责的主管人员和关键岗位人员以及其他责任人员依照本法第八十二条规定给予处罚。

疾病预防控制机构、接种单位有前款规定违法行为的，由县级以上人民政府卫生健康主管部门对主要负责人、直接负责的主管人员和其他直接责任人员依法给予警告直至撤职处分，责令负有责任的医疗卫生人员暂停一年以上十八个月以下执业活动；造成严重后果的，对主要负责人、直接负责的主管人员和其他直接责任人员依法给予开除处分，并可以吊销接种单位的接种资格，由原发证部门吊销负有责任的医疗卫生人员的执业证书。

第八十六条　疾病预防控制机构、接种单位、疫苗上市许可持有人、疫苗配送单位有本法第八十五条规定以外的违反疫苗储存、运输管理规范行为的，由县级以上人民政府药品监督管理部门责令改正，给予警告，没收违法所得；拒不改正的，对接种单位、疫苗上市许可持有人、疫苗配送单位处十万元以上三十万元以下的罚款；情节严重的，对接种单位、疫苗上市许可持有人、疫苗配送单位处违法储存、运输疫苗货值金额三倍以上十倍以下的罚款，货值金额不足十万元的，按十万元计算。

疾病预防控制机构、接种单位有前款规定违法行为的，县级以上人民政府卫生健康主管部门可以对主要负责人、直接负责的主管人员和其他直接责任人员依法给予警告直至撤职处分，责令负有责任的医疗卫生人员暂停六个月以上一年以下执业活动；造成严重后果的，对主要负责人、直接负责的主管人员和其他直接责任人员依法给予开除处分，由原发证部门吊销负有责任的医疗卫生人员的执业证书。

第八十七条　违反本法规定，疾病预防控制机构、接种单位有下列情形之一的，由县级以上人民政府卫生健康主管部门责令改正，给予警告，没收违法所得；情节严重的，对主要负责人、直接负责的主管人员和其他直接责任人员依法给予警告直至撤职处分，责令负有责任的医疗卫生人员暂停一年以上十八个月以下执业活动；造成严重后果的，对主要负责人、直接负责的主管人员和其他直接责任人员依法给予开除处分，由原发证部门吊销负有责任的医疗卫生人员的执业证书：

（一）未按照规定供应、接收、采购疫苗；

（二）接种疫苗未遵守预防接种工作规范、免疫程序、疫苗使用指导原则、接种方案；

（三）擅自进行群体性预防接种。

第八十八条　违反本法规定，疾病预防控制机构、接种单位有下列情形之一的，由县级以上人民政府卫生健康主管部门责令改正，给予警告；

情节严重的，对主要负责人、直接负责的主管人员和其他直接责任人员依法给予警告直至撤职处分，责令负有责任的医疗卫生人员暂停六个月以上一年以下执业活动；造成严重后果的，对主要负责人、直接负责的主管人员和其他直接责任人员依法给予开除处分，由原发证部门吊销负有责任的医疗卫生人员的执业证书：

（一）未按照规定提供追溯信息；

（二）接收或者购进疫苗时未按照规定索取并保存相关证明文件、温度监测记录；

（三）未按照规定建立并保存疫苗接收、购进、储存、配送、供应、接种、处置记录；

（四）未按照规定告知、询问受种者或者其监护人有关情况。

第八十九条　疾病预防控制机构、接种单位、医疗机构未按照规定报告疑似预防接种异常反应、疫苗安全事件等，或者未按照规定对疑似预防接种异常反应组织调查、诊断等的，由县级以上人民政府卫生健康主管部门责令改正，给予警告；情节严重的，对接种单位、医疗机构处五万元以上五十万元以下的罚款，对疾病预防控制机构、接种单位、医疗机构的主要负责人、直接负责的主管人员和其他直接责任人员依法给予警告直至撤职处分；造成严重后果的，对主要负责人、直接负责的主管人员和其他直接责任人员依法给予开除处分，由原发证部门吊销负有责任的医疗卫生人员的执业证书。

第九十条　疾病预防控制机构、接种单位违反本法规定收取费用的，由县级以上人民政府卫生健康主管部门监督其将违法收取的费用退还给原缴费的单位或者个人，并由县级以上人民政府市场监督管理部门依法给予处罚。

第九十一条　违反本法规定，未经县级以上地方人民政府卫生健康主管部门指定擅自从事免疫规划疫苗接种工作、从事非免疫规划疫苗接种工作不符合条件或者未备案的，由县级以上人民政府卫生健康主管部门责令改正，给予警告，没收违法所得和违法持有的疫苗，责令停业整顿，并处十万元以上一百万元以下的罚款，对主要负责人、直接负责的主管人员和其他直接责任人员依法给予处分。

违反本法规定，疾病预防控制机构、接种单位以外的单位或者个人擅自进行群体性预防接种的，由县级以上人民政府卫生健康主管部门责令改正，没收违法所得和违法持有的疫苗，并处违法持有的疫苗货值金额十倍以上三十倍以下的罚款，货值金额不足五万元的，按五万元计算。

第九十二条　监护人未依法保证适龄儿童按时接种免疫规划疫苗的，由县级人民政府卫生健康主管部门批评教育，责令改正。

托幼机构、学校在儿童入托、入学时未按照规定查验预防接种证，或者发现未按照规定接种的儿童后未向接种单位报告的，由县级以上地方人民政府教育行政部门责令改正，给予警告，对主要负责人、直接负责的主管人员和其他直接责任人员依法给予处分。

第九十三条　编造、散布虚假疫苗安全信息，或者在接种单位寻衅滋事，构成违反治安管理行为的，由公安机关依法给予治安管理处罚。

报纸、期刊、广播、电视、互联网站等传播媒介编造、散布虚假疫苗安全信息的，由有关部门依法给予处罚，对主要负责人、直接负责的主管人员和其他直接责任人员依法给予处分。

第九十四条　县级以上地方人民政府在疫苗监督管理工作中有下列情形之一的，对直接负责的主管人员和其他直接责任人员依法给予降级或者撤职处分；情节严重的，依法给予开除处分；造成严重后果的，其主要负责人应当引咎辞职：

（一）履行职责不力，造成严重不良影响或者重大损失；

（二）瞒报、谎报、缓报、漏报疫苗安全事件；

（三）干扰、阻碍对疫苗违法行为或者疫苗安全事件的调查；

（四）本行政区域发生特别重大疫苗安全事故，或者连续发生重大疫苗安全事故。

第九十五条　药品监督管理部门、卫生健康主管部门等部门在疫苗监督管理工作中有下列情形之一的，对直接负责的主管人员和其他直接责任人员依法给予降级或者撤职处分；情节严重的，依法给予开除处分；造成严重后果的，其主要负责人应当引咎辞职：

（一）未履行监督检查职责，或者发现违法行为不及时查处；

（二）擅自进行群体性预防接种；

（三）瞒报、谎报、缓报、漏报疫苗安全事件；

（四）干扰、阻碍对疫苗违法行为或者疫苗安全事件的调查；

（五）泄露举报人的信息；

（六）接到疑似预防接种异常反应相关报告，未按照规定组织调查、处理；

（七）其他未履行疫苗监督管理职责的行为，造成严重不良影响或者重大损失。

第九十六条　因疫苗质量问题造成受种者损害的，疫苗上市许可持有人应当依法承担赔偿责任。

疾病预防控制机构、接种单位因违反预防接种工作规范、免疫程序、疫苗使用指导原则、接种方案，造成受种者损害的，应当依法承担赔偿责任。

第十一章　附　　则

第九十七条　本法下列用语的含义是：

免疫规划疫苗，是指居民应当按照政府的规定接种的疫苗，包括国家免疫规划确定的疫苗，省、自治区、直辖市人民政府在执行国家免疫规划时增加的疫苗，以及县级以上人民政府或者其卫生健康主管部门组织的应急接种或者群体性预防接种所使用的疫苗。

非免疫规划疫苗，是指由居民自愿接种的其他疫苗。

疫苗上市许可持有人，是指依法取得疫苗药品注册证书和药品生产许可证的企业。

第九十八条　国家鼓励疫苗生产企业按照国际采购要求生产、出口疫苗。

出口的疫苗应当符合进口国（地区）的标准或者合同要求。

第九十九条　出入境预防接种及所需疫苗的采购，由国境卫生检疫机关商国务院财政部门另行规定。

第一百条　本法自 2019 年 12 月 1 日起施行。

后　记

2019年6月29日、8月26日，第十三届全国人民代表大会常务委员会第十一次会议、第十二次会议分别审议通过《中华人民共和国疫苗管理法》和修订后的《中华人民共和国药品管理法》。“两法”于2019年12月1日同步施行，这是药品管理法治建设新的里程碑，为坚决守住药品安全底线，促进医药产业高质量发展提供了有力的法治保障。

“两法”是药品监管部门监管执法的“基本法”，是药品生产经营的基本遵循。“两法”坚决贯彻习近平总书记“四个最严”的要求，坚持人民至上、问题导向，坚持风险管理、全程管控，坚持科学监管、社会共治。“两法”巩固药品审评审批制度改革成果，旗帜鲜明鼓励药物研发创新；强化药品研制、生产、经营、使用全过程监管，全面落实药品上市许可持有人主体责任，加大对违法行为的惩处力度；丰富监管措施和监管手段，加强监督检查，夯实地方政府和监管部门监管责任，筑牢药品安全防线，确保人民群众用药安全有效。

为深入阐述“两法”基本精神，进一步加深药品监管系统、医药企业和医疗机构对“两法”的全面理解和把握，国家药品监督管理局组织编写了此读本。本书由李利、焦红同志任主编，徐景和、陈时飞、颜江瑛、赵军宁、李波同志任副主编，综合司、政策法规司、药品注册司、药品监管司、科技国合司、人事司负责同志任编委，邀请专家参与，刘沛、杨悦、刘继红、黄志明同志统稿。此读本紧扣“两法”，又不局限于法律条文，力求深入解读“两法”主要制度的背景、意义、价值和主要内容以及贯彻落实的具体要求，以期推动“两法”的切实贯彻实施。

本书编委会

2021 年 11 月